U0934105

1921-2021
厦门大学
XIAMEN UNIVERSITY

厦门大学百年校庆系列出版物

百年精神文化系列

创新创业厦大人 2

赖虹凯　主编

厦门大学出版社
XIAMEN UNIVERSITY PRESS
国家一级出版社
全国百佳图书出版单位

图书在版编目(CIP)数据

创新创业厦大人：2/赖虹凯主编.—厦门：厦门大学出版社，2021.3
ISBN 978-7-5615-8052-3

Ⅰ.①创… Ⅱ.①赖… Ⅲ.①厦门大学—大学生—创业—研究 Ⅳ.①G647.38

中国版本图书馆 CIP 数据核字(2021)第 028067 号

出 版 人 郑文礼
责任编辑 潘 瑛
美术编辑 蒋卓群
技术编辑 朱 楷

出版发行 厦门大学出版社
社　　址 厦门市软件园二期望海路 39 号
邮政编码 361008
总　　机 0592-2181111 0592-2181406(传真)
营销中心 0592-2184458 0592-2181365
网　　址 http://www.xmupress.com
邮　　箱 xmup@xmupress.com
印　　刷 厦门集大印刷厂

开本 720 mm×1 000 mm 1/16
印张 20
插页 2
字数 300 千字
版次 2021 年 3 月第 1 版
印次 2021 年 3 月第 1 次印刷
定价 88.00 元

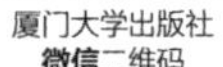

编委会

总 序

厦门大学 党委书记 张 彦
校 长 张 荣

2021年4月6日，厦门大学百年华诞。百载风雨，十秩辉煌，这是厦门大学发展的里程碑，继往开来的新起点。全校师生员工和海内外校友满怀深情地期盼这一荣耀时刻的到来。

为迎接百年校庆，学校在三年前就启动了“百年校庆系列出版工程”的筹备工作，专门成立“厦门大学百年校庆系列出版物编委会”，加强领导，统一部署。各院系、部门通力合作，众多专家学者和相关单位的工作人员全身心地参与到这项工作之中。同志们满怀高度的责任感和紧迫感，以“提升质量，确保进度，打造精品”为目标，争分夺秒，全力以赴，使这项出版工程得以快速顺利地进行。在这个重要的历史时刻，总结厦大百年奋斗历史，阐扬百年厦大“四种精神”，抒写厦大为伟大祖国所做出的突出贡献，激发厦大人的自豪感和使命感，无疑是献给百岁厦大最好的生日礼物。

“百年校庆系列出版工程”包括组织编撰百年校史、百年组织机构史、百年院系史、百年精神文化、百年学术论著选刊、校史资料与学生名录……有多个系列近150种图书将与广大读者见面。从图书规模、涉及领域、参编人员等角度看，此项出版工程极为浩大。这些出版物的问世，将为学校留下大量珍贵的历史资料，为学校深入开展校史教育提供丰富生动的素材，也将为弘扬厦门大学“自强不息，止于至善”校训精神注入时代的新鲜血液，帮助人们透过“中国最美大学校园”

的山海空间和历史回响，更加清晰地理解厦门大学在中国发展进程中发挥的独特作用、扮演的重要角色，领略“南方之强”的文化与精神魅力。

百年校庆系列出版物将多方呈现百年厦大的精彩历史画卷。这些凝聚全校师生员工心血的出版物，让我们感受到厦大人弦歌不辍的精神风貌。图文并茂的《厦门大学百年校史》，穿越历史长廊，带领我们聆听厦大不平凡百年岁月的历史足音。《为吾国放一异彩——厦门大学与伟大祖国》浓墨重彩地记述厦门大学与全国34个省级行政区以及福建省九市一区一县血浓于水的校地情缘，从中可以读出厦门大学在中华民族伟大复兴征程中留下的深深烙印。参与面最广的“厦门大学百年院系史系列”、《厦门大学百年组织机构史》，共有30多个学院和直属单位参与编写，通过对厦门大学各学院和组织机构发展脉络、演变轨迹的细致梳理，深入介绍厦门大学的党建工作、学科建设、人才培养、组织管理、社会服务等方面的发展历程，展示办学成就，彰显办学特色。《厦门大学校史资料选编（1992—2017）》和《南强之星——厦门大学学生名录（2010—2019）》，连同已经出版的同类史料，将较完整、翔实地展现学校发展轨迹，记录下每位厦大学子的荣耀。“厦门大学百年精神文化系列”涵盖人物传记和校园风采两大主题，其中《陈嘉庚传》在搜集大量史料的基础上，以时代精神和崭新视角，生动展现了校主陈嘉庚先生的丰功伟绩。此次推出《林文庆传》《萨本栋传》《汪德耀传》《王亚南传》四部厦门大学老校长传记，是对他们为厦大发展所做出的突出贡献的深切缅怀。厦大校友、红军会计制度创始人、中国共产党金融事业奠基人之一高捷成的传记《我的祖父高捷成》，则是首次全面地介绍这位为中国人民解放事业做出杰出贡献的烈士的事迹。新版《陈景润传》，把这位“最美奋斗者”、“感动中国人物”、令厦大人骄傲的杰出校友、世界著名数学家不平凡的人生再次展现在我们眼前。抒写校园风采的《厦门大学百年建筑》、《厦门大学餐饮百年》、《建南大舞台》、《芙蓉园里尽芳菲》、《我的厦大老师》（百年华诞纪念专辑）、《创新创业厦大人2》、

《志愿之光》、《让建南钟声传响大山深处》、《我的厦大范儿》以及潘维廉的《我在厦大三十年》等，都从不同的角度，引领我们去品读厦门大学的真正内涵，感受厦门大学浓郁的人文精神和科学精神。

此次出版的“厦门大学百年学术论著选刊”，由专家学者精选，重刊一批厦大已故著名学者在校工作期间完成的、具有重要价值的学术论著（包括讲义、未刊印的论著稿本等），目的在于反映和宣传厦门大学百年来的学术成就和贡献，挖掘百年来厦门大学丰厚的历史积淀和传统资源，展示厦门大学的学术底蕴，重建“厦大学派”，为学校“双一流”建设提供学术传统的支撑。学校将把这项工作列入长期规划，在百年校庆时出版第一辑共40种，今后还将陆续出版。

“自强！自强！学海何洋洋！”100年前，陈嘉庚先生于民族危难之际，抱着“教育为立国之本，兴学乃国民天职”的信念，创办了厦门大学这所中国历史上第一所由华侨独资建设的大学。100年来，厦大人秉承“研究高深学术，养成专门人才，阐扬世界文化”的办学宗旨，在实现中华民族伟大复兴的征程上书写自己的精彩篇章。我们相信，当百年校庆的欢庆浪潮归于平静时，这些出版物将会是一串串熠熠生辉的耀眼珍珠，成为记录厦门大学百年奋斗之旅的永恒坐标，成为流淌在人们心中的美好记忆，并将不断激励我们不忘初心继承传统，牢记使命乘风破浪，向着中国特色世界一流大学目标奋勇前行！

张彦　张荣

2020年12月

勇立潮头扬远帆

◎ 赖虹凯

作为一名“老辅导员”，我经常与大学生朋友们在一起。特别难忘的是2019年10月，我带队参加第五届中国“互联网+”大学生创新创业大赛全国总决赛，厦大学子奋力拼搏，在大赛中勇夺4金3铜，金奖数在全国高校排名总数第三。在参赛过程中，许多同学熬夜备赛、克服难关、全力以赴的状态给我留下了很深的印象，我被他们身上“有远见、敢担当、怀大爱、立大德”的特质深深感动。

创新之道，唯在得人。习近平总书记指出，“硬实力、软实力，归根到底要靠人才实力。全部科技史都证明，谁拥有了一流创新人才、拥有了一流科学家，谁就能在科技创新中占据优势”。“必须优化同新发展格局相适应的教育结构、学科专业结构、人才培养结构。”创新决胜未来，改革关乎国运。在新的历史交汇期，要坚持创新驱动发展，全面塑造发展新优势。占据新发展优势，关键要靠人才。作为人才培养的高地，大学因育人而生，因育人而荣，因育人而成，在新发展阶段，要以培养高质量创新人才为己任，为构建新发展格局提供重要保障，为实现民族振兴、赢得国际竞争主动储备战略资源。作为中国高等教育“国家队”，厦门大学要切切实实把创新型人才培养作为学校的重要任务，责无旁贷肩负起为党育人、为国育才的使命和担当。

“苟日新，日日新，又日新。”厦门大学历来重视弘扬创新精神，矢志不移自主创新，坚定创新信心，着力增强自主创新能力，在国家发展的各个阶段都挺立潮头，走在前列，勇当知识创新、科技创新的尖兵。在被誉为高校创新创业“奥林匹克”的“互联网+”大赛中，5年来，厦门大学共获得13金3银8铜，两次斩获全国亚军。学校坚持科技自主创新，服务国家重大需求，研制了全球首个戊肝疫苗和全国首个二价宫颈癌疫苗，自主研发的系列艾滋病病毒检测试剂盒和HIV抗体检测试剂、鼻喷新冠肺炎疫苗等广泛应用，在能源材料、高超

声速航空发动机、特种先进材料、智能摩擦传动、电子信息等领域产出一批高显示度的成果，填补了领域空白。

“年轻人要自找苦吃”“志存高远、行循自然”是习近平同志给厦大学子张宏樑的殷殷寄语，理应成为莘莘学子创新创业的“行动指南”。每一位厦大人都要牢记习近平总书记的谆谆教诲，扎根中国大地了解国情民情，在创新创业中增长智慧才干，在艰苦奋斗中锤炼意志品质，面向深度变革的未来场景，坚守创新精神，强化自立自强意识，于实践中启发思想创新、理论创新，研究高深学术，推动技术变革，不断改善创新生态，让创新活力充分涌流，努力成为国家创新发展、民族兴旺发达的动力之源，用青春书写无愧于时代、无愧于历史的华彩篇章。

本书是厦门大学“创新创业厦大人”系列书籍的第二辑。由厦大师生、校友参与撰写，延续第一辑见微显著、以小见大的风格，以更广阔的时代背景、更多样的行业门类，更多元的叙述视角，演绎了一个个鲜活的创业者，讲述了一个个动人的创业故事，折射出一个风起云涌的时代浪潮。从量子点材料、柔性电子、激光陶瓷的高端制造，到肠道菌群、肿瘤治疗、新冠病毒核酸检测一体机研制的生物医药；从建设网络强国、数字中国，到助力脱贫攻坚，推进乡村振兴，再到繁荣文化市场，推动绿色发展，故事所涉猎的行业和领域的变迁和迭代，让我们看到了中国创新驱动进程中的厦大能量。

时值厦门大学建校 100 周年。历经百年风雨，根植于中国大地、南方沃土的厦门大学，正在加快探索中国特色世界一流大学建设之路。学校聚焦培养担当民族复兴大任的时代新人这一根本使命，以改革求发展、以创新求未来，弘扬嘉庚精神，奋进一流征程，以全面提升人才培养质量为目标，扎实推进深化创新创业教育改革，完善一流人才培养体系，贡献一流创新成果。创新创业就是创造未来，我相信，在党的坚强领导下，在嘉庚精神的激励下，一定会有越来越多的创新创业厦大人活跃在实施科教兴国战略、人才强国战略、创新驱动发展战略的时代大潮中，为实现中华民族伟大复兴的中国梦汇聚厦大力量。

谨以此书，献给厦门大学百年华诞。

◎目　录

第一篇　从校园里绽放

第二篇　从实验室走向创业

第三篇　跨界寻梦

第四篇　沉淀后的勃发

第一篇 在校园里绽放

大学是年轻人好奇心和想象力绽放的第一现场，自由宽容的校园氛围最适合大学生创新驱动的演练。凤凰花开，青春似火，南强学府的创新创业实践此起彼伏，生机勃勃。从社团活动到田野调查，从模拟辩论到创新竞赛，让热腾腾的生命成为创新实践的丰沛动力，让积累积淀的知识化为科学创造的强大能量。在这里，我们看到智慧的光芒在到处闪耀。

陈佳：以“水产最强大脑”重塑水产生态

◎人物名片：

陈佳：厦门大学2018级电子科学系博士生，中共党员，“水产最强大脑”项目负责人，厦门汇听科技有限公司法人代表及公司CEO，拥有北京万集科技股份有限公司(上市公司)2年团队研发经验，曾主导开发无人驾驶车载激光雷达及固态MEMS激光雷达项目。公开发表学术论文3篇，其中被SCI、EI各收录1篇，并成功申请发明专利2项、实用新型专利6项。厦门大学“水产最强大脑”项目的研发团队来自厦门大学电子科学与技术学院、信息科学与技术学院和海洋与地球学院的博士生和硕士生。该项目成绩斐然，曾获第二届“中俄工业创新大赛”优胜奖、2019年福建省青年创新创业大赛一等奖、2019年福建省“互联网+”大学生创新创业大赛银奖、2019年福建省研究生电子设计大赛一等奖、2019年厦门大学金圆创新创业大赛一等奖等。

实践途中见需求，创新路上寻热爱

作为厦门大学2018级电子科学系在读博士生，陈佳带领团队研发出的水产智能管理系统在国家、省部级比赛屡绽光彩。创新创业之余，在实地助农、帮扶的道路上，他以水声科技，传承红色基因；以星星之火，重塑水产生态。

在研究生毕业后的工作实践过程中，陈佳发现我国水产养殖设备存在重大的缺陷，并敏锐察觉到水产养殖监测方面巨大的市场潜力与市场需求。当前，我国水产养殖设备由于自动化与智能化水平低的技术局限，缺乏水产疾病预警的功能与效用，仅能对水质进行较为低层次的监测。而在当今水产养殖模式下，水产养殖大多以传统养殖为主，与技术的结合和应用程度不高，水产养殖效率较为低下。

研发“水产最强大脑”不仅为水产养殖设备创新升级和水产养殖行业的转型注入强劲活力，也是对国家政策的积极呼应。2019 年中央一号文件提到，要实施数字乡村振兴战略，深入推进“互联网+农业”，扩大农业物联网示范应用，推进重要农产品全产业链的大数据建设，加强国家数字农业农村系统建设。在陈佳及其团队的不懈努力之下，该项目成功实现了传统水产养殖与物联网监控及人工智能管理系统的结合发展，更以试点养殖、开设养殖培训班等形式将中央政策送到“田间地头”，落实到最需要的地方上。

陈佳在工作中，通过对水产养殖行业现状的逐步接触与了解，发现水产养殖户面临着水产病死率较高的问题，水产养殖设备存在可改进与升级的空间，因此他将其与自身专业知识相结合，组建创新创业团队，将新兴科学技术同实践相结合并实现了从知识到社会生产力的转化。相应地，他也在与团队的研发过程中，寻找到自己热爱的事业，以己所学，逐己之梦。这一过程，正是厦大人“兴趣、接触、了解、熟悉、热爱”的创新创业路上生动的剪影。

“最强大脑”添产量，技术优势助创新

“水产最强大脑”这样一个独特的项目名称令人倍感好奇。在采访的过程中，陈佳为我们解答了这一名称的具体含义。团队研发出的这套水产养殖水声物联网监控及人工智能管理系统，在运行过程中能够从三个维度进行水产环境的监测和改善，这与大脑感知及控制的视觉、听觉和触觉这三个维度相似，“水产最强大脑”之名由此而来。

在系统运行的三个环节中，首先，该团队利用水下摄像头对水产养殖体的生存状态进行有效监测，起到的是“视觉”观测的效果；其次，系统通过水听器监听水产养殖体进食等活动声音，从而及时监测如虾等水产养殖体的活动信号，以判断食物投放量是否恰当并及时发出疾病预警，水听器应用的这一环节，模拟的就是“听觉”的信号捕捉作用；最后，团队运用水质传感器，对水质的温度、pH 酸碱度、溶氧量以及氮氧含量等指标进行监测，一

旦指标出现异常，便能根据其异常值对养殖环境进行精准改善，该环节是整个系统中“触觉”反应的体现。例如，通过溶氧量的反馈，系统便能在恰当的时机下自动精准增氧。由此，该水产养殖水声物联网监控及人工智能管理系统通过水下摄像头、水听器以及水质传感器的综合运用，从“视觉”“听觉”和“触觉”三方面对水产养殖体的生存状况以及养殖环境、水产养殖体的特点，首次实现三位一体的系统实时监测。

除此之外，该团队同时将三维水产养殖监测系统同投食机与增氧机相联，一旦水听器与水质传感器发出提示，投食机与增氧机便能定量及时实现自动精准投食与精准增氧，真正实现“水产最强大脑”的智能化管理，此为该团队“智慧养殖”理念的体现。另外，为便利水产养殖户进行实时监测以更好地指导科学养殖，陈佳同学及其团队成员将监测系统数据通过云服务器与用户手机 App 与 PC 端相连，以便系统将水产养殖体的水声、环境水质，以及视频等数据传输至养殖户移动设备中，实现迅速科学高效的远程控制。在福建漳州龙海白坑村试点养殖的实践反馈中，陈佳同学及其团队取得了零发病率、每只虾的成本下降 12%，以及养殖户年增收 38%的优良成果。

陈佳自信地表示，整个智能监控系统的亮点主要在于“听觉”环节，也就是水听器的应用。研究表明，养殖体发病早期，食欲会明显下降，因此通过监听进食情况可以判断养殖体健康状况，从而实现水产养殖体的疾病预警与防控。这方面的研发依托的是厦门大学水声通信与海洋信息技术教育部重点实验室，该实验室长期服务于国防事业，为项目提供了养殖体水声信号处理方面的技术支持，技术方面则由厦门大学海洋与地球学院、电子科学与技术学院及信息科学与技术学院带头进行研究。水听器在“水产最强大脑”当中的应用，可谓是该项目成功必不可少的因素之一。由此可见，在厦大人创新创业的过程当中，将技术优势结合进仪器研发，极大地提升了仪器在市场中的核心竞争力，同时，这也充分体现了产学研结合发展的重要意义。

各类赛事获佳绩，厦大助梦频借力

“水产最强大脑”项目以其独特的技术优势、丰富的实践应用经验以及良好的市场前景，在各大创新创业大赛中都取得了不俗的成绩，一路过关斩将，获得第二届“中俄工业创新大赛”优胜奖、2019 年福建省青年创新创业大赛一等奖、2019 年福建省“互联网+”大学生创新创业大赛银奖、2019 年福建省研究生电子设计大赛一等奖、2019 年厦门大学金圆创新创业大赛一等奖等荣誉，可谓收获颇丰。陈佳回忆道，“水产最强大脑”项目团队取得第一个正式奖项是第二届“中俄工业创新大赛”优胜奖，该项赛事广泛征集电子信息、人工智能、大数据等领域的创新创业项目，规模盛大。在校方领导支持下，“水产最强大脑”项目成为厦门大学电子科学与技术学院推选的三个参赛项目之一，最终该项目取得中国赛区选拔赛第十六名的好成绩。同时，他认为省级、国家级乃至国际创新创业赛事的参与，带给他和团队的不仅仅是项目市场影响力与知名度的提升，还有专业评审团的宝贵的建议与指导，这有利于项目的不断改进，能够更好地同市场接轨。

陈佳表示，在创新创业的每个阶段，都会遇到各种各样始料未及的棘手问题，如项目缺乏资金支持，研发体系不够成熟，时间与经费紧张等等。由于创新创业是一个从 0 到 1、从无到有的过程，资源与市场认可度都需要一步一步稳扎稳打地不断进行累积，方能慢慢打开市场的大门，提升项目的市场认知度并扩大影响力。但也正是这样一步一个脚印的积累与日复一日的坚持奋斗，才能使得“水产最强大脑”出现在各大创新创业大赛的领奖台之上。目前，该公司已与福建省的两家水产养殖公司签订了技术服务协议订单，订单额共计十九万四千一百元。值得注意的是，“水产最强大脑”项目在参与“互联网+”创业大赛前，仅有不到两天的准备时间。得知比赛信息后，团队结合新一阶段的调试数据和监测成果，紧急完成了项目计划书以及 PPT，最终取得了 2019 年福建省“互联网+”大学生创新创业大赛银奖的优异成绩。由此可知，“机会是留给有准备的人”此言不假，正是“水产最强大脑”团队平日点滴汗水的积累，才能在机会来临时，从容地迎接每一次挑战。

陈佳(左一)及其团队获 2019 年福建省青年创新创业大赛一等奖

除了陈佳及其团队自身的不懈奋斗外，厦门大学也屡次在“水产最强大脑”发展的过程中及时提供帮助，给予关心。例如学校在公寓建立的一站式服务空间“海韵创客空间”，鼓励大学生创新创业项目入驻，为小组出谋划策、思维碰撞提供了良好环境；校内配备有基础设施的小实验室，为团队调试硬件传感器、模拟数据传输反馈，以及在没有养殖环境的情况下做小型测试提供场地支持。除了在资金与实验场地等硬件方面提供切实的帮助外，厦门大学电子科学与技术学院、信息科学与技术学院以及海洋与地球学院的多位在不同领域颇有建树的资深教授也乐于为“水产最强大脑”的发展给予宝贵的指导，这为项目的技术盲点攻关以及水产养殖问题的解决增添许多助力。

扶贫助农促发展，回馈之愿存心间

创新创业路上，在看到项目颇有成效、获奖累累时，陈佳始终不忘将扶贫助农的政策与振兴农村经济的愿景融入创业实践当中。其中，“水产最强大脑”的助农模式主要可分为以下四个部分：首先，在 2019 年 4 月，陈佳同学及其团队于福建漳州白坑村，进行了低价或免费提供设备给贫困养殖户并指导养殖户规范化养殖的试点养殖实践活动。在此次漳州的对虾试点养殖过程中，对虾养殖面积有 8936 公顷，实践范围涵盖 3 个贫困县、约 6.37 万农村贫困人口，预计可带动地区收入 3000 万元，助农效果显著。其次，在 2019 年 6 月，该团队于安徽六安与养殖户或水产养殖基地签订战略合作协议，为他们提供设备、服务和指导。而后，于同年 7 月，该团队在福建宁德的组织实践学习过程中，定期开设水产养殖培训班，通过线上和线下的方式，指导青年大学生和养殖户规范化养殖，并在 8 月宁德大黄鱼养殖活动中，走遍 36 个贫困村，在约 40 万口养殖网箱的实践之上，发掘当地水产养殖经济发展空间。其项目的实施应用预计可带动地区收入 2000 万元，加速了当地的脱贫进程。最后，2020 年 1 月，“水产最强大脑团队”帮助集中养殖村落建立养殖合作社，以求集中指导帮助养殖村落规范化养殖，将振兴乡村经济的政策切实融合进创业实践过程中。

厦门大学 2018 级电子科学系博士生陈佳在福建漳州白坑村试点

与此同时，“水产最强大脑”团队还将党中央农业政策与党中央扶贫政策落实在信息助农与信息扶贫的行动之上。通过公众号的更新推送，将养殖天气预报、疾病预报、市场信息与科学养殖指导等宝贵团队实践经验与成果公开分享在网络平台上，可供传统水产养殖行业更好地进行转型升级，促进智能化专业化养殖的顺利发展，进而带动水产养殖产业的发展，促进养殖户收入的增加。由此可见，陈佳及其团队不仅在创新创业过程中诠释着厦大人拼搏坚韧的精神特质，更拥有回馈社会与扶贫助农的奉献情怀。社会与国家给予创新创业者以梦想发展的沃土，而诸如陈佳一般的逐梦者亦常存感恩之心，用行动予以回馈。

撰稿：周凯怡　管理学院 2019 级本科生

苏　瑾　国际学院 2019 级本科生

陈忠：创新照亮前路

◎**人物名片：**

陈忠，厦门大学电子科学与技术学院院长，闽江学者特聘教授，享受国务院政府特殊津贴专家，其研究方向为生物医学电子学、磁共振与医学成像、LED 照明与显示、信号和图像处理。陈忠院长身兼数职，是中国波谱学专业委员会副主任委员，中国物理学会理事，国家集成电路产教融合创新平台执行主任，福建省等离子和磁共振研究重点实验室主任，福建省半导体照明工程技术研究中心主任，福建省半导体照明与显示行业开发基地主任；*Journal of Magnetic Resonance* 和 *Magnetic Resonance in Chemistry* 编委，*Magnetic Resonance Letters* 和《波谱学杂志》副主编。科研成果获省部级科学技术一等奖 3 项、二等奖 5 项。

他从厦大走出，又回到厦大。他在厦大走完了学士、硕士、博士的学业旅程，又回到厦大走上了教书育人的桃李芬芳路。陈忠院长长期以负责人和指导老师的身份参与创新创业大赛，走在创新教育的第一线。陈忠院长曾先后指导多支创新创业竞赛团队，这些团队分别荣获第六届“挑战杯”大学生创业计划竞赛金奖和最优团队奖、第十届“挑战杯”大学生创业计划竞赛金奖、2013 年美国国际大学生数学建模竞赛一等奖、第十三届中国研究生电子设计竞赛全国一等奖等佳绩。

在创新大赛里发现另一个自己

当提及创新创业大赛时，陈忠院长持非常支持的态度。他表示，对于本科生与研究生，创新创业意识与能力的塑造是一个很重要的培养环节。创新创业大赛既是一个重要的实践教学平台，也是不可多得的综合能力培养平台。

陈忠院长认为参加创新创业大赛对于学生未来的发展非常有帮助，学生以项目团队的方式参加创新创业大赛，不仅能够提升专业领域的创新能力，而且能够在参赛的过程中有效地提升综合素养。

陈忠院长指出，参赛过程中遇到的各种瓶颈与挑战，会启发和激励学生积极运用所掌握的专业知识，提出新的思路去解决实际问题，达到“以战代练”的教学效果。对于广大学生，尤其是工科和商科的学生，大部分人参加工作后都会跟社会上的某些项目或者是企业有密切联系。如果在学生阶段参与创新创业实践，在学习过程中有意识地学习一些创新知识或者理念，对今后尽快融入工作、适应社会、干出成绩是非常有益的。

陈忠院长进一步指出，在参与创新创业大赛的项目推进过程中，学生通过项目汇报、商业分析、分工协作、持续改进等亲身经历的场景中，潜移默化地获得表达能力、团队精神、追求卓越等多方面的综合素养积累。其中团队合作精神是非常重要的。团队合作精神不仅仅体现在善于与人合作，还体现在以开阔的胸襟寻找与比自己实力强的人进行合作，更重要的是能够找准自己在团队中的角色定位。除此之外，创新创业大赛对学生创新创业意识和能力、学生理论联系实际的能力和解决实际问题的能力都能起到很好的培养作用。

除此之外，陈忠院长提出：“要有意识培养自己跨学科的意识和能力。”陈忠院长个人学业生涯里先后学习过无线电物理、物理化学、生物学工程等，研究领域广、方向多，是不可多得的交叉学科复合型人才。院长表示，“跨学科很辛苦、难度大，但是是很有益的”。他建议，在学习过程中，学生们不要有畏难情绪，要客观看待自己，充满自信且不断向前。

总而言之，基于自身丰富的创新创业大赛指导经验，陈忠院长建议学生积极参与创新创业大赛，借助大赛的机会，发现另一个更好的自己。

学生团体的准备

陈忠院长在采访中提及，举办创新创业相关大赛，是在沙子中找出金子。要如何成为金子呢？陈忠院长也给出了珍贵的建议。

陈忠院长回忆起曾带过的道路塌陷的测试系统项目，“刚开始进行校赛的时候，队长是电子学院的研究生，是技术型的。在之后的省赛中，由于大赛对团队的要求有所提升，我们另请了一位管理学院研究生作为管理方面的队长”。经过实践，陈忠院长表示，双队长制是一种有借鉴意义的团队管理方式。除了团队制度，陈忠院长还提出，培养团队精神，创新团队构造，构建既能充分发挥各自优势又能凝聚一心的团队是十分重要的。陈忠院长回忆道：“当时参加国赛的时候，最终只有四位同学上台宣讲，仅两位是主讲，为了更好地展现团队成果，就选择了具有演讲方面能力的同学上台，而这其中有较晚加入的同学，甚至包括一名省赛时其他团队的队长。”如何让团队中的众人发挥特长，又如何在不断吸纳新人才的同时照顾到老队员的情绪，以目标为导向又兼顾温度，是团队成功的必修课。

陈忠院长认为市场调研是磨刀不误砍柴工，也是制胜的法宝。项目要瞄准特定的市场需求或者客户痛点，一定要符合社会或者某一产业的实际需要，不能凭空想象。进而要研究项目的竞争对手或者潜在竞争方案，要从技术、成本、运营等多方面考虑竞争力，准确分析项目自身的优势与劣势，从而凝练出项目的主攻方向。此外，还需要先进行项目价值的估算，这是可以通过自身教育获得的专业技能，也可以通过跟产业专家、管理专家甚至是投资人进行交流学习而得。市场调研的具体方式，可以是直接到市场上发卷子，也可以向专家请教，这些专家包括学校已经毕业的学长学姐或者投资人等等，他们往往能给出很好的建议。

“熟能生巧”“量变引起质变”，打怪升级要多参加创新创业相关赛事，在一次又一次训练中提升自我，积累经验。同时，在赛事过程中虚心地接纳学校老师、校内外辅导专家以及带队老师的指导或点评。此外，要努力成为时间管理达人，妥善安排好学习和准备赛事的时间，不要为了赛事而耽误了学业，这样是本末倒置的。最后，可以确立一个较为高远的目标。大学生正值青春年少，在追求梦想、追求发展、追求提升的阶段应要有鸿鹄之志。

陈忠院长的金玉良言值得我们每个学生铭记于心，不仅仅在准备大赛之时，更是在日常的学习生活中。

大赛项目如何走得更远

长期以负责人和指导老师身份参加各大创新创业大赛的陈忠院长对于创新创业大赛有丰富建议，此次采访中他也对以赛促学、以赛促教、以赛促创以及项目落地提出了自己宝贵的建议。

从学校和教师的角度而言，陈忠院长认为，老师应该增强创新人才的培养意识，积极引导学生参加创新创业赛事和实践。学校可以通过一些具体的举措推动创新创业培养。第一，坚持创新学分的设置。通过这种硬性要求的方式，引导或者激发学生内在的创新潜能。第二，完善创新创业的相关课程和培训，建立与创新创业相关的课程体制。在授课或培训时交流一些创新创业实践经验，比如：怎样确定一个好的课题？怎样调动学生去参加竞赛？怎样给学生创造条件？以及创意设计上和项目的引导点评。

从学生角度而言，陈忠院长建议，学生不要在大学期间或者刚毕业就开始盲目跟风创业。“大学生创业是有成功的，但不到百分之一，在校期间或者刚毕业就创业需要具备成熟的条件及商业化的经验。”陈忠院长提出，理论与实际是有很大差距的，基于赛事的创业需要更多的积累与沉淀，很多大赛项目开始研究的时间也不长，它们的成熟度是不足的。即使是在大赛中拿奖的项目可能对于社会实际来说还是不够成熟。学生应该把大赛作为一个磨炼自身本领的过程，一次提升的过程，真刀实枪的创业还需要更多的努力、实践和积累，不是每个比赛都能马上开出绚丽的花朵，有时只是埋下了一颗种子，只有等到未来时机成熟了，再开花结果。陈忠老师还建议，创业之初最好是联合创业，跟着已经在社会上积累了较多经验的优秀公司一起做，站在巨人肩膀上创业有助于提高成功的可能性。

结　语

陈忠院长对厦大学子给予厚望。在采访的最后，陈忠院长说出了自己对厦大学子的心里话。他说，作为厦大的学子应敢于立凌云之志，心怀对国家、对母校的感恩，秉承“自强不息，止于至善”之校训，乐于奉献，敢于创新。通过参加创新创业相关赛事，磨炼本领，争做新时代创新人才，为国争光、为母校争光！

撰稿：谢伊辛　人文学院 2019 级本科生

高超："非遗＋科技"，保护传统文化辟新路

◎人物名片：

高超：厦门大学 2017 级信息学院硕士研究生，"嘉礼偶趣"人偶交互机器人项目负责人，荣获 2019 年厦大十佳共青团员，2020 届优秀毕业生。"嘉礼偶趣"人偶交互机器人项目是大学生公益创业的代表性作品，致力于保护泉州提线木偶戏这一首批国家级非物质文化遗产，获得了 2018 年度国家艺术基金支持，斩获"创青春"全国大学生创业大赛公益创业组银奖，曾在 2018 年厦门大学承办"互联网+"大赛期间为国务院副总理孙春兰做展示，并于 2019 年年初进行出国巡展，将中国的传统文化展现给世界。

2019 年 1 月，美国洛杉矶的一所小学礼堂中传来阵阵欢呼和掌声，这里展出了一场历史悠久又与众不同的展演，牢牢地吸引了孩子们的目光。历经遥远时空而至的展演经典且精彩，但更令人意外的是，现代科技也是展演中的主角之一。机器人看似僵硬的机械手臂精巧地操纵着由 3D 打印技术制成的人偶，同学们还可以与之互动，亲身体验操作木偶戏的魅力。

这一令人惊奇的人偶交互机器人由厦门大学自主研发，是传统文化与现代科技结合的成功尝试。而成功的背后，则饱含着厦门大学"嘉礼偶趣"人偶交互机器人项目的负责人高超两年多的心血。

萌生想法，团队初起航

一切台上的璀璨，都源自鹭岛上那座美丽的校园。2012 年，高超考入厦门大学，本科就读期间，自小浸润在家乡戏中的他就对福建传统戏种泉州提线木偶戏产生了浓厚兴趣。在 2017 年结束支教生活后，高超重新回到厦大成为一名研究生，这时，他发现学校附近的泉州提线木偶戏演出似乎变少

了。经过进一步调查，高超得知木偶戏的相关从业人员与观众也在逐年减少，这一传承千年未断的优秀传统剧种竟然出现了失传的危机，这让他迫切地想要为其做点事情。在与导师姚俊峰的交流中，他逐渐了解到了“非遗”保护与科技相结合的理念，便萌生了与导师一同利用科技手段助力泉州提线木偶戏传承和推广的想法。出于对保护“非遗”的相同理念和对泉州木偶戏的共同热爱，高超很快在学校里结识了几位不同专业的同学。这些来自数字媒体专业的技术担当与来自王亚南经济学院的规划者们聚在一起，一同开启了这一段公益性创业旅程。

理念和目标定下了，可“非遗”传承该如何与自己所学的专业联系起来呢？具体计划成了团队面临的首要问题。在多次的讨论后，针对传统戏剧对现在年轻人吸引力不足的困境，团队成员们想到利用数字媒体方面的专业知识为木偶增加交互性和趣味性。他们计划设计一个交互装置，为观众提供一种类似游戏体验的互动，从而让更多的观众关注到木偶戏，进而再去了解它，学习它。

除了让古老艺术在新世纪继续蓬勃发展之外，队员们还希望泉州提线木偶戏能够从国内走到国外，使这一人类共同的宝贵遗产为中外文化交流搭建起友谊的桥梁。受益于近年来国家弘扬传统文化的政策导向，团队申请到了国家艺术基金的支持来实现这一畅想。而为了这个扩大受众基数、让传统走出国门的宏伟愿景，团队在项目最初设计时就考虑了全球不同文化背景观众的接受度问题，在木偶形象选取上着实下了一番苦功夫。高超和队员们考虑到中国形象在国外的知名度，结合既比较大众化又具有中国特色的互动情节内容，最终选定了杨贵妃、孙悟空和李白三个木偶形象。其中杨贵妃对应的是中国传统舞蹈表演，孙悟空是团队制作的真假芭蕉扇、火烧火焰山互动游戏的主角，而李白则用于中国传统书法的演示。

攻坚克难，一直在路上

随着技术方面的着手，各种困难不断地涌现了出来。团队希望通过查阅其他类似项目的资料来获得灵感，却失望地发现虽然韩国、日本等地也曾有团队对数字提线木偶进行研究，但大都与团队自身的设计思路有很大区别。仅有的与团队方向类似的设计研究也都由于各种因素浅尝辄止，能提供的借鉴十分有限。这意味着项目对团队技术创新的要求很高，面对未知，团队必须要蹚出一条新路。

而技术之外，表演也是一道难题。团队成员虽然都曾欣赏过泉州提线木偶戏，但亲手制作、操控木偶，自己设计表演动作等流程对于大家来说还是新的领域，一切都要从零开始。

面对这些困难，队员们都满腔热血。在技术问题上，他们化整为零，将大的目标拆解为一个个的小部分，想办法逐一实现，再不断测试修改。团队成员互相帮助，积极沟通，遇到难以解决的地方就与导师一起商量。幸运的是，导师所教的一位学长正好在交互设备上有所研究，团队也多次向他请教，得到了很大的帮助。"学生阶段嘛，大家都比较纯粹，出现这些技术难题，大家就想尽一切办法去解决。"高超这样描述那段时间的自己和队员们，回忆起曾经青春的汗水，他表露出十分怀念和自豪的样子。

与此同时，表演也不能落下，既然是空白部分，队员们就从头学起。对大部分同学来说，周末和暑期是享受空闲的好机会，但队员们却要利用这段时间前往泉州木偶剧团和泉州市提线木偶戏传承保护中心，与木偶戏演员和"非遗"传承人们进行交流和学习。仅在研二学年，负责人高超就在厦门和泉州两地往返了二十多次。暑假期间，他更是与队员们在泉州一边学习木偶制作、木偶戏表演相关的知识，一边对当地居民和游客进行采访调研，向他们展示团队的人偶交互项目，听取不同的意见以便对成果继续改良。

看到这些为"非遗"传承而努力的年轻学生，"非遗"传承人、剧团成员和保护中心的工作人员都非常乐意帮助他们。队员们参加了"提线木偶表演人才培养"培训班，学习了表演上的传统线规，又受到了国家级非物质文化遗产代表性传承人林聪鹏师傅关于传统木偶制作工艺和上色技巧的指点。

剧团团长洪世键也对他们进行鼓励，更提出了希望他们能“通过新兴技术传承发扬优秀非物质文化遗产”的愿景。

对传统提线木偶戏的学习让团队不仅对泉州提线木偶戏的理解更为深入，在表演设计上也逐渐得心应手了起来。

迷茫过后，走下去

在攻坚克难的过程中，“嘉礼偶趣”团队也曾迷茫过。2018 年，团队参加了“创青春”全国大学生创业大赛，报名时的信心满怀在省赛夺冠之后、准备国赛的过程中被不断消磨。一方面，重要的机械臂操控技术陷入了瓶颈难以突破，另一方面，队员们对于即将面对强者如云的国赛也不免感到担忧。

“嘉礼偶趣”人偶交互机器人项目负责人高超为孙春兰副总理进行展示

此时，适逢厦门大学承办第四届“互联网+”大学生创新创业大赛总决赛，学校为此配套举办了高规格的“创客秀”，国务院副总理孙春兰也参加了此次活动，她对参与展示的大学生创新创业团队进行了勉励。学校推荐“嘉礼偶趣”项目作为厦门大学的创客代表，并进驻了“创客秀”互动区的主要位置，在这里，高超和队员们为孙春兰副总理和前来参观的观众们展示了木偶"杨贵妃"的舞蹈动作交互。每当有人来到判定区域内时，"杨贵妃"就会有所感应，随即开始翩翩起舞，而且观众的不同手势还可以触发春夏秋冬四组不同的动作和音乐。

在团队的介绍和展示后，副总理鼓励队员们一直做下去，真正将项目落地，让更多的人知道我国优秀的传统文化。这一鼓励让处在迷茫中的队员们重拾了信心，他们不仅坚定了要在比赛中拼尽全力的信念，更清楚了自己做的这件事情所蕴含的重要意义，决心一定要为中华优秀文化的传承贡献自己的力量。

坚定了信念，磨砺了意志，为了最终完美的比赛效果，队友们开始彼此鼓励，一同向着国赛奋进。他们争分夺秒地不断试验，绞尽脑汁地想办法解决问题，许多时候，他们沉浸于钻研，常常忘记了窗外的太阳已经悄悄落下。回想起这一段日子，高超仍感动于队友之间的团结和友谊。来自不同学院的他们不只是为比赛凑在一起的队友，更是为相同信念凝聚在一起、同心同德的伙伴、家人。

走向大众，走向世界

团队最终摘下了"创青春"全国大学生公益创业赛国赛的银奖，但还来不及庆祝或惋惜，紧接着就投入出国巡演的筹备中。为了这次走出国门的展示，他们必须准备好将机器进一步升级，孙悟空和李白两个人偶的3D打印成品和整体交互情节设计就是在这一时期完成的。

2019年1月，团队与泉州提线木偶剧团的成员们一同踏上了美国之旅。洛杉矶总领事馆的首站巡演大获成功，现场掌声雷动。民族的就是世界的，高超深刻地领略到这句话的含义，筹备期间的辛苦付出此时化为了面对外国友人时的骄傲和自豪。

其实，在巡演前后，秉持着传播泉州提线木偶戏的想法，团队在学校及附近地区已经举办了多场展演。他们曾来到泉州街头，让泉州提线木偶戏家乡的人们看到传统文化与科技结合的成果；他们曾走进过厦门五中，在中学生们心中种下闽南独特戏曲传统的种子；他们也曾在厦门大学三家村学生广场展演，为来自天南地北的同学们和游客们介绍闽南独特戏曲文化的魅力。

这些展演中既有团队自发的推广，也有其他人的邀请。如 2018 年年末，厦门大学人文学院曾举办过“非遗进校园”系列活动，在各“非遗”传承人传统技艺的展示中，“嘉礼偶趣”项目是传统与科技相结合的代表，让不少观众觉得既惊讶，又新奇。

面向未来

谈起未来，高超最心心念念的还是传统文化的复兴，一直以来，他都坚持着最初与导师交流时就提到的“活态传承”的道路，尝试去对传统文化进行生产性保护。他强调说，这个项目的目的并不是在于去把机器设计得多么高妙，如果未来有一天木偶戏变成全部由机器代替人来表演，那就与自己的初衷相左了。用交互性吸引年轻人的注意力，扩大泉州提线木偶戏的受众，这一切的落脚点都在于人，在于泉州提线木偶戏的从业者和观众们。科技是来扩大市场帮助行业活下去的，而不是去消灭行业的。他将自己对于“非遗”文化的公益创新目标概括为让“现存的可体验、损坏的可修复、消失的可还原、未来的可创造”，这四“可”折射出他对科技该如何帮助传统文化的认识，也是他对于一切文化遗产该如何传承发展的思考。

对于公益性创新创业的未来，高超也很是看好。相比商业性更强、成绩也更好的其他创业项目，高超相信学校在公益性创新创业方面还有很大的进步空间和优势。他希望同学们能破除公益性创业一定无法盈利的想法，虽然面对公益性创业大家都是满腔热血，但唯有创造出商业价值和文化价值，才能真正地让公益项目和相关企业在市场经济的浪潮中长久地存活下来，唯有通过“自我造血”而非“他人输血”才能让其更健康地发展下去。不过他更感叹道，公益性创业除了盈利，给人带来的还有奉献社会、实现社会效益、获得自我价值的心理满足，这种精神上的收获是物质报酬无法带来的。

至于“嘉礼偶趣”人偶交互机器人项目的未来，导师姚俊峰还联系到了福建省艺术馆、闽台缘博物馆等平台，希望能在展厅中设置泉州提线木偶戏的交互展演。可以预见，在大家共同的努力下将会有更多的项目落地，人们也能够更方便地体验到泉州提线木偶戏的乐趣。

与此同时，这份公益事业的后继者也已经上路了。高超和其他几位队友已于 2019 年 6 月份毕业，他们在校期间就特别注重寻找对木偶戏感兴趣的学弟学妹来深入了解项目，以保证毕业之后利用科技助力泉州提线木偶戏传承保护的工作仍能够稳步开展，并最终将“嘉礼偶趣”项目以课题组的形式长期确立了下来。而现在，几位厦大本、硕、博在读的新成员已经加入了团队。毕业之前，队员们与新成员兴致勃勃地规划着日后的发展目标，带领他们熟悉已经完成的工作和讨论尚未解决的问题。大家都希望新加入的同学能够带来新的想法和思路，把这个项目继续做下去，继续进行科研创新和推进技术迭代，让泉州提线木偶戏传播得更远，让更多的人来认识和喜欢上它。

“嘉礼偶趣”人偶交互机器人项目全体成员合影

他们还希望能够以泉州提线木偶戏为出发点，将这一成功案例推广到更多的“非遗”传承和保护中去。傀儡戏、皮影戏等戏种都与泉州提线木偶戏有相似之处，可以以此为借鉴，而一些其他戏种也可以进行形式上的创新，尝试用提线木偶来表演。令人欣喜的是，受“嘉礼偶趣”人偶交互机器人项目的启发，同一实验室的其他项目组也开始为晋江布袋戏寻找“非遗＋科技”的传承与保护方法，并且取得了相当亮眼的成绩。高超说，“我们不要把自己局限于现有领域就结束，一定要做更多的突破和尝试，真正达到开创“非遗”数字化保护新模式这一目标。这句话要送给我们项目后来的学弟学妹们，也要送给愿意尝试公益性创新创业的大家。”

撰稿：吴宜洁　人文学院 2018 级本科生

郭伟杰：Micro-LED，给你看你想要的世界

◎人物名片：

郭伟杰，厦门大学 2016 级博士生，于 2019 年 12 月获得博士学位。攻读博士学位前，在 LED 与显示行业的大型企业从事技术创新工作；攻读博士期间，在导师陈忠教授的指导下，开展 Micro-LED 显示研究，自己发明了无光串扰 Micro-LED 芯片技术，自行设计并搭建了 Micro-LED 芯片巨量转移装置。2019 年 4 月创立厦门友来微电子有限公司。2019 年第二届中俄(工业)创新大赛总决赛和第五届福建省“互联网+”大学生创新创业大赛中，分获三等奖和银奖。

戴上小小的眼镜，穿上感知的设备，就可以徜徉在任何你想去的地方，沉浸其中，让人分不清真假，这便是虚拟现实（VR）的最终目标。然而，如何才能让可穿戴设备小小的屏幕投射出像电视一样足够清晰、足够有感染力的画面？如何解决可穿戴设备耗电快、易烧屏的问题？可以说，Micro-LED 正是为此而生。

低能耗、高亮度、高分辨率，拥有如此优秀之性能，Micro-LED 无疑是 LED 和显示行业的一匹巨大的黑马。据估计，在未来 3 年内，Micro-LED 市场规模将超过 10 亿美金。因此，苹果、三星、索尼等大型企业纷纷将目光对准了这项技术。然而，为什么现在 Micro-LED 仍然没能在市场上广泛推行？其中“光串扰”问题是一个非常严重的阻碍。“光串扰”即指每一个 Micro-LED 单元间的光线相互干扰，这会明显影响屏幕的分辨率和均匀性。而郭伟杰博士在读博期间提出的技术方案，有望成功解决这一问题。

积淀，八年磨一剑

在来到厦门大学之前，郭伟杰就已经在 LED 与显示行业的大型企业从

事技术创新工作长达 8 年，在此期间，主持完成福建省产业支撑科技重大项目 1 项，并以第一完成人的身份获得 2015 年度福建省科技进步二等奖和中国轻工业联合会科技进步二等奖。由于企业的研发方向有限，到高校研究一些更有前瞻性的技术就成了他的愿望。

2016 年年初，郭伟杰找到陈忠教授，并向他表明进高校继续研发前瞻性技术的想法，得到陈忠教授的鼓励和支持。陈忠教授认为郭伟杰拥有深厚的产业背景，有利于学校的研究与产业更好地结合。通过竞争激烈的博士生入学考试后，郭伟杰于当年考入厦门大学，并顺利进入电子科学与技术学院 LED 照明与显示实验室。该实验室是福建省 LED 照明与显示行业技术开发基地的核心研发团队，承担国家 863 计划、国家自然科学基金、福建省和厦门市多项重大科研项目，多年来一直在 LED 显示领域深耕发展。在陈忠教授的引导下，结合他之前在 LED 和显示方面的经验，郭伟杰选定了 Micro-LED 显示作为他的研究方向。

起跑，必抢于人先

2016 年，我国大陆地区不论是学术界还是产业界对于 Micro-LED 显示还处于观望状态。当时市场上已经有了液晶显示(LCD)和有机发光二极管显示(OLED)两大技术，Micro-LED 显示这一研究方向是否有产业需求？研究成果对现在的 LED 和显示行业会有什么样的价值？这些问题在当时尚未达成共识，郭伟杰博士的研究方向也受到了一定程度的质疑。

然而，面对质疑，郭伟杰博士和陈忠教授从技术原理的角度分析了 Micro-LED 的主要性能，得出了“相比于传统的显示方式，Micro-LED 有很明显的性能优势”这一判断。有了这一基本判断以后，他们便更加坚信自己对研究方向的选择，不顾旁言，潜心做事。由于这是一个全新的领域，没有可借鉴的经验，郭伟杰博士在导师的支持下摸索着向前，也慢慢有了一些成果，如无光串扰技术的实现以及 Micro-LED 芯片巨量转移装置的自行设计和搭建。

事实证明，他们的判断是正确的。2017 年下半年，Micro-LED 显示得到了普遍关注与重视。随着南京大学郑有炓院士等专家的大力推动，以及“首届中国(国际)Micro-LED 显示高峰论坛”在南京的召开，国内的学术界和产业界很快掀起了对 Micro-LED 显示的全面研发攻关。郭伟杰博士所在的实验室凭借着他们的先发优势，得到了省里和市里的项目经费支持，与厦门市的相关企业联合承担了 2019 年福建省高校产学合作项目“微型 LED 显示阵列像素级芯片关键检测技术及产业化应用”和 2019 年厦门市科技重大专项“Micro-LED 显示技术开发项目”。

可以说，是对技术前景的准确判断、对科研方向的执着坚持和“走自己的路，让别人说去吧”的果敢为他们赢得了先发优势。

试产，理论促实践

随着 LED 和显示技术的发展，Micro-LED 显示的性能优势越发显现，成为国际公认的下一代显示技术，甚至被业界称为显示技术的“终极形态”。国内外许多大企业如苹果、谷歌、康佳、三安光电等纷纷加大对 Micro-LED 领域的技术研发力度。然而目前 Micro-LED 仍处于研发阶段，下游显示企业在 Micro-LED 显示屏研发过程中遇到了一些重要的技术瓶颈，“光串扰”就是其中之一。

郭伟杰博士在 2019 年 4 月的一次行业论坛中了解到这个问题，马上联想到自己所在实验室前期研发中，有一项无光串扰 Micro-LED 芯片的专利已经获得发明专利授权，如果这个技术可以实现产业化或许就可以解决企业面临的技术问题。郭伟杰博士与导师就开展这项技术产业化实施的可能性进行了深入的沟通交流，得到了导师的大力支持。于是，郭伟杰博士注册成立了企业，并从学校获得了这项发明专利的实施许可，尝试将实验室的技术方案放大到生产线去试产。

由于企业和实验室的工艺条件有很大的区别，如何提升实验室的设计方案去适应工厂的生产工艺就成为需要解决的重要问题。

挑战，大赛初检验

项目研究卓有成效，但是一个企业的运营缺不了好的引路人。参加创新创业大赛就是一个相互学习、扩展视野、凝练企业发展方向的过程。注册成立公司后，郭伟杰博士在学校老师的帮助下组建了由电子科学与技术学院、管理学院、经济学院同学组成的跨学科项目团队，一起参加“互联网+”等创新创业大赛。

比赛过程中，郭伟杰博士团队在指导老师的带领下，不断打磨自己的项目。而每一次的重新审视，都把项目梳理得更加细致，也找到更多的亮点；同时，比赛中接触到的投资人、其他参赛项目也给了团队更多的灵感，使得他们能够将专业的技术，用更加简单易懂的方式表达出来。

比方说，路演的时候如何介绍 Micro-LED 显示这一技术，就需要认真思考。如果单纯地从技术方面说“这个显示屏里面每一颗像素单元都是微米尺寸的 LED 芯片”，对于没有行业基础的人来说实在费解。于是，在指导专家的建议下，郭伟杰博士的团队将对 Micro-LED 的介绍以一种对比的方式呈现出来：“把户外的大 LED 广告屏幕里面每个像素都缩小 100 倍，把整个大屏幕缩小成一个手表大小的屏幕”，这样就直观得多，也更容易给人们留下印象。

着眼于这样的小细节，项目在一遍一遍的修改中逐渐完善，路演展示也在一次一次的打磨中逐步变得具体而有感染力，从文字表述到图表阐释，从专业角度的技术性分析到考虑大众和评委理解能力的形象化解释，项目的质量在逐渐提升，项目的竞争力也日益增强。

最后，项目先后荣获第五届福建省“互联网+”大学生创新创业大赛银奖、中俄(工业)创新大赛总决赛三等奖，成绩斐然。

仰望，未来不曾远

郭伟杰博士说，比赛对大家来说都是学习和提升的过程，是在各位专家辅导下进一步思考完善项目内容的过程，过程中的收获比结果要重要。 而在比赛中，他最大的一个体会就是要虚心接受各方面的建议，不断改进和完善项目内容。 可以说，远见、虚心、谦逊和脚踏实地，就是对郭伟杰博士最好的写照。

Micro-LED 现在还在发展初期，未来一两年可能会迎来大发展，而郭伟杰博士和他的团队无疑占据了先机。 他们已经掌握一些关键技术，目前需要解决的问题是如何与生产线和市场对接。 虽然设备、材料、工艺、产品规格、成本等方面都仍需要磨合优化，但是这项技术的应用的确未来可期。

郭伟杰在 2019 年百人会英才学者奖颁奖现场

撰稿：徐欣昱　外文学院 2018 级本科生

黄文灿：数字乡建助力乡村振兴

◎人物名片：

黄文灿，2017 级建筑系硕士研究生，带领团队成立厦门南强社造设计咨询有限公司，团队参与并获得第五届中国“互联网+”大学生创新创业大赛红旅赛道铜奖、第五届福建省“互联网+”创新创业大赛红旅赛道金奖和乡村振兴奖。项目结合高校科创和团队实践，为典型乡村构建“数字乡建”信息服务平台梳理、保护与发掘文化资源，为政府、设计团队等提供信息交互，对接落地项目及人才资源，吸引投资带动村庄发展，推进精准扶贫，助力乡村可持续发展和乡村振兴。

孕育：起于实践，守于热爱

如果说数字乡建这条路有一个源头，那就要追溯到 2015 年开始的一次次乡村实践；如果说蓬勃发展的厦门南强社造设计咨询有限公司有一个起点，那这个起点就是成立于 2017 年的小小社团。2017 年，黄文灿与几位同学和老师一起成立了厦大乡建社，一粒种子就此播种在了乡村的田野上。

深入乡村的实践活动自 2015 年就已经开始，那时这一支还并不成熟的学生实践队伍前往院前社、长汀丁屋岭等多个村落进行调研。在调研的过程中，他们发现这些乡村拥有许多值得被挖掘和保护的资源，却因种种原因被遗忘甚至舍弃。惋惜之余，他们开始思索，若是能为这些乡村提供更多的关注，为他们的资源找到合适的对接口，是否对这些乡村的振兴起些作用？

怀揣为乡村做一些贡献的心愿，黄文灿所在团队的“关于厦门蔡塘城中村社区中心的提案——非正式建筑”在 2015 年的 TEAM20 建筑与规划新人奖上成功入围，但在荣誉之外，这场比赛引发了他更深的思考。在国家大力提倡乡村振兴的背景下，身为大学生，应该如何承担起这样一份时代责任，又如何用自己所学的专业技术知识来帮助乡村呢？ 成立乡建社正是黄文灿为解答这一问题写下的第一行答案。

成立乡建社之后，黄文灿带着团队走出厦门，走进漳州，他们奔波在福建大大小小的村落里。 在这个过程中，黄文灿从内心里喜欢上了乡村，并且对于建设美丽乡村的必要性和重要性也有了新的体会。 乡村要怎样发展？ 这个问题的答案必与保护二字紧密相连。 人类总是从乡村前往城市，资源总是从乡村流向城市，乡村在发展的洪流中一次次被时代抛下，保护乡村、建设乡村的号召正是时代洪流向前发展却不忘乡村的回眸。 如果能够抓住这个机会保护乡村文化，发展文化产业，乡村也将具有更强的资源吸引力和发展潜力。

启程：心之所向，素履以往

黄文灿说 2018 年的“互联网+”大赛对于项目总体发展是一个十分重要的契机，如果没有这样一个比赛，成立公司或许还要推迟几年。 通过一次次乡村实践的积累，黄文灿与乡村早已建立深厚的感情，“互联网+”大赛正是一个将愿景变成现实的机会，在老师的鼓励和指导下，他组织团队决定参赛。

下定决心参加比赛之后，黄文灿组织团队成立了厦门南强社造设计咨询有限公司。 公司的总目标随后确立，即致力于对乡村的文化资源进行数字化的梳理、保护与发掘，同时对接落地项目。 保护乡村文化资源有千千万万种方式，结合数字技术和互联网的道路的选择是迎合时代浪潮的，将新兴技术与传统文化相结合的最终目的，离不开让乡村更美好的初心。 同时团队也为这项创新服务创立了“数字乡建”的品牌，推进乡村数字化的建设。

这支主要由建筑、信科、管院师生组成的团队，利用多学科的专业背景和厦大高新技术，全面整合乡村信息，为乡村保护与建设提供专业的乡村数据服务包，有效解决了乡村数据零散、获取难、成本高、效率低等问题。

项目针对传统村落、革命老区和贫困乡村等典型乡村提供多维数据服务，向政府部门、设计团队、投资团队等提供云端信息，通过“乡村展示平台”叠加“优质客户社群”向客户进行可视化展示与交互，更好地推进乡村振兴项目的对接，吸引投资从而带动村庄发展，实现乡村跨越式发展，助力乡村振兴和乡村的可持续发展。

技术乃立项之本，乡村所存在的技术鸿沟在“数字乡建”团队所具有的技术优势下进行填补。项目中采用的快速实景建模技术和 VR 全景技术属于前沿技术，可大大节约村庄物质信息记录的人力和时间成本，并且记录村庄信息全面，可直接作为前期规划及宏观决策、设计的依据。项目中搭建的数字乡建信息服务平台也可以整合乡村信息，为乡村的保护、发展、投资等带来新的机会。

黄文灿和他的团队以“数字乡建”为题参与创业比赛，获得了第五届中国“互联网+”大学生创新创业大赛红旅赛道铜奖、第五届福建省“互联网+”创新创业大赛红旅赛道金奖和乡村振兴奖，同时也为公司未来的发展确立了思路，它让黄文灿看到了乡村的沃土上正在孕育着的无限的时代可能性，“数字乡建”所搭载的平台，整合数字化乡村信息，梳理、保护与发掘文化资源，构建乡村专业大数据库，为政府、设计团队、开发商等提供信息依据和信息交互，从而更好地推进落地项目及对接资源，吸引投资带动村庄发展，推进精准扶贫，从而助力乡村可持续发展和乡村振兴。

续航：筚路蓝缕，以启山林

比赛结束后，黄文灿依旧与他的团队奔波在乡村间。“数字乡建”队伍奔赴长汀、大田、闽清、寿宁、南靖、江西、广西等地的村落，展开数字乡建的探索。调研的足迹未曾停止，关于公司发展的规划也慢慢浮现出来。在国家大力推进数字博物馆建立的大背景下，为传统村落建立数字档案是时代的要求，也是乡村振兴的希望。当前城市数字化管理正在不断推进，存在于乡村的数字鸿沟却使得传统村落在数字化建档之路上步履蹒跚。

战略合作签约

数字乡建是一条缺少同行者的小路，拥有数字化建档能力的团队或许并不是少数，但愿意扎根乡村、热爱乡村、陪伴乡村的团队却少之又少，数字乡建团队可以说是福建省内唯一的一个。通过细心调研，黄文灿的团队发现乡村信息具有极大的市场潜力。一方面是因为在明确的供需关系下，外地设计团队不能频繁多次下乡调研，对乡村信息有需求但得不到满足；另一方面，潜在的下游市场也充满许多新的可能性，在叠加文旅、施工、设计、管理、科研等因素之后能够形成专业信息库，为多行多业创造新的信息机会。

现在，黄文灿团队为公司确立了以乡村专业信息库为核心、以乡村信息交互为主线的创新商业模式，以推动乡村建设，吸引投资，带动乡村发展。专业技术上的优势使得公司可以为乡村提供 VR 全景、三维快速建模、精细测绘等技术服务，而团队组成成员跨学科的特点使得公司可以提供包括建筑、人文、经济、环境等多方面的田野调研，进行专业的乡村普查，并根据调研采集的数据进行大数据分析和多专业发展评测评估。

通过采用前沿技术，相比于高校、设计院、测绘公司等采用的传统测量技术，公司的人力成本得以降低，效率得以提高，乡村数据整合度更高、信息采集更精准。同时，团队自主研发数据平台不仅可以让使用者通过互联网迅速访问乡村信息数据，同时可以确保数据的安全性。基于乡村数据变化较快的特点，公司联合驻村建筑师计划提供持续更新迭代的数据，确保数据与时俱进。

公司成立两年来，黄文灿团队共建立“乡村·数字博物馆”64 处，其中包括红色革命根据地“长汀县中复村”、中国传统村落“长汀三洲村”“晋江福林村”、美丽乡村“厦门院前社”等等。此外其还承接了多项乡村振兴设计项目，搭建乡村建筑数字模型信息库，受中国传统乡村福林村委托为“书投楼”提供模型信息库整理和修缮设计，受南靖土楼文旅局邀请制作“和贵楼”土楼世界文化遗产的数字搭建技艺并将于世界遗产大会上展示，受寿宁县邀请制作县域廊桥文化遗产的数字化模型库搭建。

续航能力是一个公司生命力的体现，同时也是负责人解决问题能力的体现。在 2018 年“红旅”参赛项目中，“数字乡建”匆匆创办，同时也在竞赛的推动下快速成长。在“数字化乡村”从理论落到实践的道路中，一如他们所经的村落般，少有人寻。而对于团队来说，困难反倒来源于团队本身。那时成员们大多处于最繁忙的大三、大四阶段，学业与工作任务的繁重使得团队的集体行动受限，加之“数字乡建”项目本身也需要大量的时间精力投入，如何进行自我协调和团队协调是项目目前发展阶段的一大难处。但厦大乡建社从小团体发展到大团队，其中每个成员对于“数字乡建”的执着与热忱，就是源源不断的燃料。

作为“数字乡建”负责人，黄文灿说：“去到每个村子，看到这些村子所拥有的美好资源，就很有冲动想要帮他们做点事。现在的村庄空心化很严重，很多只剩下留守的老人和儿童，但这些村庄的资源是很多的，有些有点历史的老建筑一旦没有人住就会被破坏掉，这是非常可惜的事情。所以每次走在村子的小路上，就会觉得我们所做的事是很有意义的。”他提到现在下乡调研，碰到的村民看到他总会热情地跟他打招呼，心中就总有一种回到家的感觉。帮助乡村，就是在帮助人，当一座座数字博物馆建立起来，当乡村产业获得发展资源，村民们也越来越重视原本散落的传统文化。改变一座村落，改变一些人，也是项目令人感动的一点。

已建立的部分虚拟博物馆

其实，对于庞大的乡建工程来说，黄文灿的“数字乡建”所做的还是非常前期的工作，后面所有工作，都必须在前期的扎实基础上方可完成。基础的工作往往又苦又累，但也总要有人做。只有到各个村子采集完基础信息，然后才能提供给政府和设计单位，作为政府规划的依据和团队设计的参照。他们做的是行业内最基础的工作，不同的只是他们有一些较好的软硬件，能比较快速地进行信息的采集。但是，所谓基础，从某种程度上就意味着繁复，背后付出的精力与时间和所采集到的信息成正比，如今我们所能见到的精致的乡村数字博物馆与较为完备的信息平台，正是这个团队坚持的成果。

当然，一个创业项目离不开指导老师和团队的不断付出，也离不开厦门大学建筑与土木工程学院和福建省青年建筑师等合作单位的支持和信任，通过大家的携手努力才能共创乡村的美好。黄文灿所带领的团队专注于用数据搭建乡村的未来、用实践落实对乡村的期待，他也希望能有更多的个人、团队、公司能跟他们一起，为乡建贡献一份力量。

展望：自强不息，止于至善

公司成立后的出色工作成果得到了媒体广泛的关注，获得了广泛认可，并与福建省青年建筑师协会签订合作协议并获得天使投资，同时“数字乡建”的成果也获得过联合国教科文组织的肯定，并将于近期在教科文组织官网上进行拓展接口的推广。原本定于 2020 年 6 月(推迟至 11 月)于福建福州举办的世遗大会上也将再一次对公司成果进行推广。

抓住机会，迎接挑战，需要充足的准备。乡村发展从整体规划到建筑单体设计，为乡村运营管理、文化创意产品开发、实践教育服务等提供专业化的服务，陪伴乡村探索更好的发展模式，达到乡村可持续复兴发展的目标，这是黄文灿为公司未来的发展目标做出的长远规划。他深知，只有做足准备、预先规划，才能够使公司更好地抓住机遇，以披荆斩棘的姿态奔赴未来。

公司发展稳步向好，黄文灿对公司的未来也充满了信心，这种信心既有实力做支撑，也受到学校的影响。他对于乡建事业的坚持与厦门大学校训也有着千丝万缕的联系，“自强不息”就是于逆境中寻找出路并且勇往直前，“止于至善”是指提高要求来做到最好。黄文灿说到自己做项目时总是会反思是不是还可以改进，是不是还可以更好，如果要做一件事就一定要做得拿得出手。成立公司所需要的知识并不仅仅是以前的专业知识，还需要涉及经济、宣传等各个方面，而公司想要更好的发展，也需要完善的产业链和更为扎实的基础，黄文灿和他的“数字乡建”团队也将继续前行，为乡村振兴做出更多贡献。

撰稿：孙晓菁　社会与人类学院 2019 级本科生

林溱:“一直以来，我都不算是一个安分的人”

◎人物名片:

林溱，厦门大学嘉庚学院 2010 届本科工商管理专业校友，现任厦门中达电商园总经理。先后担任厦门市海沧区政协委员、厦门市青年商会副会长等职务，并获评“福建青年五四奖章(个人)”“厦门市优秀青年”“厦门青年五四奖章个人”“厦门新锐创业者 Top10”及“厦门市青年创业人才”等多项荣誉。在校期间，林溱与朋友在校园周边合伙开台球馆、健身房和书店，月营业额达四五万；毕业后入职银行，业绩一度在厦门地区排名前十。工作后的第五年，他毅然放弃在银行的工作，从零开始，在厦门海沧区创办厦门中达集团有限公司。2018 年，在中达创立中达—临夏电商扶贫新模式，帮助一批临夏青年从“国家级贫困”到月收入过万。至 2019 年 10 月，中达电商园被授予“国家小型微型企业创业创新示范基地”“国家电子商务示范基地”称号。他就是林溱，笃定着“有信心未必能赢，但没有信心一定会输”的信念，他无惧困难，一直走到了现在。

让校园生活“折腾”起来

回首 2006 年，那时我还不到 20 岁，带着满腔热情和那颗“爱折腾”的心来到了厦门大学嘉庚学院，开启了我的大学生涯。

相对自由和宽松的大学氛围让我有了很多新奇的想法。大一时，在学生会的外联部，我结识了三个志同道合的朋友，四人一拍即合，东拼西凑出了 2.4 万元作为创业基金，接管了校区外最早的台球吧，开始了我首次的创业之路。

好景不长，火爆了不到一年的台球吧迎来了其他的竞争者。台球吧一下子陷入了低谷，有时候甚至一整个晚上都没有一个客人光临，我记得有一

林溱

个下雨的晚上，店里一个客人也没有，我们就这样看着时间从七点走到八点再走到九点、十点，店里始终没有来一个人。

这深深打击了我的自信心和创业激情。一时间，我和伙伴们遭到了许多质疑，我的伙伴们开始犹豫是否要坚持下去，但我不服输，也不想放弃，我的创业之门才刚刚打开。

于是，我们对台球吧进行了翻修，还成立了台球协会，生意也一天一天好起来。这间小小的台球吧就如此一步步发展成为博朗台球馆。现在的我依然很怀念那段为理想奋斗的日子。

在台球馆发展逐渐成熟的时候，“爱折腾”的我却不甘于此，把目光移到了健身房和书店上。有了经营台球馆的经验以及经营台球馆带来的经济基础，健身房和书店的项目很快就获取了收益。到毕业时，我已经赚了200多万元。

创业就业再创业，追梦永不停止

大学在每天充实的生活中接近尾声。在临近毕业时，周围的朋友们求职、创业，一个个都变得忙碌无比。我忽然有点迷茫了，是安于现状，经营大学开辟的小事业？ 还是换一条路，从头开始，迎接新的挑战？ 显然，经济效益“可观”不是我的首选。

一番深思熟虑之后，我毅然放弃了自己一手开创的校园事业，转身以实习生的身份进入了机遇和挑战并存的银行。 为了转正，我在工作期间恶补金融知识，积极主动寻找市场，终于成为银行派遣员工(没有银行编制的职员)。 经过三年的努力，我获得了所在银行全厦门销售第一名和第二名的成绩，并且多次带领团队取得了不俗的业绩，并取得银行正式编制。 工作的第五年我成了银行金融部的客户经理。 从实习生到正式编制的经理，这段路程走得并不轻松，就像一场马拉松，需要毅力和辛苦的付出，但既然开始了，再难我也会坚持跑下去。

2014 年，电商产业开始蓬勃发展，但是大量的卖家还属于单兵作战状态。 我又一次站在了选择的十字路口，一边是熟悉的银行工作，另一边是互联网发展带来的创业机遇。 我一直都非常了解自己想要什么和该舍弃什么。 我明白，活着不要总是安于现状，能赚钱的时候，千万别懒惰；能奔跑的时候，千万别用走的。 我再一次选择从头开始，辞掉银行的工作，拿出自己的所有积蓄，买下了海沧一片厂房，集合小伙伴在厦门市海沧区创办了厦门中达集团有限公司，开始了对自己创新理念的深耕。 这是一家什么样的公司呢？ 它的总投资额达到 1.2 亿元，它为零售电商和个人提供创业创客孵化的场所，它是厦门配套最完整的青年电商创新创业基地，它为中小卖家提供一条龙服务……

当然，创业从来就不是一件轻松的事情。 创业之初，我非常焦虑，公司碰到了许多困难。 因为是摸着石头过河，团队的小伙伴在“陌拜”(陌生客户拜访)和“地推”(落地活动推广)过程中，遭遇了种种白眼和冷遇，信心不断受挫，企业一度走到了崩溃边缘。 比如如何把一片荒废的家具加工厂变成高端的办公场所？ 如何寻找合作伙伴？ 如何推销公司的经营理念？对于这些，我都没有什么可借鉴的经验，只能摸着石头过河，但我内心笃定一个信念——“有信心未必能赢，但没有信心就一定会输”，所以我无惧这

林溱讲述自己的创业故事

些困难。

在两三年的时间里，我以园区为载体，积极探索，创新管理，把厦门中达集团有限公司成功打造成集仓储物流、品牌营销、摄影摄像、创业孵化、教育培训等要素为一体的电子商务支撑体系。中达电商园先后获得"国家小型微型企业创业创新示范基地""国家电子商务示范基地""福建青年五四奖章集体（青年创业团队类）""福建省创业孵化示范基地"等近30项荣誉称号。同时我也先后担任厦门市海沧区政协委员、厦门市青年商会副会长、厦门市海沧区工商联副会长等职务。

现在，得益于我们的坚持，当参差不齐的电商园如雨后春笋般涌现的时候，厦门中达集团有限公司已经站在了行业的制高点，如今，我们团队已经在电商园里成功集聚超过191家零售电商企业，为近3000名青年提供创业就业岗位，业务涵盖电商基础服务、产品设计研发、创业就业培训、财务法会服务、供应链生产整合及专业投融资领域，拥有独立的物流仓储版块、品牌服务中心、美工摄影团队等"核心肌群"，创造年产值达25亿元。

未来，我希望能够继续在商品流通领域深耕，一方面有序拓展园区事业版图，增强服务体系辐射范围，扩大创业就业覆盖人数；另一方面加大技术研发投入，打造自主品牌，拓宽供应链整合渠道，带动传统企业转型，打造“互联网+”创新创业新平台，让中国的青年、中国的电商企业，可以更好地为全球电商产业服务。

“做帮扶，我们是认真的”

中达电商园的管理团队是非常多元化的，我们的运营团队平均年龄不到 30 岁。中达创立的出发点就是“帮助草根创业”，而中达对于临夏的扶贫，无疑是把这个理念带进大西北的山区，在远隔 2500 公里的积石山贯彻到底，帮助山区里的质朴青年实现创业。

2016 年，我到甘肃临夏自治州积石山县调研，东西部经济发展的巨大差异给了我很大的感触，我想，既然电商的创业成本低，门槛也低，是否可以探索一种新模式帮助贫困地区增收呢？ 2018 年，我们集团以建设电商示范基地和开展电商培训形成示范效应。2018 年 3 月至今，累计培训近百名积石山县赴厦学员；在临夏州建设海沧区－积石山县东西协作电商孵化基地和临夏・中达电商园，半年多培训 370 人次，其中建档立卡户 120 人。已孵化赵顺娟、陕小琼和陈珍珍等一批建档立卡优秀创业能手，创业学员最高月收入达 2.7 万元。

2020 年 3 月，为响应党中央决战决胜脱贫攻坚，大力开展消费扶贫行动的精神指示，厦门中达集团“牵手”厦临公司，在甘肃临夏州成立甘肃厦临中达农业发展有限公司，通过对临夏州最主要的粮食产物——土豆进行深加工，做成薯条、薯片等，销往全国市场。作为厦门市赴临夏州参与扶贫工作的企业之一，厦门中达集团立足临夏州三年，以电子商务为抓手，以产业梳理打造为途径，用自己的实践助力消费扶贫，并将其成果落实到合作社及农户个人，走出了一条“以品牌打造带动消费扶贫，以理念输出助推市场养成”的产业扶贫之路，也为厦门民企通过产业扶贫、参与国企混合所有制改革进行了有益的探索。

厦门中达集团"牵手"厦临公司，就甘肃临夏州土豆深加工项目进行签约

赠人玫瑰，手有余香。就我而言，帮助别人收获到的价值和快乐是最纯粹的。从创建中达电商园，到与母校厦门大学嘉庚学院共建双创基地，而今远赴临夏带入创业思想、培养一批电商带头人，带领更多有创业理想的年轻人奔向"钱"程，都是基于这样的利他思想。只要先趟过眼前的苟且，大部分人才有能力创造诗和远方。我希望能够活得潇洒，活得真我，和一批有情怀的人相聚一堂，做有温度的企业，做有温度的事，做一个有趣的灵魂，并把这份乐趣分给别人。

撰稿：张筱玉　厦门大学嘉庚学院 2018 级本科生
熊昕怡　厦门大学嘉庚学院 2019 级本科生
黄　璐　厦门大学嘉庚学院 2019 级本科生

李思民:“链”上的修路人应敢为技术先

◎人物名片:

李思民，厦门大学 2017 级无线电物理专业研究生，创业项目“企业近未来化解决方案专家，必乐科技”的团队队长，于 2018 年成立厦门必乐领主科技有限公司，致力于区块链开发与人工智能技术研究，并成功开发全球第一款区块链集换式卡牌游戏“以太战舰”。 2019 年领导团队获得“创青春”福建省青年创新创业大赛一等奖，成为 2019 年福建省“创业之星”标兵；成功申请福建省人社厅专项扶持的毕业生创业资助。 目前公司已取得多项知识产权，其成熟优异的高品质技术服务获得了各大公司及政府部门的广泛好评。

李思民

如果你问有什么会对一个公司的生命造成毁灭性重创，数据库信息丢失一定是其中不可规避的因素。 2020 年，厦门某公司内部的员工之间出现了分歧与矛盾，这小小的裂痕在不断的摩擦中就像机体里潜伏着的定时炸弹。3 月份，炸弹终于爆发——员工携重要信息跑路，数据丢失不可逆而又不可回溯，公司此时命垂一线！ 好在该公司为自己上了必乐科技的"保险"，它采用必乐科技的底层数据系统，以区块链分布式储存的形式将数据库保存下来，因此当天便有效找回了所有数据。 那么这样一个"保险"团队、"修路人"团队是如何在李思民的带领下一步步发展起来的呢?

"一把火烧起来"：能力、兴趣、伙伴

2013 年，李思民成为厦门大学电子科学与技术学院的一名本科生，那时他在创业方面几乎是一张白纸。 但是不论未来方向如何，学校在基础学科和基础技能上的培养都为他日后的项目尝试及创业发展奠定了坚实的基础，他说："这些专业学习的日子都是为了以后可以在夯实的地基上搭建起自己想要的房子。"

2017 年，经过本科四年的历练与成长，研一的李思民逐渐找到自己的兴趣方向，并开始了解大学生创业。 最初，他只是在自己的朋友圈子里与那些志趣相投、能力匹敌的同学聚集起来，想共同完成一个小项目或者小作品，把它像小作坊似地开展起来。 而每年校园内开展的"互联网+""创青春"等系列比赛，营造起浓厚的创业氛围，他认识了越来越多的厦大创业人，这使他发现原来学生创业并不是多么稀有的事件，由此他努力地去接触更多创业圈子中的人，并在与他们的交流中收获大学生创业的经验与心得。

对技术创业来说，高校创业环境为他提供了良好的资源优势。 一方面，"985"高校的平台自然充斥着许多"能人""大牛"，他们有兴趣、有能力、有热情，所以和李思民志同道合聚集起来，共同追寻心中的梦想；另一方面，在校园中还有许多和老师交流的机会，在思想的碰撞中也能获得一些独到的资源。

李思民的老师参赛期间便给予他许多团队组建、资源整合上的帮助。因为李思民是理工科出身，比赛期间时间、精力又有限，所以只能更侧重于技术方面的研究，而在商业计划、财务分析、项目宣传上无法面面俱到。学院的刘锦锗老师在了解这个情况后立马牵头，联系学校的创业服务部门，找到管理学院的同学负责商业计划书的撰写指导，人文学院的同学负责文案宣传，软科学院的同学负责包装设计……由此团队采用了一种更专业化的分工，得到了老师的支持和更多学院同学的帮助，他们的项目向前迈了一大步。

李思民回首初心，自己总结道："只有能力、兴趣、伙伴结合在一起，我们才有可能把一个小小的项目或作品往创业的方向延伸。"

但从建立创业团队到真正成立公司还是有一段距离。当时他和团队伙伴一起把小项目运营起来，发现自己所热爱的事物还能带来经济效益，这给了他极大的动力支持，也进一步坚定了他把小项目商业化的想法。当然，他依然保持着初心，深知像区块链这样前沿而新兴的技术项目更需要以广泛交流作为大前提，只有广泛交流，才能尽力规避单独作业时可能出现的各种漏洞。这条创业成长路上，李思民还保持着与高中伙伴的联系，这位高中伙伴就读于北京大学，他们在相互交流中共同确定了成立公司的目标。期间也是机缘巧合，北大伙伴在对外交流中吸引了北京某单位的 CEO，他认为这个项目有趣而有前景，并表示自己愿意投入一部分资金帮助他们，让项目真正做起来，让公司一把火烧起来。2018 年，厦门必乐领主科技有限公司终于正式成立。

"一大步迈过来"：进取、决心、团结

大学生创业群体相互交流分享时，他们都无一例外地抱着很大的决心，也无一例外地认为大学生创业很辛苦；甚至有些人已经经历过失败而再次拥抱新的开始，去进行二次创业、三次创业了。尽管李思民的创业历程还算顺利，第一个项目便有起色，但是从他的切身体会来看，大学生依然处在校

厦门必乐领主科技有限公司外景

园象牙塔中而尚未步入社会的阶段，在工作经验上还是有一些不可避免的劣势。

那时公司刚刚成立半年左右，项目也才起步，第一笔投资资金却已经非常紧张，团队处于拿着投资方的钱却没有产出的困境之中，这种资金困难也带来了团队士气的低落，他们甚至产生“是不是我们能力不行”的自我怀疑。李思民只能拿出破釜沉舟的勇气去寻找转机，便与团队商量，把仅有的经费用于参加 2018 年的全球移动互联网大会。幸运的是，正是在大会上他们接洽了两个对公司产品十分感兴趣的企业并签订了合作合同。随着合同落地，资金问题也逐渐得到了缓解和解决。之后他们才在主动寻找客户的方法上慢慢积累经验并探索出门道，比如在百度上投放广告、进行客户关系维护、做一些小型的高投标等等。

除了资金问题，公司在项目规划上也遇到过一些状况。早期由于团队缺乏经验，他们在项目进度规划上出现了大问题，导致整个团队的生产压力与生产困难。有一次，某个在建工程即将提交，只剩最后一周时间，但工程却只进展了 50%，进度还差一大截。这让整个团队非常着急，因为无法按时完成工程便算违约行为，公司会面临更大的问题。当时他们背负着沉重的压力，李思民只能带着整个团队每晚熬夜，甚至做到凌晨四五点钟。好在团队凝聚力很强，他们团结一心，愿意付出，不惧困难，把所有的时间精力都压在了冲刺阶段，最后硬是在截止日前的凌晨完成了总体项目，并得到了对方的肯定。

在公司经营壮大的过程中，员工们也是来来走走，李思民认为必要的告别是再正常不过的事情。公司团队的特殊之处在于，这是两个学校团队的结合——厦门大学与北京大学。他从研一开始创业，现在已是研三，初始团队中有些同学已经毕业，或许因为更需要一份工作而退出了创业团队，但两校中以硕博为主的 5 位核心成员依然留在公司里；此外，他们也以社招的方式将社会上的人员力量补充进来。对于团队员工间偶尔出现的看法不一致的情况，公司设置了委员会决策机构，通过开会投票表决来完成决策，由此在交流磨合中基本达到相互契合的状态。

公司团队年会合影

李思民在创业上逐步趋稳，也没有忽视作为学生最基本的学业任务。公司运营的早期阶段不可避免地需要时间投入，尤其是研一研二，这段时间他甚至在学术上有些乏力、落后；后来公司引入了职业经理机构来处理日常事务，核心团队则完成战略性决策，以此提高效率。另一方面，导师也非常体谅他紧张的时间安排，并在学术上给予许多实际支持，分享启发性的学术想法，提出建设性的学术意见，帮助他理清科研思路，提供学术框架、实验数据等等。在所有主观努力和外在帮助下，他尽力维持着创业与学业之间的平衡。

李思民在磕磕绊绊迈步向前的路上始终保持乐观的心态："如果你真的想创业，虽然你不可避免有劣势，但是只要有决心去做，幸运还是会眷顾于你，成功还是会降临于你。"

"一放眼望未来"：前沿、安全、共识

我们身处信息时代，随着人工智能的出现，数据的价值变得越来越重要，它甚至已成为信息时代的生产资料。必乐科技正是从事这样一个与数据相关的领域的研发，一是运用人工智能提高数据处理效率，二是运用区块链改变数据生产关系，确保数据的可信度。必乐科技最大的特点就是把二者整合在一起，保证数据所有权更加安全、可信。人工智能和区块链必然是未来至关重要的技术，二者的整合也必然是一个很有前景的朝阳产业。

传统数据库中的数据信息被储存在某个服务器或中央主机上，这种中心化的模式下数据可篡改而无法追溯，可信度基本为零。而必乐科技将数据信息储存在区块链上，用以太平台、区块链/联盟链平台替代传统数据库，从而增加数据的可信度。他们项目的亮点一是新兴、前沿，二是未来应用广泛，国家现在把人工智能、区块链、大数据列为未来的战略方向，以后的时代也必然是数据的时代。

如此朝气蓬勃充满生机的区块链行业也并非毫无隐患。必乐科技生产的大部分是可控的联盟链，但区块链行业也存在不可控的公链问题，这种公链任何人都能加入以获取分布式数据，在可控程度与安全程度上比较低，这就导致了相应的价值观问题——如果价值观不同的其他国家加入公链该如何应对？如果别有用心的人将某些不符合主流价值观的思想记录在以太坊上又该如何应对？而区块链的特性就是不可篡改，这样一来便无法控制，甚

必乐科技官网

至导致社会问题。因此，只有在价值观一致、联盟链可控的情况下，必乐科技才会把数据系统应用到对方公司内部，李思民为区块链正名："这不是让人为所欲为的技术，因为互联网不是法外之地。区块链在未来的主流发展方向上应该是一个可控的、安全的、能形成一致价值观与共识的技术。"

必乐科技正是秉持着"技术是没有价值观的，但是从事技术的人员是有价值观的"原则，将自己定位为修路的人，当谈到区块链的另一面以及相关制度时，李思民强调："必须要进行监管，我们是修路的人，修出来的路如果没有红绿灯，大家都会乱开车而酿成交通事故。所以我们是希望去修有红绿灯、有斑马线的安全可控而制度合理的路。"

在这样正义而坚定的原则的指导下，公司内部也逐渐凝聚起自己的文化口号——"敢为技术先"。必乐科技重视研发，不断尝试与获取最前沿的技术、能切身应用起来的技术：公司对研发的资金投入占了非常大的比例，去年在研发上合计投入 112 万；公司还特别成立了首席科学家委员会，由博士和老师做顾问来指导团队的研发工作。这种创新意识正是这群技术出身的学生创业者们最初的精神与文化价值所在。

李思民对于公司未来的期待也非常明确，就是四个字"做大做强"。必乐科技一开始侧重服务于中小企业，希望在积累和成长过程中，能不断去争取双软认证、体系认证等资质，由此将服务对象从中小企业延伸到事业单位和政府部门，接着不断扩大公司规模，扎根立足于南方市场。

“一咬牙撑下来”：校友寄语

坚持是第一位的，没有任何成功可以轻而易举得到。“我们现在讲困难好像很轻松，但是当你真正面对困难的时候，很多人的第一想法就是放弃。因为学生的特殊身份给创业留下了退路，无法咬牙撑下去的情况屡见不鲜，但如果确定自己真正要走创业之路，坚持一定是第一位的，不能抱着反正还能继续读书的心态便轻言放弃。希望学弟学妹们做任何事情都可以坚持下去，每一次小小的成就感都会给你带来莫大的快乐！”

撰稿：舒艺　新闻传播学院 2018 级本科生

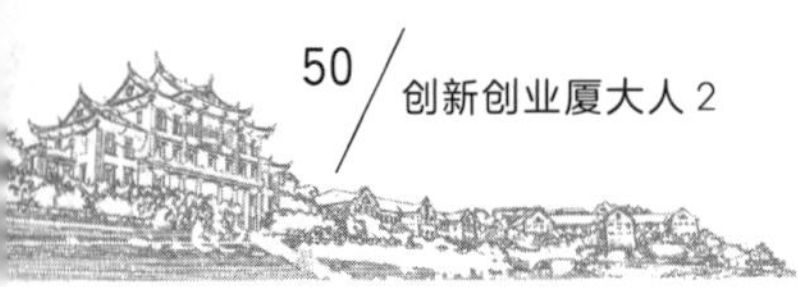

苏令相：选择比努力更重要

◎人物名片：

苏令相，厦门大学嘉庚学院 2014 届本科软件工程专业校友，厦门贵在互联信息科技有限公司(以下简称“贵在互联”)创始人，广告、科技、投资、酒店、餐饮等数余家公司创始人。其“贵在互联”项目斩获第四届“中国互联网+”全国赛金奖，并受到国务院孙春兰副总理在厦门的接见。现为厦门大学厦门校友会青年创业分会副会长，厦门大学嘉庚学院创新创业导师。为厦门大学嘉庚学院设立令相产学研奖学金、厦门大学嘉庚学院令相自强之星奖学金，助力更多嘉庚学子积极进取，奋发向上。

缘起嘉园，一方志心

苏令相

为什么要花四年的时间读大学？ 为什么努力去历练不同的经历？ 从2014年毕业到现在，转眼已过去五年了，我现在回忆起嘉庚的点点滴滴，还是非常美好。 我一直认为嘉庚学院是一所理念为先，以学生为中心的大学。 毕业后，我更加坚定地认可中外界媒体对嘉庚学院的一句点评："这是一所不一样的大学。"而不同之处在哪呢？ 在嘉庚学院，学校提倡全面发展，关注学生学习以外的能力，因此我们会很认真地对待每一场赛事：舞蹈类、话剧类、运动类、学术类赛事，以及各种创新创业大赛等。 对于每一场赛事，我们团队的每一个人都认认真真地去筹备、开展，不放过赛事中的每一个细微环节。 在这一过程中，团队成员产生了很多不同的灵感，激发了我对创意创新的探寻。 而这，都源于母校的成长环境，她孕育了无限可能的产生，所以我很感谢嘉庚学院。

日臻修行，行远砥进

大学的舞台期待才华横溢的人尽情施展，你有多少才华，你的舞台就有多宽广。 在大学里，我的思维空间不仅仅没有被限制，而且还产生了很多创意的灵感。 在我当学生会主席时，曾带领过超百人的团队，这对于我毕业后创业的帮助很大。 对公司架构的考量，与我对学生会下各个部门结构的考量大同小异，要充分考虑协同问题，不仅仅要思考各个部门需要什么样的负责人，更要梳理清楚各个部门的职能，这让我的成长非常快速。 成绩方面，我在大学里一直处于中等水平，因为我将很多精力都投入到了学生组织和创业里。 这些锻炼人的投入是很宝贵的经历，当我试着把一个团队、一个组织管理好，并且带领这些团队、组织努力拼搏时，自身的思维能力、综合能力便在无形之中提高了。

先谈谈学生组织，大二当外联部部长时，我们为了办活动不断向商家、企业拉赞助。 一年下来，我们开创了自己的主题活动，也联合其他院系合办了一系列活动，在结算年度赞助资金时，我们没有让组织一分钱报销，而且账户上还剩了4000多块钱，最后我们给辅导员提议，用这个钱去给组织买一台单反相机。后来我竞选上了学生会主席，我们又开始了更多跨院系的主题活动，带着我们系与各个院系有了更多的沟通。有一次，我们办了一场五系跟一分院大型的迎新晚会，我们学生会解决了所有人最大的难题——晚会资金问题。我们谈下近 10 万元的物资跟现金，办了一场轰轰烈烈的迎新晚会。

你每个时间段精力的投入，都是给予未来的一场场潜移默化的修行。在这个时间段，表面上看好像是一直在干活，一直在折腾与付出，这其实背后带来的是隐形的价值。在这个过程中我们的思维能力、综合能力得到提升，这对于将来为人、做事影响是很大的。我去跟外界有所接触，去接触所谓的商业谈判，去把控每个活动的支出，这让我很清楚，每一场活动在没有任何资金的前提下，所有的一切都是假大空。就如同运营公司一样，没有非常清晰的商业逻辑是走不通的，没有企业愿意一直买单，只有自身造血才能让企业存活下去。所以在嘉庚学院管理组织得到的锻炼经历，给予了我在一毕业就选择创业这一抉择很大的源动力和信心。

创业之行，贵在选择

“选择比努力更重要，在创业初期对项目的选择与评估，决定了你后续的路能走多远，决定了你后续的成与败。”最初的创业经历，铺开我创业之路的第一块基石，而每一次创业，我都会做好规划，不一定要规划得多远，但是可以以每月、每周、每天为周期，做好当下的规划，做出对当下最有利的选择。

2011 年大二的时候，我与电商专业的两个女生合伙一起创业，我们三人各出资一万元，开始了创业之旅。我们投资的小商场有 20 家小门店，销售各种精品服饰，经历了从盈利到亏损，这个小商场八个月就倒闭了。确实，创业并不是靠一腔热诚就可以成功的，更多实质性的问题是当时亟须解决的，面对这些问题时所体现出来的状态才是决定创业是否成功的关键。店铺倒闭并未磨灭我的创业激情，我又邀约了另外一个新合伙人，用很低的价格把这个小商场承包下来，开始新一轮的规划和招商。一个假期过后，所有门店都进行了更新迭代，包括引进新的产业链，以休闲娱乐的店铺为主，有小酒吧、咖啡厅、小火锅等。商场一个月时间全部被租满，短短的几个月我们赚了人生的第一桶金。后来，疯狂的创业之路就此开始。我们在学校周边开了烤肉店、台球馆、麻将室、烧仙草店、酒吧、健身房等，又成立了广告公司，慢慢开始在学校布局产业链。盈亏均有，来回折腾，创业之路一直到 2015 年中，整整两年，其间风风雨雨，皆有尝试。有些时候，只有看清当下的形势，做出正确的选择并顺势而为，才是最重要的事。

后来，商场经营碰到了瓶颈，我想要开始转型，那时候父亲的一句话让我非常深刻："你没毕业做这些事，为荣，毕业了还是这样，不成样。"这句话，让我重新思考自己需要找一个更有价值的事去做了。一次偶然的机会，我接触到阿里巴巴在厦门招支付宝口碑外卖服务商，便开始了互联网之旅。

攀登之路，贵在坚持

2015—2018 年正好是整个即时配送行业的爆发期，就是在 2015 年，"贵在互联"选择了即时配送这个行业。那时候，刚好阿里巴巴在招城市服务商，"贵在互联"从 50 多家投标公司中脱颖而出。然而随着阿里巴巴的战略调整，"贵在互联"从成为阿里巴巴城市运营商，到成为饿了么运营商，再成为阿里巴巴旗下饿了么城市运营商，其间经历了诸多波折，资金的空缺、团队的协调、技术的落后都是一只只拦路虎。

当时，作为一名大学毕业生和连续创业者，我深刻认识到创业是件极不容易的事情，从公司前景不明朗，到当时政策不稳定，再到后期阿里巴巴内部的投资战略又改变时，这其中有一年多的寒冬期，公司没有什么收入，启动资金也消耗殆尽，最后不得不进行公司战略调整，暂停了支付宝口碑外卖业务，公司团队也解散了。那段经历是我最为刻骨铭心的，但我不愿就这样放弃，不但割舍不下曾并肩作战的团队，更舍弃不了我的"创业梦"。几经转折后我们在 2016 年投入饿了么的怀抱，成为饿了么外卖的城市运营商，负责当地城市的运营跟配送，重新开始创业之路，带领团队走上新的征程。

此时，我开始了真正意义上的创业，开始搭建公司架构，开始思考人才组织，思考企业文化，慢慢地去做组织上的调整与版图拓展规划。在这期间，组建的专业化、强运营的管理团队渐渐成型，我们也拥有了规模化、高效率的运营及配送团队。2016 年，“贵在互联”正式成立，公司作为阿里巴巴本地生活平台的城市运营商，业务覆盖省内外 16 个城市，公司员工从几十个人发展到逾 3000 人，年营收近 10 亿，服务商家超过 2 万，为上千万消费者带来便利。基于阿里巴巴本地生活，“贵在互联”横向业务也开始快速扩展，包括新媒体事业部、餐饮事业部、外卖代运营事业部、战略投资事业部等，为社会创造更多价值，带动更多就业。

“贵在互联”参与第四届“互联网 + ”国赛获金奖(苏令相为右五)

回想创业初期，如若执意一腔孤勇往往极有可能失败，只有抓住机遇，依托大平台，借力发力，踏实做好运营，才能有机会进行产业链的延伸布局。公司能够一步步发展到现如今这个规模，绝对不是凭借我一己之力能够完成的，是公司团队一点一滴坚持踏实运营下的结晶。正是依托强有力的管理团队、配送团队，公司才能在行业里建立起较高的准入堡垒，得到消费者和商家的广泛认可。一群人，一件事，一起拼，贵在坚持，就会越来越好。

心怀感悟，不忘嘉园

嘉庚学院院长王瑞芳(左)向苏令相(右)颁发捐赠证书

2018年嘉庚学院15周年庆，我给母校献上了两份大礼：一份是我现在的企业："贵在互联"荣获第四届中国"互联网+"国赛金奖(全国67万个项目，全国金奖50个，国务院总理孙春兰在厦门接见金奖得主)；另外一份是我在母校成立了2个奖学金：令相产学研奖学金、令相自强之星奖学金，用于鼓励各个领域突出的嘉庚学子，勉励他们永攀高峰，再接再厉。

我有一份很深的嘉园情，嘉庚学院给我创造了很多条件，与一个非常好的成长环境，所以我爱嘉爱得深沉。我也希望今后我能有更多的能力去回报我亲爱的母校，我也非常喜欢学弟学妹们，希望学弟学妹在大学的时候就有自己的规划。我们宁可在行动之前花更多的时间去思考我们做这个事情的意义，以及我们未来能创造的价值，也不要盲目前进，去努力坚持做一件错误的事，所以如何选择和规划很关键。

“机会、热爱、自律”这六个字是我在信息学院毕业典礼上送给学弟学妹们的话语。在生活中，我们要善于发现能带给我们成长的机会，并抓住它；一旦我们做出选择，我们就要去热爱它，把事情做到极致，只有热爱你才有强烈的执行力，才会坚持；最后，我们要用自律战胜自己，战胜一座座曾经不可能逾越的山峰，登上顶峰，眺望整个世界。一旦选择了自己的道路，就要努力拼搏、奋勇向前，不要畏首畏尾、犹豫不决，机会只会垂青于敢闯会闯的人，勇敢地付诸行动才能不断靠近炙热的梦想。

鸿鹄志，犬马心，想要壮志凌云，就要脚踏实地，愿我们都能成为更好的自己，成就美好未来。

撰稿：韦凯励　厦门大学嘉庆学院 2017 级本科生

许水电：一条螺旋线，三座火焰山，深耕三十载

◎人物名片：

许水电，现任厦门大学产业技术研究院教授级高级工程师，研究方向为机械动力与传动关键核心基础零部件、高端装备、先进制造技术的研发与创新；发明过大量实用性强的高价值专利，曾获“第十四届中国发明博览会金奖”；主持过福建省区域重大专项和福建省科技重大专项立项，获得行业专家和国家部委多方领导的充分肯定；创办传孚科技(厦门)有限公司，对接社会资本成功融资达 1.5 亿元。2018 年，许水电被评为厦门市“双百计划”领军型创业人才，2019 年荣获“中国产学研工匠精神奖”，2020 年荣获“福建省五一劳动奖章”和国家科技部创新人才推进计划科技创新创业人才(A 类)。

一条神奇的曲线：对数螺旋线

“对数螺旋线向内延伸无限小，向外延伸无限大，没有终点。自然界的海螺是对数螺旋线；蜗牛的壳是对数螺旋线；蜘蛛网也是对数螺旋线；向日葵花盘的排列也是对数螺旋线。它是有一条有利于生命发展的神奇曲线。”许水电如是说。

许水电课题组通过对自然界神奇结构的探索，掌握蕴藏在自然界中的奇妙规律，建立数学模型，将对数螺旋线进行工程化的应用，目前已形成轴承式超越离合器、新型轴承、对数螺旋线齿廓齿轮、空气能发动机、风力发电及储能技术族群迸发的势头，广泛应用于装备制造、交通运输、风力发电、航空航天及军工等多个涉及国家战略的领域，这一系列科技成果实现了我国基础研究从 0 到 1 的原创性突破，研发成果的转化应用对机械装备和新能源领域将产生革命性的技术变革，实现高端核心基础件技术自主可控，解决国家关键技术“卡脖子”的诸多难题，助推我国机械装备制造业产业升级，产

生巨大的经济效益、社会效益和环境效益，彰显高校科技成果服务社会的功能。

坎坷创新路：三座“火焰山”

谈到科技创新及成果转化之难，许水电形象地说：“一个新产品从研究到市场化必须要经历三座火焰山。”第一座火焰山是改变人的认知，颠覆性技术改变传统规则的同时也颠覆着传统认知，需要花很多时间重新构建认知。“我们需要以坚定的毅力去否定原有的、颠覆前者的认知。在大胆假设、大胆试错的同时需要承受来自传统认知的惯性质疑、否认甚至嘲讽与打压。”第二座火焰山是开展中试，漫长的科研道路上除了需要解决资金和人才短缺等系统难题，还需要有产业支持开展工业化验证，企业都不愿意第一个“吃螃蟹”；第三座火焰山是利益链，颠覆性技术挑战的是行业利益链的障碍，这也是很难的。三十个年头的默默工作和艰难探索，许水电深刻感受所有科学家们创新过程的艰难，只有让科学免于狭隘，停止对传统的盲目信仰，才能让很多“不可能”变为“可能”，让科技成果转化造福社会。

三十余年科研路，许水电课题组核心团队只有寥寥数人数人，他们高强度工作，开展技术创新与模式创新，他们围绕“政产学研资介用”七位一体的“北斗七星”，打通技术链、资本链和产业链。许水电课题组以原创母技术为战略支点，进行横向型技术输出和产业引进，实施科技成果转化及产业孵化，围绕产业技术难点与痛点，以技术授权方式向外推出技术组合，给传统产业植入原创技术注入科技增量，利用和再激活产业端的存量制造资源和市场渠道，打造新的蓝海市场。通过原创技术成果吸引央企、上市民企、著名研发机构、行业协会和金融机构，构筑协同创新平台，共同打造“新制造”的产业发动机。在上述技术输出与产业引进过程中，以专利授权、专利转让、技术服务、技术参股和战略控股等方式发展成为智能制造领域的领导者！

如今年逾半百的许水电依旧每天工作十几个小时，课题研究、公司运

国家电力投资集团与上海电气风电集团领导莅临传孚科技，
与许水电教授交流项目

营、人才培养，这些重担都集中在他身上，为不耽误工作，他的手机几乎没有关机的时刻，都在第一时间做出回复与指导。他笑道："年轻的时候我有一个宏愿，就是造一百家公司，一家公司转三天，一年就过去了。"他最初的想法是把项目给学生去做，他指导学生成立创新创业公司，后来发现同学们毕业后的人生选择不同，很多人在毕业后会选择考研、出国或转行，很少有人会继续创业。许水电渐渐明白，将核心技术植入产业，帮助企业实现转型升级，这种模式简单易行高效，可批量复制。为科研成果快速落地，许水电很重视高层次复合型人才培养，他认为学校可以建立完善的人才培养机制，围绕原创性技术二次研发、制定行业标准、发表高水平论文，培养一大批具有厦门大学特色的优秀硕博士研究生，提高学术和产业影响力，支持厦门大学双一流建设。

人活着就是要来改变世界

据大英科技博物馆统计，旧石器时代至今，影响人类生活的重大发明有

许水电教授向厦门市委领导和校领导汇报项目

1001 项，其中中国占有 30 项。 但从最近 500 年来，中国没有一项。 在当今的世界贸易中，大约有 6100 多种产品是近 300 年来发明的，也基本上看不到中国发明的名字，这是摆在我们面前的一道世纪难题，这大大激励了许水电，他说自己小的时候就喜欢爱迪生，年轻时就怀揣着“人活着是要来改变世界”的想法。 他喜欢钻研、热爱创新，基础件的研究投入大产出慢，在早期甚至毫无产出的各种压力下，团队成员纷纷离开，只剩下他一人，以坚强的毅力坚持下来，他在三十年来的漫漫科研路上认真做自己!

原始创新不是简单引进与逆向工程，它不仅有极高的技术门槛，而且是一场持久的消耗战，三十年来他从投入摩擦学的研究，从理论体系突破，开展检测，进行工业化验证，直到现在形成一个比较完整的产学研体系，逐步投入应用，持续的资金投入，这在民营企业是罕见的。他说：“就像往一口井里填土，刚开始研究还不知道水有多么深，只知道往里面填土，一直填一直填，这一填就是三十年，很多人选择放弃，很多资本也是眼见为实才投资，很少人会投未来。”经历了三十年的研发与积淀，功到自然成，许水电很喜欢一句话：“怀才就像怀孕，时间久了才能被人看出来。”他认为，只要一直去做，把基础做扎实，就一定会取得成绩。回首三十年来的坚持，他总结出八个字：艰辛、坚信、责任、未来。

国家知识产权局原局长田力普、福建省原副省长李川莅临公司指导工作

一条螺旋线，三座火焰山，是许水电践行科技创新的奋斗之路；饱满的工作激情，三十载的深耕，是许水电的价值创造之路；责任在心，担当在行，坚韧不拔的精神，默默奉献的职业情怀，是许水电深水静流的厚重与超越之路。

撰稿：郑漫漫　新闻传播学院 2018 级本科生

许世贤：拥抱变化，创造价值

◎人物名片：

许世贤，厦门大学化学化工学院 2018 届本科校友。2018 年，他成立了厦门世嘉新材料科技有限公司，现任公司董事长。公司主要业务为高分子新材料 E-TPU 颗粒(即热可塑性聚氨酯颗粒)的生产与销售。公司团队经过三年的开发和研究，在国内首先实现了釜内发泡生产工艺。公司于 2019 年初正式开始了 E-TPU 销售业务，目前公司主要客户为晋江、莆田地区的鞋底厂。

创业的初心：萌芽

2013 年，著名运动用品制造商 adidas 公司与全球化学产业巨头德国巴斯夫(BASF)化学公司合作研发了 Boost 缓震科技，并将这一科技应用于跑鞋。在过去的 20 年中，运动鞋基本的中底技术都是使用 EVA 发泡材料，而 Boost 技术由于其结构的独特性，能够使每一粒 TPU 颗粒在运动中进行有效的挤压、膨胀、反弹。因此，Boost 的弹性相对 EVA 发泡材料来说更不容易衰减。热可塑性聚氨酯发泡颗粒(E-TPU)是对 TPU 进行发泡来降低其密度、增加其抗张强度等提高其性质而生产出新型材料，我们接下来要讲述的主人公就与之有关。

大多数毕业生可能到大三暑假才确定自己未来的就业方向，或者开始为秋招做准备工作，但选择创业的学生却在其他同学还在享受舒适的校园生活时就迈出了勇敢探索的步伐。许世贤便是如此。2016 年，市场上热可塑性聚氨酯发泡颗粒(E-TPU)的报价较高，当时国内的相关技术还并不成熟，因此，还在化学化工学院求学的他决定开始从事 E-TPU 制作工艺方面的研究。E-TPU 最初来源于德国巴斯夫公司的独创工艺。为了生产该材料，许世贤和他的团队历经两年的艰苦探索与实验，才终于在 2018 年通过不同的工艺成功生产出了 E-TPU 颗粒。

生活重心改变：从“校园”到“厂房”，由“材料”到“技术”

谈及当初漫长且较为枯燥的实验经历，许世贤介绍说，当时，团队购置了一台小型设备，并以此作为起点开始了研究之路。从大二开始，除了学校的课程及科研，许世贤便逐渐把生活的重心放到了实验上。为了节省成本，减小噪音及排放带来的影响，团队在厦门市集美区租了一间厂房用于做实验。每天，他们都要在校本部与厂房之间花费近 3 个小时通勤。但是，最艰难的还不是这种因路途奔波产生的身体上的疲惫感，而是在实验过程中因为频频失败而造成的挫折感。有时，这种感觉会令人感到迷茫，不知道是否要坚持下去。

实验初期，整个团队从研读相关论文起步，也走过一些“弯路”。最初，他们曾尝试用与德国巴斯夫公司相似的工艺进行制作，但由于受到设备精密度的限制，并没有取得成功。因此，团队内的三位成员也围绕制作方法问题不断探讨研究，进行了大量重复性的尝试和合理的猜想。“最重要的是，你要耐得住寂寞不断尝试，还要沉得下心去慢慢做。”现在再回顾那一段潜心实验的时光，许世贤坦言，在化学实验中也经常会有一些不经意的瞬间，让实验者在某种条件下得到新的灵感。比如，当时在实验过程中，E-TPU 颗粒的外观一直没有达到理想的效果。但是某天，他无意间将颗粒放在烧开的水壶上，发现其外观出现了改善，便由此受到了启发。

除了要面对研发过程中必须经历的枯燥实验，许世贤和他的团队面临的另一大难题便是资金。当初，原材料 TPU 的价格就达到了每 25 公斤 1000 余元，而长年累月的重复性实验对原材料的消耗是巨大的，这就造成了一定的困难。“其实最难的就是，当初确实是没有钱了，真的快坚持不下去了。那时，也想过要放弃。”但是一想到只有攻克了核心技术，才能拥有自己的竞争力并在市场上立足，团队成员便又咬咬牙坚持了下去。“目前，国内同质化的产品过多。 如果只是想趁着热度踏入这个行业，却并没有属于企业自己的、有价值的竞争力的话，其实是没有什么意义的，也会马上被别人取代。”

按许世贤的话说，目前自己的公司算是“活”下来了。 而这背后的原因，也和两年来的坚持与付出所积累的知识储备密切相关。 最初，团队的目标是“材料”，但是在探索生产工艺的道路上掌握了“技术”，即“超临界物理发泡工艺”，这也成为目前公司的核心竞争力。 现在，公司可以将这一技术应用于更为广阔的领域，使业务范围也不仅仅局限于 E-TPU 颗粒的生产与销售，从而赢得了更多品牌商的青睐。

身份角色改变：亦父亦友，感谢亦感动

当谈到一路走来最想感谢的人，许世贤提到了父亲。 曾经同样从事化工行业的父亲可谓是他创业路上的“指路人”。“其实这条路，当初也是他提出的，算是当初扔出了这个(E-TPU)话题吧！”许世贤说。 当时，父亲为他分析了 E-TPU 材料的市场前景，将他“领进门”。 后来他每天也会和父亲探讨遇到的问题，寻求他的建议。“和他(父亲)相处的话，除了父子关系以外，其实更多的是一种伙伴关系。 这种感觉挺棒的！”虽然在交流过程中，父子二人有时会产生摩擦，但正是双方的这种“辩论”才促进了项目的进一步发展。

除了亲情的陪伴令许世贤感恩，友情的支持也使他颇为感动。 洪圳是许世贤的本科舍友。 虽然现阶段公司能够提供的薪水并不高，但洪圳还是在毕业后，应许世贤的邀请，义不容辞地来到公司帮助他。“人家都说‘996’累，其实我们有时不止‘996’。”许世贤介绍说，早晨七点，他们就要来到厂房开启并预热设备。 由于生产流程的要求，有时一忙就到了第二天凌晨一两点。 采访之前的一段时间内，由于许世贤还要负责处理客户方面的事宜，所以产品研发等方面的重担就交由洪圳负责。 因此，他非常感谢这位科班出身的舍友，能在这一关键时期给予他极大的信任和支持。

追求环保理念，创造绿色价值

辛勤耕耘付出努力，是因为心中期待着能有一分收获。对许世贤而言，不断地乘风破浪在创业之旅中拥抱变化，迎接新的挑战，正是为了能创造出公司的企业价值和个人的人生价值，收获属于自己的甘甜果实。在展望公司未来时，许世贤说，在未来发展的规划中，公司的创新与突破不仅将着力于稳固发展自身的核心竞争力，也会充分地考虑一个谋求长远发展的企业应有的责任和担当。

许世贤说，公司目前主攻的业务是超临界发泡技术的创新运用，在今后的五年至十年中公司将会围绕着超临界发泡技术继续扩展。自己的团队正在努力尝试着将新工艺与旧有材料相结合，想试试超临界发泡技术是否能够应用于新的材料中。许世贤十分认可环保理念，认为个人与公司都应该追求绿色环保，实现地球可持续发展。在自己所处的行业中，推崇、践行环保理念的具体表现就是研发并利用新的技术、工艺，尽可能地减少对自然环境产生的危害及污染。他指出，现下在工厂、企业中还是无可避免地使用一些对环境有害的传统发泡剂，使用这类发泡剂不但会排放大量的有害废气污染环境，还有一部分发泡剂的危害会直接作用于人体，不利于儿童的身体健康。

为了更具体地说明超临界技术的应用前景以及其在环境保护方面发挥的作用，许世贤还以“超临界染色技术”为例进行了详细的介绍。我们在想到染色、染料这些概念时，脑海中首先浮现出的是缤纷斑斓的色彩，但并不清楚染料在给人们的生活带来绚丽多彩的颜色并产生巨大经济效益的同时，也产生了大量对环境有害的染料废水。这些废水排放到环境水域中，会导致自然水域的污染。尤其是在福建这样的染整大省，污水排放量还是比较惊人的。据许世贤的介绍，在福建石狮的染织企业数量庞大，其污水排放问题一直是环保议题中的“老大难”。政府也在通过推行限水、限电政策，以期限制工厂、企业的污水排放。但是，问题的解决还须找出根源，对症下药。 染织工厂中的传统染色工序是：首先把布浸入染缸中，加入水、染料进行充分搅拌后，沉滞 12 小时再将布捞出，便可以进行附着及染色。 这一加工过程会产生大量的废污水。 染料废水色度深、有机污染物含量高、成分复杂、重金属和生物毒性大、难生物降解，染料抗光解、抗氧化性强，且含有多种具有生物毒性或导致“三致”(致癌、致畸、致突变)性能的有机物，对环境污染的危害非常大。 在现有的技术条件下，已经产生的废污水无论进行怎样的处理都无法百分之百被净化。 最终，大量的污染物还是无可避免地排向海洋。 倘若染织行业能够借鉴超临界技术的思路，难题便可迎刃而解。 超临界染织技术借助二氧化碳将染料带进布料中，超临界状态的二氧化碳再转化为气体的形态，这样一来便不会产生废污水，对环境起到了保护作用。

除了谈及公司社会责任感的实现之外，许世贤认为创业的过程也是一个将所学变现，将所想实现，不断积累提升的过程。 任何事情都不是一蹴而就的，创业亦然。 在两年的实验研发中，许世贤以在校所学的方法论为基石，通过研读一篇又一篇的科研论文站在前人的肩膀上进行大胆的猜想，把课本所学的间接经验与实践所得的直接经验相加，把大胆假说与小心求证结合，知行结合才创造了个人价值。

创业感悟：三大“法宝”助你踏上创业之路

对于今后也有意选择创业之路的学弟学妹，许世贤给出了三条建议：

一是敢做敢想。 许世贤解释说，这里的“想”包括两个方面：一是在科研中大胆猜想可能性，这样才有机会发现别人未发现的东西；二是需要大胆设想，这样才能够对未来的发展规模保持信心，在最艰难的时期依旧坚定不移地走下去。

二是强大的心理承受力。 许世贤表示，其实并不是每个人都适合创业。 创业初期，稳定的资金来源是非常重要的。 当一个人选择了走“创业”这条路，他面临的就不仅仅是干好自己分内的工作，而是要考虑到整个公司或企业的发展，顾及员工和客户等多方面因素。在遇到问题时，创业者也需要积极地想办法解决。在关键的创业初期，创业者还需要百分之百投入，这意味着他将失去许多陪伴家人和朋友的时间。因此，他也希望今后有计划创业的同学做好心理准备。

三是脚踏实地。许世贤认为，对创业者来说，最重要的还是拥有核心竞争力。这种核心竞争力可以是商业模式，也可以是技术创新。比如最近一段时间，“地摊经济”又成为大家热论的话题。但如果仅仅是盲目追赶这股热潮，那么当它的热度褪去时，你就可能一无所获。所以最关键的是，创业者要脚踏实地，发展自己的核心竞争力。当一个创业者知道自己想要什么，而不是盲目追随潮流，才有可能获得成功。

2017 年 8 月，习近平总书记在给第三届中国“互联网＋”大学生创新创业大赛“青年红色筑梦之旅”的大学生的回信中提道：“祖国的青年一代有理想、有追求、有担当，实现中华民族伟大复兴就有源源不断的青春力量。希望你们扎根中国大地了解国情民情，在创新创业中增长智慧才干，在艰苦奋斗中锤炼意志品质，在亿万人民为实现中国梦而进行的伟大奋斗中实现人生价值，用青春书写无愧于时代、无愧于历史的华彩篇章。”这也启示我们，作为一名青年创业者，脚踏实地、艰苦奋斗、自强不息是必备的精神气质。我们青年要把自己激昂的青春梦融入伟大的中国梦。在创新创业中增长智慧才干，为祖国的繁荣发展贡献自己的力量。

撰稿：黄慧玲　海外教育学院 2019 级硕士研究生
余珂欣　海外教育学院 2017 级硕士研究生

许子颉：开拓柔性电子，谱写硬核青春

◎人物名片：

许子颉，厦门大学物理科学技术学院 2017 级博士，2018 年第四届中国“互联网+”大学生创新创业大赛金奖项目“派恩杰——柔性电子科技先行者”主创成员，厦门派恩杰科技有限公司创始人。他带领团队研发的基于裂纹模板法的新型柔性透明导电膜技术乃全球首创，拥有四项独立发明专利。目前，派恩杰科技已成为我国柔性电子科技的先行者，积极构建“膜生态”战略布局的同时，大力开掘产业化推广市场。

2018 年第四届中国“互联网+”大学生创新创业大赛中，竞过 2278 所高校的 265 万名大学生、64 万个团队而斩获金奖的，是来自厦门大学的“派恩杰——柔性电子科技先行者”项目。该团队负责人许子颉博士，由衷感慨自己所在团队在那一年里拥抱了“新的身份、新的产品、新的技术”。

国赛金奖高光时刻到来前，是许子颉投身柔性电子科技领域的 6 年青春，是他在技术开发、产品研制、应用落地全过程中数年如一日的潜心坚守和矢志不渝的守正创新。

潜心研发导电薄膜　坚守科研炽热初心

2015 年 9 月，许子颉考入厦门大学物理科学与技术学院，成为生物仿生与软物质研究院的第一批硕士研究生，师从刘向阳和郭文熹教授。刘教授是从新加坡国立大学引进的特聘教授，对生物仿生和柔性材料与电子器件的多项研究发表在《自然》等世界顶尖科学刊物上；郭教授则师从纳米能源专家佐治亚理工学院终身教授王中林，在柔性能源电子器件方向造诣深厚，其成果被评为 2012 年全球物理世界十大突破之一。刘、郭两位教授是许子颉的科研启蒙导师，引领他踏上柔性透明导电膜的研发之路。

2012年起，随着谷歌眼镜的发布，柔性电子器件成为了划时代的风口产业，有可能带来一场电子技术革命，引起全世界的广泛关注并得到了迅速发展。而柔性电子的基底材料是柔性透明导电膜，其在柔性电子产业中起着至关重要的作用。据许子颉介绍，柔性透明导电膜这项“黑科技”，相当于让一种特殊的塑料膜具有导电功能，其塑料材质使得电子产品质量轻、可以随意弯折，便携性和舒适性都会得到很大提升，而且价格低廉，在信息、能源、医疗、国防等领域应用前景广泛。

然而多年来，柔性透明导电膜技术一直被日本和美国等发达国家所垄断，售价居高不下。刘向阳和郭文熹教授观察到了这一痛点，结合自身在柔性电子业多年的技术积累，向许子颉布置了第一个研究课题：研究兼具优异透光性、导电性与耐用性的新型柔性透明导电膜——目的是在传统透明膜的基础上增加导电功能，赋予其变色、发热等功能，以期应用于触控显示、智能家居、汽车后视镜等产品，为我国柔性电子业带来技术突破，为人们的生活再添便利。

有了这一目标，许子颉与团队同学在厦门大学生物仿生与软物质研究院的实验室里度过了许多个不眠的夜晚，尝试，失败，查阅文献，再尝试，再失败，与导师讨论，再尝试……周而复始。

在此过程中，支撑许子颉永不言弃的，是他对柔性透明导电膜拥有极高技术含量和商业价值的坚信：因为柔性电子不仅注重于集成度和性能的提高，而且注重向超轻、超薄、耐摔、耐冲击、可折叠、挠曲以及形状不规则等方向发展，构造分布式主动系统，将开创许多新的电子应用领域，所以必然成为未来高新技术产业增长的关键驱动力，将带来一场颠覆式的电子技术革命。

在这份信念的推动下，许子颉坚守着日复一日做实验、读文献的生活，同时开始有意识地从其他领域中汲取灵感。

终于，从土地龟裂的自然现象中，许子颉和导师萌生出关于薄膜自开裂的创新想法，开始研发基于裂纹模板法的新型柔性透明导电膜——由此，厦门大学生物仿生与软物质研究院柔性导电膜项目团队正式成立，这便是派恩杰科技的前身。

派恩杰科技大面积 ITO-free 柔性柔性导电膜

从前期实验到论文发表，从专利申请、产商合作到最终产品的诞生，许子颉团队付出了整整三年的光阴。基于裂纹模板法的新型柔性透明导电膜技术乃全球首创，拥有四项独立发明专利，不仅克服了传统光刻技术工艺复杂、价格昂贵、不利于大规模生产等缺点，也攻克了传统导电膜刚性不耐弯折的难题，为企业产品设计提供了新的解决方案，在信息、能源、医疗、国防等领域具有广泛的应用前景。“传统产品的透光率只有 80%，而我们的产品能达到 93%，并且价格也比传统的低。”许子颉这样介绍时，语气中满是自豪。

2017 年，许子颉团队的“大面积柔性透明导电膜及其产业化应用”项目开始初露头角。由全球最大的石油公司——沙特阿美在亚洲的分公司阿美亚洲和厦门大学共同主办的“阿美亚洲杯”能源环保创新大赛总决赛中，许子颉带领的“膜动力团队”基于高性价比的大面积柔性透明导电薄膜，结合

2017 年阿美亚洲杯能源环保创新大赛颁奖典礼

PPT 讲解、视频播放和实物展示，精彩呈现该膜在柔性去雾膜、柔性变色智能窗和柔性触屏领域的具体应用和产业化发展计划，赢得了观众和评委的一片掌声，凭借此项目摘得科技组和人气大奖双料冠军。

2017 年阿美亚洲杯能源环保创新大赛决赛现场

然而，在挑战柔性透明导电膜课题两年多后，即将硕士毕业的许子颉在面对就业和深造的人生十字路口时，其实有些举棋不定。

在和郭老师进行一番长谈后，许子颉下定决心：留下来，继续读博士，继续做科研，“做自己喜欢的事情”，将自己已经进行到一半的事业继续下去。

就这样，团队的核心成员保留了下来，成为博士的许子颉继续着和两位导师的柔性电子器件基底研究，并先后在 *Nano Energy*，*Advanced Functional Materials*，*Journal of Materials Chemistry A*，*Small* 等材料和能源物理届的世界顶级期刊上发表相关研究。与此同时，他们也逐渐开始思考如何让产品走出实验室，走向人们的日常生活。

自此，将柔性透明导电薄膜产业化推向市场的想法开始萌芽。

积极投身产业实践　创新团队屡创佳绩

2018 年 3 月 12 日，许子颉博士和导师一起联合创办了致力于多种新型柔性透明导电膜研发与下游柔性电子器件应用的厦门派恩杰科技有限公司。

同年，为了更好地宣传公司，引进投资机构，派恩杰科技团队选择了参加第四届中国“互联网+”大学生创新创业大赛——这是一项大学生创新创业最高级别的赛事，每年都有来自全球上千所高校的百万大学生参与。这里有全球最顶尖的投资机构和投资人士，他们给予每个项目最优质的分析与建议；脱颖而出的优质项目能够获得第一笔融资和众多商机——这也正是派恩杰科技团队梦寐以求的事情。但是，要想夺得最后的金奖，难度极大，概率约为万分之一。整个比赛过程历时近一年，分为校赛、省赛和国赛三个阶段，每个阶段的淘汰率都非常高。

校赛阶段，派恩杰科技顺利地过关斩将，凭借导师、团队的精彩发挥，以及过硬的产品和商业思维，获得了初创组全校第二的好成绩。

进入省赛，派恩杰团队首先主动联系多位资深的科技行业投资人，虚心听取每位投资人对项目的意见和建议，改进自身产品和理念；其次，他们还联系往届“物联网+”国赛金奖团队，请教比赛经验与要领；最后，他们又分析了多个潜在竞争队伍的商业模式，真正做到知己知彼，百战不殆。经过不断优化，派恩杰依靠项目自身优异的核心竞争力，以及精细、充分的前期准备工作，最终在2018年10月的省赛中取得了金奖的好成绩。

赛后，一百多位投资人联系到许子颉团队，愿为项目注资。在与一家家投资公司的谈判过程中，24岁的许子颉逐渐从“许同学”变成“许总”，同时也从羞涩尚存的理工男成长为能言善断的“文武双全”人才。最终，他们于同年11月完成了和心仪投资公司的初步商讨。

即将到来的国家级决赛可谓巅峰对决，要知道，国赛的舞台上，有全国甚至全球顶尖的项目团队，有最高的科技含量，还有最优的团队架构和最佳的项目指导。

因此，派恩杰团队在国赛备战期不敢有丝毫懈怠，他们清楚地认识到，目前的项目进展并不能确保其在国赛中顺利突围。寻找下游合作和将产品更多的售卖出去，才是企业真正得以发展的内核。出于以上考虑，当国赛迫近之际，许子颉与导师作出了一个大胆的决定：暂缓备赛工作，转而去深圳和广州寻找与下游企业对接合作的机会——做出这个决定可谓背水一战，能否通关制胜，成败在此一举。

距离国赛开幕仅剩最后一周时，他们与下游企业先后合作研发出柔性可穿戴变色眼镜、柔性电子墨水显示膜等多款新型柔性电子可穿戴产品，在国赛路演的舞台上，这几款新奇的产品成了他们的制胜法宝。决赛现场，许子颉作为团队负责人，从产品原理、优势、产品现况和团队概况和发展等多个方面出发，清晰明了地介绍了柔性导电膜项目的概况及其未来的发展前景，同时在台上展示了部分产品，让评委及观众近距离地感受到这个“黑科技”的魅力。最终，全国金奖——这个看似遥不可及的荣誉，被派恩杰科技团队用实力牢牢地抓在了手里！

回忆起这段参赛历程，许子颉这样说道：“这次参赛的意义完全超过了金奖本身，这是一个通过比赛来提升公司实力，与其他团队和投资人一起相

第四届中国“互联网＋”大学生创新创业大赛五强争夺赛现场

互学习相互促进的过程，可以说，是这次大赛促进了派恩杰科技之后的发展。同时，比赛的胜利也离不开学校和导师的大力支持。”

至此，派恩杰科技在创新创业道路上扬帆起航，开启了新的征程!

勇攀高峰初心不忘　科技创新点亮未来

赢得“互联网+”大赛之后，派恩杰科技顺利地拿到了第一笔融资，这不仅是一个全新的起点，更是一个全新的挑战。

2019 年，派恩杰公司通过提炼运营和发展理念，提出构建“膜生态”核心战略布局——膜生态(film-ecosystem)，是指在外部开放的环境下，公司以拥有技术优势的透明柔性导电膜为核心构建的产业生态系统。公司发起并联合研发团队与合作企业(客户)，基于柔性导电膜开发出多种多样、符合市场需求的产业化产品，以中间品的形式出售给企业，再由企业生产出最终商品销售给用户，用户与市场的需求和反馈信息经由合作企业传递回派恩杰，据此改善膜的工艺技术和研发方向，生产出更多更好市场导向的产品，从导电膜到多种柔性电子产品，如此循环。

许子颉举例，如果将该薄膜植入汽车后视镜，就可以通过通电来控制其颜色变化，避免后车使用远光灯对驾驶员造成的刺眼；也可以赋予普通地砖导电发热的功能，做成地暖产品。“这两项应用都已经在跟相关企业合作，目前正在测试阶段，很快就可以在市场看到。”

过去几年，中国的电子消费市场已经发展得相当成熟，电子技术早已渗透到中国人生活的方方面面。作为派恩杰科技负责人的许子颉，也从未放弃过在导电膜产业道路上前进的脚步，他的感受是这样的：“对我来说，已经过去的 2018 年的一切都是新的，新的身份、新的产品、新的技术……我相信 2019 年也都会是新的！感谢国家政策和市场的开放姿态，让我们有很多拥抱世界的机会。”

相信派恩杰科技，作为柔性电子科技的先行者，一定能够支撑起中国柔性透明导电膜产业的未来，推动柔性电子市场未来的发展，在新时代开启新征程，施展新作为！

撰稿：陈静文　新闻传播学院 2017 级本科生

曾芷霖　数学科学学院 2019 级本科生

尤延铖：创意“驯龙”助飞航天梦

◎人物名片：

尤延铖，厦门大学航空航天学院常务副院长，飞行器系教授。2007—2012 年，多次参加并主持 AIAA(American Institute of Aeronautics and Astronautics)学术会议；2011 年 4 月受邀担任美国旧金山 17th AIAA International Space Planes and Hypersonic Systems and Technologies Conference 分会主席，负责主持三维进气道分会(3D inlet session)。2011 年 7 月受邀担任比利时布鲁日 7th European Symposium on Aerothermodynamics for Space Vehicles 分会主席，负责主持边界层流动分会(Boundary Layer Flows)。美国 AIAA、中国力学学会、中国航空学会及中国宇航学会会员。《力学学报》《航空动力学报》《推进技术》及《厦门大学学报》等学术刊物审稿人。

从“嘉庚”“南强”到创意“驯龙”号

2019 年 4 月，厦门大学航空航天学院常务副院长尤延铖带领团队研制的“嘉庚一号”火箭发射成功，我国从此迈出了可回收使用火箭技术发展的重要一步。最近，尤院长指导的学生项目荣获中国研究生创新实践系列大赛一等奖。从指导创新大赛报名伊始，尤院长就一直关注《基于油电混合、分布式动力的“驯龙”号混合翼身支线客机》这个项目，从最初的设想到创意落地开花，离不开院长对新科技与新技术的密切关注。“油电混合”是将汽油或航空煤油与电能结合，以弥补电池能量密度不足的情况，实现经济环保效率最大化，这是未来交通发展的大趋势。“分布式动力”，简单来说就是将推进系统从双发或四发这样的集中式系统分成更多小的推进系统，分布在螺旋桨飞机的各个表面，这样可以更好地提升效率。从作品本身的形态来看，“驯龙号”不再是普通飞行器的样子，“混合翼身”让机身融合成机翼的一部分，从而使得全机外形一体化。项目的创新点在于跳出了现有飞机模型的理念，在动力系统、燃料形式方面与普通飞机相比都有较大提升。

半年时间里，学生完成了从理念设计到提交作品的过程。前期调研时，学生们在尤院长的引导下从众多国内外文献资料中了解了该领域的最新进展，在此基础上有了自己的灵感来源。学生们为自己的飞行器起名“驯龙”号，希望能将大胆的创意落到实处。

创新竞赛助力科研学习

创新实践系列大赛是一项参赛人员以研究生为主参加的赛事。尤院长指导的研究生、博士生都参与其中，团队氛围非常融洽。尤延铖教授特别强调了创新理念的重要性，且创新要贯穿学生学习的全过程。不论是搞科研还是从事未来的工作，创新都是一个核心的思想，要把创新融入学生自身的学习生活中。院长一直很支持并且鼓励创新特色的竞赛。科研一定是坎坷艰难的，在研究中，团队也遇到过一些困难和挑战。设计最初的基本方案时，大家就天马行空，大胆设想，碰撞思维的火花。通过热烈的讨论，成员们对整体知识形成宏观的理解并不断打磨方案。随着项目的推进，团队成员默契越来越高，最终完成了令人满意的作品。竞赛成绩的取得离不开平时的知识积累和沉淀，尤院长所在的航天航空学院有专门的经费来支持创新创业比赛，特别是对于像“互联网+”“挑战者杯”等竞争激烈的赛事，学院出台了一系列全面的政策作为保障。

学识能力齐发展

搞好创新竞赛，不仅需要极强的专业知识，还要有优异的综合素质。尤院长谈到，自己作为学生参与的时候，更多是投入在比赛当中，但作为老师，则会站在这个比赛之外来看待学生们的表现，会从更多的角度来认识、培养学生的综合能力。研究生的整体素质能力如何提高，是老师十分关心的问题。竞赛不只是简单提交一个作品，看能不能拿到名次，更重要的是在这个过程当中能够培养学生什么能力，他们还有些什么不足，还应该从哪些方面进行补缺补漏等等。整个参赛过程就是一次创新研究实践。例如，除了研究能力之外，队长还需要有组织协调管理的能力，能够合理统筹大家的理念；成员们则需要具备严谨和专注的态度，撰写技术报告，这些都是全方位对综合能力的评定。

从 0 到 1，创新想法初养成

1999 年 5 月，我国驻南斯拉夫大使馆被轰炸，那一年尤延铖刚好参加高考。“当年炸我们使馆的飞机是美国生产的，而我们的烈士遗体竟然还是用美国制造的大飞机运回来的。”他回忆说。

那时，掌握核心技术，发展国防工业的信念，就像一颗种子深深地埋在尤延铖的心里。高考报志愿时，他毅然选择了航空航天专业。

2008 年底，尤延铖从南京航空航天大学博士毕业后，赴德国宇航中心空气动力与流体研究所从事研究工作。三年后，他谢绝了该研究所的挽留，毅然回国。

2012 年，尤延铖来到厦门大学，以一张办公桌为起点，开启了先进空天动力的研究之路。经过不断迭代，不断得到正向反馈，他把从一开始的喜欢变成热爱，全身心投入进去，从而产生一个不断的正向推进过程。

尤院长告诉我们，创新的想法通常有三个来源。第一，要观察生活，要能够紧密跟踪国际前沿和国内外的最新动态。我们要充分利用现有的文献数据，站在巨人的肩膀上才有可能更进一步。第二，要利用导师的指导，发挥自己的主观能动性。作为一个学生来说，要能处理好和导师的关系，善于合理地利用导师资源。第三，融入集体。研究生一般以实验室为集体，与师兄弟和周边的同学们密切地讨论和相处，对实验的开展有很大的帮助。

寄语学生航天梦

尤延铖与他的第一位硕士生李怡庆相识在 2012 年夏天。屡屡受挫的李怡庆抱着试一试的心态，给尤延铖发了一封邮件。“在被拒绝了很多次之后，自己挺惶恐的，自信心也受到了一定的打击。”李怡庆感叹说。但出乎意料的是，这位年轻的教授很快就回了邮件。

通过几次电话联系，尤延铖约李怡庆见面，在厦大西村的校园里，这位年轻的教授耐心地跟这位素昧平生的学生讲述了他的空天报国梦，并为他指明了未来努力的方向。

在研制“嘉庚一号”的过程中，面对“枯燥无味”的科研生活，李怡庆曾向尤延铖抱怨：“我们做这些有什么意义？”尤延铖笑着回答他，“等有一天你研究的东西飞上了天，你就不会再问这样的问题了。”

“嘉庚一号”一飞冲天，打开了李怡庆多年的心结。“我终于明白，尤老师真的是一步一个脚印追寻心中的梦想，从来没有因为困难而退缩，永远都是朝气蓬勃，矢志不渝。”李怡庆说。

原来只打算读到硕士的李怡庆，现在已博士毕业，也走上了教师岗位。这些年，尤延铖的人格魅力、处事风格和工作态度，影响着一个又一个的“李怡庆”们。

尤院长是第 24 届“中国青年五四奖章”获得者，他寄语热爱航空航天事业的学生如是说：作为一个特殊的科学领域，航空航天直接对接国家的重大需求与国防安全。面对未来的国际形势诸多不确定性，航空航天工作者首先需要有远大的理想，需要对这项工作感兴趣并愿意为之投入奋斗。作为一门高精深的学科，想在这个领域有所成就，还需要付出很大的努力，在这个过程当中需要学习和掌握非常多的专业知识。

在他看来，一个优秀的航空航天人不仅要具备科研硬实力，还要具备抗压抗挫等软实力。“尤老师一个月的飞行次数可高达 24 次。”赖凌宇是团队的行政秘书，她笑称尤延铖是“空中飞人”。自 2012 年以来，尤延铖已累计飞行 676 航次，总计里程 122 万公里，足足可绕地球 30 圈。为了按时完成项目，他带领的团队与时间赛跑，将机场的航站楼、工厂的休息间、试验场的荒郊野外都变成了团队的工作室。“他非常非常拼，经常工作到深夜。

印象最深的是，'南强一号'试飞的前一天晚上，尤老师和吴了泥副教授讨论到凌晨两点多，我当时脑子都转不过来了，尤老师还是很清醒。 四点开始，他还要顶着巨大压力指挥全天的试飞工作。"团队成员曲文慧如是说。

仰望星空，脚踏实地，只有具备这样的素质和能力的人，才能扎根中华大地，实现中国伟大的航空航天梦想。

撰稿：范浩然　外文学院2016级本科生

张　菁　社会与人类学院2017级本科生

第二篇 从实验室走向创业

从实验室的第一堂课开始，我们开始了科技创新的冲动；从厦大手绘地图起步，我们腾挪起创新创业的梦想。大学就是创新创业的大型实验室，一次基因的检测是一朵生命科学的浪花，一次海上的实践会展开你心中海洋的蔚蓝，一组经济数据的建模或许在将来会引发出一场经济社会的变革。从一次次头脑风暴中探索出创新创业的道路，在一个个实验实践中寻找科学研究通向社会需求的桥梁，大胆创新，勇于实践，奋力前行。

陈凯武：中国量子点材料先锋

◎人物名片：

陈凯武，厦门大学材料学院 2012 届硕士毕业生，创办玻尔科技，成功打破国外的技术垄断，2018 年成为国内首家供货商，实现量子点材料的批量化生产，成为国内少数掌握量子点材料批量化生产核心技术的企业之一，并拥有了多项核心专利技术。曾获第三届中国“互联网+”大学生创新创业大赛金奖，全国十强。

陈凯武

玻尔科技

陈凯武和数位合伙人在 2016 年创办的玻尔科技公司是一家集研发、制造、销售量子点材料及其显示方面应用产品的创新型新材料企业。公司是国家级高新技术企业，集聚了一批高级技术人才，并与厦门大学、清华大学、福州大学量子点研究院和瑞士联邦理工学院等著名高校有紧密的合作关系。玻尔科技在高性能量子点材料的设计、合成和批量化生产领域是国内同业领先企业，并以此为基础，开发出一系列量子点材料在显示方面的应用技术和产品。研发团队已成功申请国家专利 20 余项，核心技术均具有完全的自主知识产权。

高性能量子点膜用涂布胶产品

为何选择量子点材料这个创业方向呢？陈凯武这样说道：“在研究生期间，我所研究的课题偏向于基础研究，自认为没有产业化价值，不能转化为对社会有贡献的产品，当时甚为苦恼。向导师白华老师请教的时候，他对我说：‘基础研究，是以认识现象、发现和开拓新的知识领域为目的，一般没有特定的应用或使用目的，它源于人类本能的好奇心及兴趣，研究结果通常具有一般或普遍的正确性，成果通常表现为一般的原则、理论或规律并以论文的形式在科学期刊上发表或学术会议上交流。而应用研究是将基础研究所产生的知识，设法应用到解决人类实际的问题上，具有特定的实际目的或应用目标，研究成果的表现则更加多样化，除了文章外，还有专利、产品等诸多形式。’因此，他认为两者相辅相成，相互支撑，建议我要根据自己的特点和具体情况去选择研究课题。”

“在进一步沟通并对我的情况进行分析后，白老师建议我选择自己更有兴趣的应用研究课题，这也为我后续创业埋下了伏笔。在白老师的悉心指导下，我的应用研究课题取得了不错的成果，毕业时成功在国外期刊发表了两篇 JCR 一区的文章。可能是应用研究在我心里种下了一粒种子，我一直希望能做出对社会有贡献的技术和产品。”

在厦大做研究的时候，陈凯武和联合创始人的课题就是纳米材料和高分子复合材料。毕业后，陈凯武进入了导师与其清华校友一起创办的科技公司，担任技术副总，在那里积累了丰富的薄膜和光电材料经验，同时开发出国内第一条钙钛矿薄膜太阳能电池产线。联合创始人则进入纳米材料行业，并且曾在多家纳米材料公司担任技术负责人，积累了丰富的纳米材料合成和批量化生产经验。

在提升自己技术能力的同时，他们积极参加行业会议和学术论坛，与同行交流，并时刻关注着所在行业的最新技术和市场动态，不断积极地走出自己的舒适区。在这个过程中，他们了解到量子点技术在显示领域崭露头角，可以将普通显示器和电视的色彩显示能力提升42%以上，让人们看到更为逼真绚丽的画面，市场潜力巨大，但量子点技术的核心材料量子点被国外垄断。因此，面对市场的巨大需求和量子点材料受制于人的现状，他们决定利用自己的技术积累和研发实力，打破国外垄断，实现量子点材料的国产化。

2018 年登上 CCTV-2 财经频道创业英雄汇节目

玻尔科技是陈凯武创办的第一家公司，就在业内取得了很好的成绩。但谈及创业初期，他仍能回忆起当时的艰辛。

公司刚起步时，陈凯武他们的资金、设备、人手样样都缺。但最让他感到棘手的，还是如何让量子点材料实现量产。为了攻克这一技术难关，陈凯武经常和团队连续进行上千次的试验，“朝 8 晚 12”的作息时间成了他们的工作常态。量子点批量化生产需要精密的设备和工艺，陈凯武不厌其烦地和外地厂商修改技术方案，直到令人满意的生产设备最终成型。

经过不懈的努力，仅仅用了一年左右的时间，陈凯武所带领的团队就成功实现了技术上的突破，建成年产 500 公斤的量子点材料生产车间并实现稳定大批量生产。

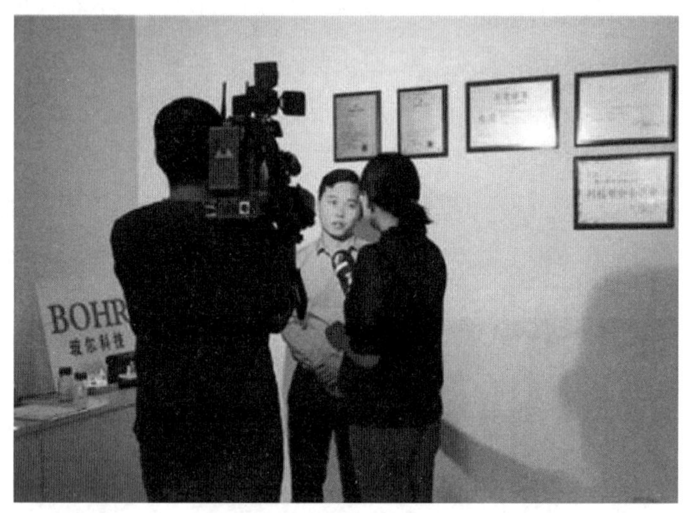

陈凯武接受福建电视台采访

“互联网＋”金奖

2017 年，陈凯武代表厦门大学参加第三届中国“互联网＋”大学生创新创业大赛并勇夺金奖，由此受到了业内和投资人的关注。

“‘互联网＋’大学生创新创业大赛目前是我们国家高校体系创新创业大赛的第一赛事，在学院老师的推荐下，我们有幸参加了比赛。”陈凯武道，“说到这个，还有个小插曲，我们差点错过了这个机会，当学院老师和我提到‘互联网＋’的时候，我们认为这个比赛和我们一点不沾边呀，我们可是做新材料的，不是互联网。后来我们才知道‘互联网+’其实代表的是一种创新思维，我们的项目完全符合。”

陈凯武认为，参加大赛让他们拓宽了视野，在这个大舞台上受到的质疑也使他们深刻反思，同时听到了很多非常好的建议，使他们的项目有了更好的发展方向。从校赛、省赛到国赛一路走来，大部分的评委老师都是管理着数额巨大的基金、拥有丰富资源的专业投资人。通过大赛，陈凯武他们的项目获得了很多投资人的青睐和投资意向，因此对接了很多客户资源和产业资源。大赛和媒体的报道，也让更多的潜在投资者和合作伙伴知道了他们的公司和产品。所以，谈到“互联网+”大学生创新创业大赛，陈凯武表示十分感恩。

陈凯武团队获第三届“互联网+”大学生创新创业大赛金奖，与张荣校长合影

关于公司当前的发展，陈凯武介绍道，玻尔科技目前专注的领域是量子点材料和量子点涂布胶的研发生产。

“量子点拥有非常好的发光性能。”陈凯武说道。作为一种纳米级的半导体材料，量子点拥有非常好的发光性能，能够发出多种色纯度极高的单色光，实现更高的色域。也正是因为其优秀的发光性能，量子点甚至被许多业内专家学者认为是人类有史以来发现的最优秀的发光材料。

拥有自主知识产权的国产量子点浓缩液

在性能优秀的同时，量子点也有着自身的缺点：发光非常不稳定。陈凯武认为，要实现量子点商业化应用，除了需要提高量子点自身的稳定性和发光性能之外，还需要与其他物质相结合形成产品形式。而这其中有非常多的技术难点。

目前，量子点在显示领域的应用主要以上游的量子点材料、量子点涂布胶，水氧阻隔膜，中游的量子点薄膜和下游电视机制造商构成完整的产业链。而玻尔科技目前专注的上游的量子点材料和量子点涂布胶的研发生产，就是价值量最大的一个环节。

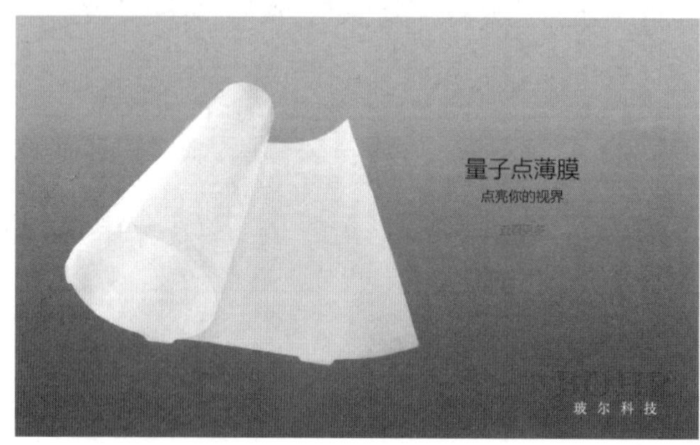

量子点膜——点亮你的视界

此前，量子点材料和涂布胶批量化生产的核心技术一直被国外垄断，一方面由于涂布胶的配方存在许多技术难点，另一方面则是批量化规模化生产需要精密的设备和工艺。陈凯武认为，只有不断地探索，才有可能解决难题。

而谈及对玻尔科技未来发展前景的大致规划，陈凯武说道，“下一步玻尔科技计划融资 500 万元，主要用于量子点材料的生产和应用研发以及市场拓展。在研发生产方面，玻尔科技将积极与厦门大学材料学院达成产学研合作，保持在技术上的领先优势；而在市场拓展方面，玻尔科技主要通过向电视机厂商送样的方式，拓展与下游薄膜厂商的合作渠道。”

量子点电视提供超过 10 亿种颜色，可以再现几乎所有自然界中可见的颜色，精确、逼真

公司成立短短数年就成长为行业领军企业，除了领先的技术实力，创业者对市场需求的准确认知同样至关重要。在陈凯武看来，公司作为一家创业企业，要充分利用有限的资源，先走通整条产业链，再根据市场需求逐步进行优化。

寄语学弟学妹

对于厦大的学弟学妹，陈凯武想要分享一些创业心得。他将心得大致总结为“找人、找钱、找资源”三大点：

“创业首先就是得找人，一个篱笆三个桩，一个好汉三个帮，成功往往都是一圈人的成功。创业公司一定要找优秀的人，找有经验的人。优秀的人有优秀的习惯，即便没有丰富的经验，但也能够迅速在某个方面做出成绩，这就是优秀的品质。而有经验的人都是其他公司花了很多资源资金烧出来的，所以请到有经验的人就相当于省了一大笔钱，同时能够加速创业公司的发展。”

而找到人后，怎么拉人呢？陈凯武认为，拉人的前提是“你认不认同我这个人，认不认同我们要做的事情”，最重要的是统一价值观。

“找到人还不行，找钱也是一个难题。”关于找钱，陈凯武有三点心得：找钱先做人、有钱时去找钱、让钱找上你。“总结而言，就是要用尽量少的资金和投入，专注把业务做好，在账面余额还很多的时候，能够吸引投资人找上你，这是最理想的。”

关于资源，陈凯武说，“找资源首先要让大家知道你，所以一定要提高项目曝光度，参加各种创新创业大赛就是一种方式。同时也要找到忠实客户资源，利用好资源，找到能容忍你不完美的忠实客户，在忠实客户的不断反馈中，实现产品的提升。”

陈凯武认为，一旦走上了创业这条路，就相当于走出了舒适区，而走出舒适区意味着每天都会碰到非常多的问题。对于这些问题，陈凯武一方面要求自己努力工作，在工作中持续精进，另一方面则像在学校一样，不断学习接触新的知识，提升能力拓展眼界，每天都让自己保持适度压力，由此获得更大的进步。

“创业就是一次次去解决这些问题的过程。通过一次一次地解决问题，一次一次地奋斗，实现创业的成功，个人能力的提升，最终实现生活的幸福，获得创业的幸福。”陈凯武感慨道。

撰稿：叶凌昀　法学院 2019 级本科生

吴晓燕　人文学院 2016 级本科生

刘国坤：用科技为大众编织食品安全网

◎人物名片：

刘国坤，1978 年 1 月出生，2006 届厦门大学理学博士(师从拉曼光谱领域国际著名科学家田中群院士)，厦门大学环境与生态学院副教授，2012 年回国前曾在美国康奈尔大学从事博士后研究，现为厦门普识纳米科技有限公司创始人之一兼技术总监，负责食品安全等复杂体系中痕量物质的快速 SERS 检测方面的研发工作，同时主持国家自然科学面上基金一项、科技部重点研发项目课题和子课题各一项以及省市产学研项目各一项。2015 年获得“厦门双百人才计划”A 类认定。

结缘化学，多地求学

对刘国坤而言，从事化学行业，其实是人生中一场“阴差阳错”的误会。在填报大学专业时，他的选择是最热门的专业之一——国际贸易和法律，但却被调剂到了“化学教育”专业。

“既来之，则安之”，既然去了，不如就踏踏实实做下去，将化学这条路走到底。虽然自己是被专业选择了，但他相信，只要用心去做，依然能有所成就。

无心插柳柳成荫，这看似“无奈”的妥协，却让他领略了一番别样的天地。一路前行的过程中，他早已被化学的美妙深深吸引。它看似枯燥乏味，其实自有其社会价值和意义所在。刘国坤就在无尽的探索中培养起了对化学的浓厚兴趣。

2001 年，刘国坤加入了厦大一个专研拉曼光谱的科研团队，后续还加入了厦大博士生导师田中群院士牵头的项目“等离激元增强拉曼光谱仪器研发与应用”，在这个团队中的学习与实践为他日后的创业打下了坚实的基础。在攻读完厦门大学博士学位后，他决定出国深造，拓宽自己的科技视野，毕竟那时国内与欧美国家相比，在前沿科技方面还较为落后。这段留学经历带给他很大的感触。他认为当时国外的学习生活更加纯粹，而这种氛围让他能够沉浸于实验和科研当中，踏踏实实学到了许多新本领。因此，他也希望厦大学子能更加踏实地学习，更专注于自己的课业。

在埃默里大学和康奈尔大学的学习中，刘国坤感受到学生们强大的自学能力，他们能在短时间内自我钻研并消化一本很厚的专业课本。这种自学能力带给他很大触动，也让他更加认识到自学能力的重要性。

在 2000 年初和 2008 年的两次访学的对比中，刘国坤深刻地感受到了中国科技的快速进步。伴随着国家变强，综合国力逐渐提高，我国在科学技术方面与西方发达国家的差距在逐步减小，甚至在一些方面还有赶超趋势。较之于 20 世纪，21 世纪伊始，我国在工业方面可谓是突飞猛进。“木桶效应”告诉我们，一只桶能装多少水，取决于最短的那块木板。我国的科技并不是全面进步，虽然个别基础科研居国际一流，但在技术方面，尤其是硬件方面，发展缓慢，实力薄弱。只有这方面跟上，中国才能全面发展。所以当我多年之后再去国外，发现国家确实强盛了许多，前沿科技也跟上了时代的步伐，这让他感到很开心。

搭乘东风，初创实业

在国外求学时，国内频频发生的食品安全事件牵动着刘国坤的心，于是 2012 年他回到国内，成为拉曼光谱仪器研发与应用项目组的技术负责人，希望用掌握的技术惠及民生，捍卫人民群众的食品安全。厦门普识纳米科技有限公司也因此应运而生。

公司的名字也蕴含了我们的期望。起初为“谱识”，便是运用科技手段来检测食品；后来更名为“普识”，是希望能够简单快速地识别，让科技惠及千家万户。

公司的成立可谓是天时、地利、人和。当时恰逢国家“十二五”计划，国家鼓励创新创业，各类中小型企业如雨后春笋般涌出。刘国坤那时也受到实业热潮的鼓舞，萌发了创业的想法。回国后，团队在2013年创立了普识纳米科技公司。厦门市、区政府对民办企业的发展非常重视，在厦门双百人才项目A类创新创业（第八批）中，公司得到了厦门市政府400万的经济支持，除此之外，集美区政府又额外给了240万。这对一个成立不久的公司来说可是一笔不小的数目了。

公司成立以来，刘国坤慢慢发现只有做实事的人才能浮出水面，光有热情还不够，经营一家公司还得有相应的实力和持之以恒的耐心。公司创立后，刘国坤负责技术研究工作。凭借着对拉曼光谱的不断探索，凭借着实验室里一次次的尝试，现有的设备不断完善，公司各部门也逐渐完善了起来。万事俱备，只欠东风，但“市场”的风却迟迟不来。起初，公司效益并没有很好，低谷时期，刘国坤和公司的几个科研骨干一连好个几月拿不到工资，甚至还欠下了好几笔债，当时压力非常大，如果没有持之以恒的信心和耐心，是坚持不下去的。好在风雨过后见彩虹，公司在去年得到了一笔不小的资金，最终能在疫情当前仍能坚持下来并愈发壮大。公司现如今已入选厦门市双百人才计划，拥有多项拉曼光谱相关发明专利及软件著作权，是《拉曼光谱仪通用规范》国家标准制定的核心起草单位。

路逢挑战，砥砺前行

虽然公司现在已取得一定成就，但回望成长之路，仍感慨颇多。我们团队在起步阶段便遇到了巨大挑战。拉曼光谱仪是利用拉曼光谱分析技术，对物质的成分进行判定与确认的实验室仪器。首先想要检测的是瘦肉精，但却存在着当时无法克服的重重困难，历经四个月仍然毫无进展。古话说“不积跬步无以至千里”，所以他们决定换一个方向，稳扎稳打，步步迈进。他们随后就明确了第一个要战胜的“敌人”——食品中的非法添加剂“罗丹明B”。在经过一个月的反复试错后，他们得到了初步结果，成功迈出了第一步。随后的一年中，团队形成了整套方案，在黑暗中摸索出了一条越来越明晰的道路：通过非极性有机溶剂进行溶解提取，滤后清液进行萃取、静置分层，取下层萃取液，配合纳米技术使用手持式拉曼光谱仪进行快速分析，便可准确呈现判别结果。从此，“辣椒色素”再也难逃检测仪的法眼，食品安全得到了切实保障。

除了技术上的问题，其他困扰的问题也不少。刘国坤和几个合伙人其实都是科研出身，对他们来说，开公司比做科研难多了。运营公司需要多方面的人才，除了技术，还需要管理型人才来统筹规划，市场运营方面的专业人士来跑市场。这就要求团队走出实验室，和现实社会打交道。困难当前，只能转变自己，让自己更适应于这个社会。刘国坤有两位同伴还去考了厦门大学的 MBA。几年下来，几个同伴都悄悄变了，从以前比较腼腆的“技术宅”，到如今有了几分商业人士的模样。虽说“转型”成功，这个过程可是相当艰难。走出实验室找市场多方联络，常常几个月拿不到一分钱，更别提为了公司得以运营，几个人得“放下身段”开口要钱。刘国坤之前最常做的就是同伴负责“借钱”，他负责签字，最多时“负债”几百万。

回想起创业初期的艰难岁月，支撑着他们砥砺前行的动力应该就是身为科研人服务民生的责任与追求，不断鼓舞着我们笑对挑战，攻坚克难。作为一个科研工作者，我衷心希望自己的研究工作能有一天上架，服务大众，用科技撑起群众的‘健康保护伞’，构筑生命安全防线，为国家的前进献上一份微薄之力。

现如今，刘国坤的梦想正逐渐落地生根，开花结果。迄今为止，公司已开发出多款快检设备，广泛应用于食药品安全、国防公共安全、农业综合执法、海洋渔业安全、工业过程质量控制和追溯等领域。

在食药领域的实践上，公司中标内蒙古、浙江、四川、云南等多地食品快检车项目，多次获得厂家技术评分第一。同时，公司还为金砖会议首脑的食品安全及全国大学生创新创业大赛等重大活动保驾护航。

在公共安全的实践上，公司开发出远远超越市场现有检测技术的毒品痕量检测仪和复杂体系的检测方法，用科技助力执法效率，提高执法人员的安全。

在医学领域的实践上，刘国坤团队正在研制世界上首台拉曼眼科感染诊断分类仪器，这将颠覆现有眼科检测费用高、时间长、体验感差等问题，真正实现即测即走、高效诊断的舒适医疗。

同时，团队也参与起草并制定了“便携式拉曼光谱快速检测仪技术要求”福建省地方标准和“拉曼光谱仪通用规范”国家标准。

放眼未来，公司自主研发的手持拉曼光谱仪正在用户试用中，即将用于公安系统、海关系统、邮政系统等领域，进行痕量毒品和复杂体系的现场执法检测与司法鉴定。而公司特有的物质图谱库，已吸引业内巨头和同行洽谈授权合作。虽然公司取得了令人瞩目的成就，但他们将继续发扬“研发领先、攻坚克难”的精神，用卓越的技术和严格的标准为行业、社会、国家创造价值。

桃李春风，寄语后生

“我曾经是厦大的学生，如今是厦大的老师，深深感受到厦大作为南方之强、一所综合性高校，不仅有雄厚的师资、多样的实践机会，还有丰富的藏书、大家的讲座。这些宝贵的资源都值得同学们去发掘和利用。我希望同学们多利用课余时间，多学学‘课本之外的知识’，这不仅可以提升自己的跨学科素养，还能提升自己的自学能力。大学不同于初高中，课堂时间有限，老师只能择重点教学，更多的只是起到一个抛砖引玉的作用。要真正消化课堂上的知识，把知识化为己有，还是要依赖自己的课后自学。”

结合行业未来发展方向与自己的经历，刘国坤认为，即使自己不喜欢现在的专业，用心去做，踏实肯学，也一定能有所得。在课堂上，他也会叮嘱他的学生，要珍惜并利用学校的优秀平台，在打牢专业基础的前提下，多多参加感兴趣的讲座、旁听课程、阅读相关书籍，这些都是极佳的“自学”途径。本科四年，是珍贵而易逝的，要抓紧时间学习一技之长，培养自学能力。这种能力，不论是在校园里，还是在工作中，都将使你受益无穷。只有提高自身的综合能力，在踏入社会时步伐才会更加坚定而有力。

如果有同学有志于创新创业，刘国坤认为尝试很重要。刘国坤最初的志向是“宅”在实验室做科研，但在出国深造的日子里，想法渐渐发生了转变，他更希望能将科研成果转化到实际应用之中，真正为人所用。于是他尝试回国创业，虽然起步艰难，但公司仍在风雨之中破土而出，茁壮成长。虽然他的团队大多是技术性人才，缺乏运营经验，而运营公司恰恰需要和现实社会打交道，但他们依然不断尝试，突破自己，“被迫”渐渐转变性格。从实验室到市场，路虽难，却也在不断尝试中将梦想一点点变为现实。

（本通讯部分材料来源于厦门日报）

撰稿：陈心怡　经济学院 2019 级本科生
李　晨　航空航天学院 2018 级本科生
张淑杰　海外教育学院 2019 级研究生

罗海青：梦掷于心为人先，何曾旋踵水长流

◎人物名片：

罗海青，厦门大学医学院 2010 级硕士，拥有细胞生物学、基础医学专业背景，具有多项发明专利。

2014 年带领公司入选“中国创业榜样”，同年五月获福建省“创业标兵”称号，2015 年获全国大学生创业比赛“铜奖”，2017 年成为上海市嘉定区“急需紧缺型创新创业人才”；创办上海三炬生物科技有限公司，携手上海同济大学参与多种心血管药物临床四期研究服务工作。

2019 年 11 月创办上海观纳智能科技有限公司，开创国内智能化互联网显微镜先河。

现任上海三炬生物科技有限公司董事长，上海观纳智能科技有限公司董事长。

罗海青

异乡自力更生，打破常规敢赢

“路要靠自己去走，才能越走越宽”。那些被开拓了的、被挖掘了的、被称赞的，都是属于别人的：被千万人捋平了的康庄大道、被循规蹈矩采掘出的奇珍异石、被纷纭众人称道的沿途风景统统不是自己的，唯有带上梦想的锄头披荆斩棘、在凌乱的荒野中找寻哪怕一颗普通的石块、用眼见为实领略每一处独到的景色，才算是真的拥有。于异乡开辟前程、以之为创业之地，走别人不敢走的路，是罗海青的选择——“你必须在一个陌生的环境，能够独立地生活生存下去，这是我认为一个人必备的一些条件跟素质”，本可以选择在家乡继续攻读硕士学位的他，却选择来到陌生美丽的海滨城市——厦门，开启了他作为独立人格追寻心中所向的旅程。

“身体和灵魂必须有一个在路上”。罗海青不仅身在路上，心也随行——“创业的人他会有一些特质。像我就是喜欢做一些别人想做又不能做或者不敢做的一些事情，自己给自己创造一个平台来做。当时创业的人还是很少，我觉得这也是一种就业的创新”，他的特质，成为他出彩之处：不甘于寻常，不屈于常规；他带着“创新”的锄头，挖掘异乡的土地，仰望承载梦想的海滨之城，谁，还能够比他更满足呢？“大学之道，在明明德，在止于至善。”这所坐落海边的花园学府厦门大学正是这样一所自觉奉献于对知识的追求，力争解决难题，并用真正的高水平去教育人的大学堂。在这座学术氛围和人文情怀浓厚的“象牙塔”里，没有人会停下自己追求卓越的脚步，罗海青也不例外。“少年易老学难成，一寸光阴不可轻。”深知学海无涯，韶华易逝的罗海青早早地对自己的求学生涯做出了合理的规划。“在其位谋其政”，学业成为他个人计划中的重中之重。在厦大读书的日子里，他脚踏实地地向下扎根，努力打好基础，汲取知识的养分，同时也没有忘记尽情尽致地向上生长，积极开拓视野，培养科研与创业中不可或缺的严谨态度和创新思维。研究生二年级时，罗海青综合自身情况决定不再继续攻读博士而是要换一种方式深造，所以在完成基本学业内容的同时，他开始抽出一些时间进行基础的创业探索。而在这个过程中母校也在政策和资源上都给予了他许多的帮助和扶持。如果说南强创业骨干培训班为初出茅庐还在探索期的罗海青带来了一些关于创业知识和创新方向的思考，那么创业补助和创业大赛无疑为准备小试牛刀的罗海青提供了更大的平台和更多可遇不可求的机会。

“十有五而志于学，三十而立”，罗海青在践行自立之决心时于厦门大学攻读硕士学位，可谓是边学习知识边不断磨砺成长。而立，对他而言，是成人必备素质；求学，是梦想的垫脚石；而厦门大学，一处风景独胜、百家竞出的大学，孕育了一位学子的创业之梦，见证了其成长途中欲自立自强的奋斗历程。

明确定位培养思维，开拓创新深思细琢

当下定了创业的决心后，罗海青是怎样一步步实践这“而立”的梦想的呢？首先，明确定位。

究竟是什么激励自己去创业的呢？对罗海青而言，是想突破常规，打破惯性，做和别人不一样的事。所以当被问到创业的预期这个有着极不确定性色彩的问题时，他说道：“我们创业并不是说要在短时间内赚很多钱，而是要一直做一件有意义的事情，把它可以做到十年、几十年、上百年这样的一个公司，我觉得这样是有意义的，至于预期有没有达到，我觉得时间能够解决一切。”于他而言，赚钱和创业相去甚远——赚钱是对自身能力的检验，是一种外在表现形式；而创业，是他敢闯会拼的个人特质的最有力据证，是对自我存在价值的最有效证明，是对心中追寻准则的至高褒奖。慢工出细活的工匠精神实则是当代人们最应具备的素质，一件有意义的事自然是需要用时间去酝酿的，久而后醴，磨而后醇，才是创业人应秉承的理念。唯有将定位放远，不拘泥于短期的盈利得失，不计较于眼前的敷出亏损，才有望将公司经营得长远致久，深得人心。

当定位恰当后，才可重点着眼于创业者思维的培养。在厦门大学求学

期间，专业上的学习带给了罗海青不少的积累，与此同时，思维上也得到了拓展拔高——“生物学主要研究的是一些科研上探索性的东西，如何去发现一个新的问题，然后去解决这个问题，这是在科研上锻炼的一种思维”，这样探索性的思维无疑为罗海青创办公司注入了源源活水。如果说求学期间的应用型探索思维是同学校合作式完成的，那么，哲学上的思维则是罗海青自身不断探索得到的——“一个好的创业者，要懂得思考，要懂得哲学。哲学能够给你带来一种思考问题、解决问题的方案。”不论在求学期间还是创业时期，读哲学都是一门“必修课”，是锻炼人的思维、淬炼人的思想、贯通人的思考的一种方式，它会在潜移默化中融入你看问题的视角，为你解决问题巧妙地打开了另一扇门。

当定位明确、思维得到不断历练之时，亦为大展拳脚的时刻。2013年，罗海青研究生毕业后，没有像大多数人一样选择投递简历寻找工作，而是毅然决然地踏上了这条为自己搭建平台的创业之路。初来乍到，研究生时期的创业探索毫无疑问地成了他汲取能量的一座宝库。“不管是成功的经验也好，还是失败的经验也好，你都会获得一些经验。”提及学生时代的创业尝试，罗海青如是说。也许真正的知识就在经验之中，这些经验不仅仅是过去斩获的成果，同时也在悄无声息中创造和影响着未来。而事实证明，经验的烛火的确在一定程度上为他指明了前路，结合自身学科背景和之前的创业经历，罗海青选定了生命科学作为自己的研究方向，并与在厦大结识的志同道合的伙伴们一起在厦门创办了自己的第一家公司。

人们常说，“理想是人生的太阳。”但一个合格的追梦人绝不会让自己成为逐日的夸父，在奔跑中弱化自我、固守方向，而是时刻保持清醒的认识，学会审时度势。2017年，《中华人民共和国中医药法》正式实施，党的十九大报告中也多次强调要“坚持中西医并重，促进发展中医药事业。”面对国家政策的调整，罗海青澄思寂虑，考虑到国家政策性的需求刚刚起步，市场竞争程度较低，市场需求却在不断扩张，权衡利弊后他决定带领团队成员，将心血管研究这一优势项目与市场需求做结合，开拓新的发展方向——投身心血管疾病中成药的研究，并在上海创办了三炬生物科技有限公司。而“三炬”所代表的正是公司成立之初包括他在内的三位合伙人，他们像三把炬火相互扶持，照亮了彼此的未来和远方。也许他们便是鲁迅先生口中那种只向上走的中国青年，有一分热，发一分光，不光要做自己想做的事，更要尽力做自己能做的事，在成就自身价值的同时也在无形中成就了其社会价值。

公司一经成立便成功通过了嘉定区预审并被引入了育成生物科技园区。平稳落户上海的同时，罗海青及其团队成员也被评为“上海市嘉定区紧缺型创新创业人才”，并获得了政府75万元的创业奖励，面对这一系列的成就和嘉奖，罗海青没有止步不前，相反，为了实现公司的长效发展，建立信任背书同时扩大公司的知名度，他决定带领团队参加第四届“互联网+”大学生创新创业大赛。再一次回到阔别已久的厦园，他的身份不仅是毕业生更是参赛者，在学校带队老师的悉心指导和团队的不懈努力下，“三炬生物——心血管中成药项目”最终斩获了主赛道初创组省赛银奖的佳绩。

创业之路跋涉至今，外人眼中的罗海青已是小有成就，但被问及这一系列创业项目之于他的意义时，他却只是说：“它其实并不意味着太多的东西，可能只是我创业路上遇到的其中一个项目而已，一个阶段性的成果，还不能说是胜利。”老子有言：“慎终如始，则无败事。”罗海青便是这样的一个人，他深藏若虚，不骄不躁，心怀辽阔远方，不忘耕植脚下沃土，他不只是一个静待花开的理想主义者，更是一个脚踏实地播种春天的人。

运筹帷幄久久为功，处变不惊拨云见日

不是心中有梦，便可脚下生风，理想是一步一个脚印踩出来的坎坷道路。一位优秀的创业者需要具备哪些素质呢？罗海青简明扼要地进行了概括——第一，要有毅力和恒心，要能坚持；第二，要勤于思考，跟上市场、时代的步伐；第三，要带着哲学素养去解决问题。众所周知，创业是极富挑战与未知性的，那么要如何应对这样高风险的投资呢？答案就是没

有——“其实在创业的时候你无法预料你会遇到什么样的机遇，遇到什么样的新的项目。但必须要能够坚持，有困难的时候你能够面对”。没有谁能预测，但同样不能做只会祈祷之人。既然选择了一条不同的路，既然是心中所向、胆魄所驱，那么，硬着头皮也要走下去。许多事或许怎么想都想不明白、没有尽头、无法周全，但一旦你着手去做了，问题随之而来了、烦恼蜂拥而至了，就不得不去解决了——车到山前必有路，这未必不是一种解决问题的方式。带着你的恒心和毅力、抱着“不撞南墙不回头”的莽劲，你将发现，所有的“南墙”都只是暂时的，没有什么可以成为你放弃的理由，你只需面对它，出路一定是有的。除了要有“一根筋”和同困难作对的劲头，还要有灵活的头脑、善于观察的双眼。市场对创业者而言既是可以徜徉的海洋，也会成为其溺水身亡的葬身所，因此，利用好市场这一关键因素是关键的一环——“你的思想一定要能跟得上市场的变化和社会的发展。像现在抖音视频带货火爆，这种新的东西出来了，你的思想如果是很守旧的话，就无法适应社会的这种变化。”勤于思考、多看多想，让它成为你偶然间的奇思妙想，才能让你前期的心血可以继续跟随时代潮流滚滚向前，不断适应、蜕变、成新，最终被接纳。

那么，这样的思考角度怎么去获取呢？罗海青说：“多读哲学书将大大受益。书有两种，一种是这种赚钱用的书，一种是修身用的书。赚钱用的书可能就是我们学的这些专业、技能，但是修身修心用的书你需要一直去读。我个人比较喜欢的就是一些国学的哲学的这些书，我会在很长一段时间读这类的书，我也觉得它很有意思，对我们的帮助也会非常大。当这种哲学的理念根植于你脑海中的时候，遇到问题，你就会知道怎么样去解决：好的一面是什么？坏的一面是什么？我们如何维护坏的一面、发展好的一面？”当遇到瓶颈、遭遇挫折、赶不上时代时，请捧起一本看似无用的哲学书，它能滤去杂质，提炼精华，教你如何把逻辑、美感、文学融入日常思考，它会带给你长远的、精神性的影响，殊不知某一天，它就会转化成你解决实际问题的能力。这样的读书习惯当然需要久久为功，坚持才有意义。

正所谓“立志如山，行道如水。不如山，不能坚定，不如水，不能曲达。”在罗海青创业的历程中，遇到过许多大大小小的难题，但这些问题对他来说似乎并不是可以压垮骆驼的稻草，与之相反，它们更像是一个个跳板，搭载着罗海青的创业梦更上一层楼。当厦门分公司第一次面临合伙人解散时，他没有挽留，而是欣然接受并尊重每个人的职业选择，继而将全部精力投入新团队的重组工作中，并且为团队发展规划出了中成药研究这样一个更具生命力的新方向，这也让公司得以成功转战上海，去开拓更广阔的发展空间。而在面对上海这座高速发展、寸土寸金的大都市时，罗海青依旧从容淡定，他告诉自己压力总是与机遇共生，他始终认为“对于压力大小的判断是主观的，所以这种压力也是因人而异。”也正因如此，他将这些所谓的外部压力全部弱化、消化、转化，不断地从这座城市中汲取养分：客户群体、人才资源、政策支持。当他一步一步将这座城市可以给创业者的利益都落到实处，便无须再烦恼无形的压力，可以说是真正在上海扎下了根。

罗海青说：“创业要有理念，要有信仰，要有信条，要相信困难总是暂时的，只要我们人还活着，只要我们这个人还在努力，就没有解决不了的问题。”所以，时至今日，面对企业转型这一难题，罗海青依旧没有退缩，他清楚地认识到服务性的公司有一些与生俱来的弱点，过度依赖研发团队，导致这样一个掌握核心技术的公司依然处于劳动密集型企业的阶段，项目数量和人力成本的冲突已经成为公司取得更多效益的阻力。在一番深思熟虑后，他毅然决定将公司的主体经营方向从项目研究转为产品研发，充分运用公司在心血管疾病诊断类产品领域的专利，将血小板功能检测试剂、产前出血诊断试剂等产品投入生产，这些产品将被广泛应用于临床治疗，守护无数人的生命健康。与此同时，其公司所研发的可以用手机观察细胞的药物研究智能显微镜也将在近期面世。迄今为止，罗海青及其团队已获得非常具有潜力的发明专利 5 项，其中包括：miRNA-3p 核苷酸类似药物在制备药物中的应用(潜力心血管新药发明专利)，相衬显微镜多模式超薄光源装置及其使用方法、一种全封闭具有多区域扫描功能的显微镜、一种用于观察培养物的显微镜、一种用于导致相衬显微镜的光源与成像光路联动结构(智能显微镜发明专利),还有几项发明专利在申请,都具有巨大的创新性以及应用前景,在国内处于领先地位,并获得多家投资机构青睐。罗海青对企业转型做出的一系列探索,让我们看到了一个创业者永不停歇的脚步和无尚的社会责任感。

也许每一个满腔赤诚、勇敢追梦的人都能成为自己人生的哲学家,罗海青用他从书籍和自身经历中总结归纳出的创业理念和企业文化经营着自己的创新之梦,正如他坚信“办法总比困难多”,所以才能守得云开见月明。花开不语,静水深流,时光从来不会辜负目光坚定、奋力奔跑的人。

对厦大学子的寄语

“大众创业,从小做起;万众创新,精益求精。”只要一点一滴地做起,不好高骛远不切实际,定会积水成渊,积土成山。不去想什么大的投入、大的改革,而是把某一领域做细做精,就是一种成功和社会对你的认可了。青年们,未来在你手中!

撰稿:王　萌　外文学院 2017 级本科生
周欣曼　社会与人类学院 2019 级本科生

罗雪方：寻找激光陶瓷里的光明

◎人物名片：

罗雪方，厦门大学 2016 级材料学院物理和化学专业博士。2013 年，在江苏南通创立罗化新材料有限公司。2018 年罗雪方领衔“罗化新材料”团队获得了全国“互联网+”大学生创新创业大赛国赛金奖和全国第二名的好成绩。从 2013 年成立至 2019 年初，罗化新材料有限公司每年都取得诸多资质和认可。罗化新材进行了专利布局，已申请专利 30 项，省级认定的高新技术产品 10 个。2016 年就成为 GMC U2 标准的中国优质制造商。除了拥有顶尖的科研水平外，他们还非常注重公司的内部管理，引入了 ISO9000 等产品认证，产品的良品率达到 95%以上。

罗雪方

2018 年 10 月 15 日夜，厦门大学的上弦场内，第四届中国“互联网+”大学生创新创业大赛冠军争夺赛上，“引领激光照明与显示的‘中国亮度’，我们是罗化，我们是未来！”的口号久久回荡在上弦场的上空。在数万名学

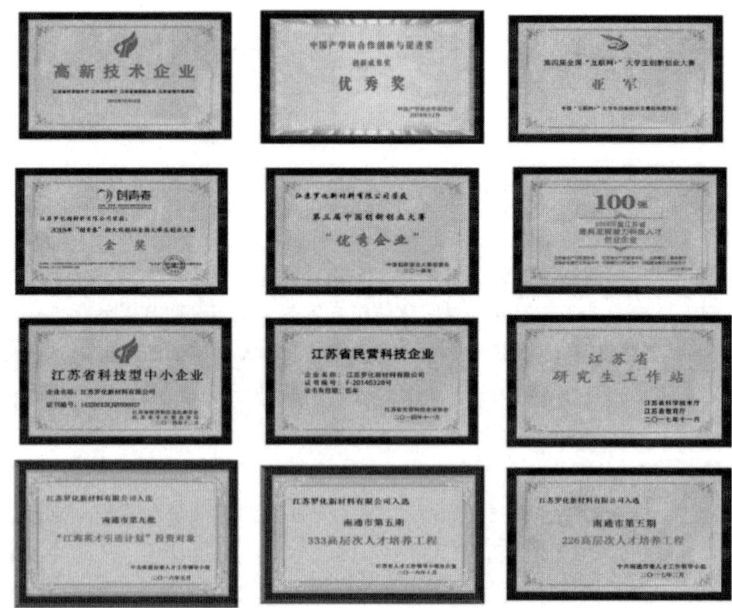

罗化新材料有限公司所获奖项

生和海风的见证下，材料学院“罗化新材料”项目凭借着良好的商业性、全球领先的技术和出色的创业团队，获得了大赛评委的高度认可和青睐，总分排名全国第二，斩获大赛亚军。团队领导者罗雪方很清楚地记得，从决定参赛到成为国内外队伍中的第二名，历时十个月零七天。然而，若我们把战线拉长，从她开始创业到获得广泛的业界认可，是整整五年的不懈拼搏与砥砺前行。

创业艰辛，不断成长

2013 年，罗雪方在江苏南通成立江苏罗化新材料有限公司，从此开始了她的创业之旅。当被问及为什么要走创业这条路时，她回答：“最开始是看到网上各种各样的 App，觉得里面的内容本来可以做得很好，但最后的效果总是不尽人意。”于是她想利用自己的专业知识给大家带来使用体验更好的产品，决心做好“中国智造”。

罗雪方带领团队获得了中国“互联网+”大学生创新创业大赛国赛金奖和全国第二名的好成绩

在创业初期，罗雪方一直怀揣这种理想。三年里，她对于企业未来是怎样的，会往哪个方向前进，并没有一个准确的答案。在这个阶段，她尽情发挥想象力，绘制企业的蓝图，而企业和市场在各个方面进行磨合，寻找方向，给了她和团队试错的机会，为企业后续的发展做准备。直到第四年，她下定决心要找到一个领域进行更大限度的挖掘探索。因为企业在这个阶段要能够存活下来，并做到一定规模，就必须去开发好的高科技产品，提高企业的科技含量，增加销售额。要开始依靠数据说话，产品不仅要足够好，满足大家的需求，还要占据足够的市场份额。

罗雪方在采访中表示，从 2013 年创业至今，一路收获颇多。

创业本就九死一生，做好一个企业更是一件很复杂的事情。罗雪方不仅要关注产品的科技含量，有技术上的难题要攻破，还要考虑怎么把自己的产品推销出去，寻找合适的合作伙伴，解决好资金运转等等的问题。任何一个难关没有攻克，都可能让企业面临生死危机。但如果坚持下去的话，过了一段时间就会发现，抓住了某个机遇挺过难熬的时期之后，企业又会重新恢复生机了。她说只要一直坚持下去，就会有“山重水复疑无路，柳暗花明又一村”的情景出现。

所以，罗雪方认为创业者最需要的素质便是韧性。她深刻体会到“坚持就是胜利”并不是一句虚言。罗化新材料有限公司以研发高科技的技术产品为主，所以在技术方面进行科学研究的过程中，总会面临一次次失败。但她不觉得失败是一件坏事，反而每一次失败都给她的团队提供了改进提高的机会，生产出更好的产品。

在一次次失败后，团队不免会出现负面消极的情绪，想要放弃他们正在进行的社会上没有人尝试的这个领域。罗雪方认为她作为创始人一定要顶住，在心里设定一个目标，并且有破釜沉舟的勇气与乐观的心态。她在心里想着：“不管怎么样，大不了就从头再来”。企业有盈也有亏，她觉得：资金充足的时候，就让企业走得快一些；相反，资金不充足的时候，就慢一点，只不过由原来的跑步前进变成走路前进而已。无论如何，只要不要停下来就好了。

罗雪方坦然地说，几乎每一年他们都会遇到很多坎，甚至很多时候都感觉无路可走，但他们并没有放弃，而是一直坚持着。罗雪方说，企业发展的过程中，遇到困难是必然的，重要的是让员工对项目充满信心，相信能够和公司一起挺过去。如果企业中其他中高层人心不齐，那企业就很难渡过难关。作为领导者和研发者，她深知韧性及人心对于企业的重要性，如果企业领导者和员工都对企业失去信心，那企业可能就真的就做不下去了。

除此之外，罗雪方深知，要做好一个企业，不仅仅要在产品自身的质量、科技含量上下功夫，还要积极地寻找投资方和合作伙伴，这样才能提升产品的知名度。刚毕业时候她在人际关系的处理上比较简单，单纯地认为：你对我好，我对你好，那我们俩就是朋友了。但这种人际关系的模式是不适用于商业竞争的。在这个环境中，有时付出了真心，但对方可能也不会同等地回报。即使这样，还是要和他继续交往下去，不能把关系弄僵，只不过在下次的合作时会更加小心谨慎。

罗雪方认识到这一点是通过实际经历得到的。她说，有一次她和某一个厂家进行了长达一年的合作，对方公司负责代生产她的产品，但是后面发现这个厂家实际上在背后把她公司的产品直接上市了，相当于把罗化新材当作他的研发部。商业上的人际关系很复杂，有时对方会受到利益的驱使做一些侵害你利益的事。涉世未深的时候，她常常难以躲避这些陷阱。慢慢地，她在一次次沟通中积累经验，才让商业合作进行地更顺畅。

罗雪方接受采访

创业本就艰辛，更何况罗雪方还是三个孩子的母亲。许多人认为，由于家庭的牵绊，女性创业者相比于男性会面临更大的艰难挑战。但她不以为然，她认为作为一个女性创业者，跟男性创业者相比没有特别的优势或者劣势。无论是男性还是女性，面临的挑战是一样的，创业过程中所需要的素质也是相同的。她觉得是社会的偏见使然。男性创业者在数量上较多并不代表他们在创业上有什么特别的优势。如果有了自己的企业，无论男性还是女性，在平衡家庭和事业这方面都是很困难的，这点对于男性或者女性都是相同的。因为工作的原因，她很大部分时间都是在出差的路上，或者是在公司里面开会，陪孩子的时间很少。作为公司的创始人，罗雪方要处理很多公司的事务，那么这种情况下，家庭就不得不要做出牺牲。

接近五年的创业经历，使罗雪方在参加“互联网+”大赛时的表现可圈可点，并且整个过程得心应手。在得到学校的大力支持后，她迅速组建了一个十二个人的团队。三个是企业成员，其中一个是总经理，一个是办公室主任，还有一个是她的助理。九个是学校成员，其中有一个博士后、三个博士、四个硕士，还有一个本科生。除了材料学院的学生和她共同进行研究外，她还寻找了一名计算机系的学生来做技术支持，以及一名人文学院学生，将比较学术的语言转化成观众和评委能够听得懂的语言。团队分工有序，各司其职，整个准备过程有条不紊地进行。当时罗雪方的团队除了“互联网+”的比赛，还参加了其他大创比赛，八场比赛中有七场拿了第一名。

结缘厦大，砥砺前行

虽然厦门大学与她公司的成立地点——南通有一定的距离，但罗雪方十分看重厦大的在激光照明领域雄厚的学科实力与优秀的导师资源。她与我们分享了考厦门大学时的小插曲，当时她的朋友推荐她去中科院，因为考中科院不用考试，只用面试录取。而考厦门大学还要自己去背英语，自主复习专业课，一本一本书去看。但自从了解到当时在激光照明这一领域有较高水平和声望的解荣军教授从日本回到厦门大学，罗雪方就下定决心选择了厦门大学。她说她也很高兴当时选择厦门大学，在读博士的几年间，她们科技组不管是从人数还是发表的文章篇数与质量上都十分优秀。

展望未来，中国智造

没有一个项目是十全十美的，激光陶瓷还是有自身的劣势。当谈到激光陶瓷的劣势时，罗雪方说，虽然激光陶瓷的红色部分是很难成型的，但一个材料的优势和劣势是由下游的应用客户来决定的，而非由材料本身。一个材料本身可能有很多的优势，但当它应用在某一个领域的时候，可能就会暴露出一些劣势。比如，激光陶瓷在大灯照射这一领域的应用比较多，也能集中体现出激光陶瓷的优势，但是在显示这方面还是有劣势的，比如

2018 年的比赛，有客户拿激光陶瓷去做显示，然而当时并没有亮起来，所以这个项目也没有真正发展起来。现在她们的科研团队将全部精力都放在科研上，以实验得到的科学数据为基准，探索更多激光照明适合的应用领域，发现了激光陶瓷的更多性能。罗化新材科研团队脚踏实地，注重科学研发，使激光荧光陶瓷处于世界领先水平。罗雪方说，她现在想全力以赴把企业运行好，不会像刚开始创业的那两三年，特别急切地要求上市。

罗雪方在 CCTV 创业英雄汇上进行展示

结尾寄语

最后，罗雪方也鼓励那些想创业却有顾虑的学弟学妹，希望他们勇敢尝试。她说道："尝试创业是可以的，要看你想把企业规模做到多大， 般小规模的创业是可以尝试的，但如果想把企业做到一定程度还需要具备几个条件，一是应该拥有冲劲、韧性和应变能力，就是不管发生什么情况，你都不要失去信心，并能想出较合适的解决方法。二是要有较好的资源，不管是你自身的人脉资源，还是你父母的人脉资源或经济资源，若有贵人相助，可以给创业减少许多阻力。"

罗雪方从最初只是想做些好的"中国智造"到现在带领罗化新材一步步成长并粗具规模，经历了失败的磨难，也品尝了研发成功和得奖的喜悦。

创业之路、研发之路虽然艰辛，但罗雪方及其团队始终秉持严谨的科学精神与坚持不懈的韧劲，力求产品优质的性能及优惠的价格。我们相信罗化新材将成为激光陶瓷这一领域的领跑者，成为“中国智造”一张亮丽的名片。

撰稿：卢映帆　经济学院 2019 级本科生

罗　千　外文学院 2019 级本科生

李柱：生命不息，创业不止

◎人物名片：

李柱，厦门大学化学化工学院2016届博士毕业生，密歇根州立大学访问学者；拥有细胞生物学、化学生物学等专业背景知识，发表多篇学术文章和专利；参加省市国家级各项比赛并获奖。创办厦门诺康得生物科技有限公司——全国知名的糖化学生物学新药研发平台；创办消费级产品公司厦门艾赛生物科技有限公司，该公司于2019年12月被来复基因科技有限公司并购。现任厦门诺康得生物科技有限公司董事长，来复(厦门)基因科技有限公司执行董事。

李柱

划燃一根火柴，文学家可能会联想到不朽的史诗，经济学家可能会下意识地考虑起成本与效益，而对李柱而言，多年的学术训练使他本能地想弄明白其中的化学反应。“博士阶段的学术研究就是探索事物发展的规律与原因。提出假说，验证假说；发现问题，解决问题。”李柱说，“就如埃隆·马斯克(Elon Musk)‘第一性原理’所说，要抓住事物本质，看穿事物运作的根本规律，才不会被表象迷惑。”

创业伊始：小马过河

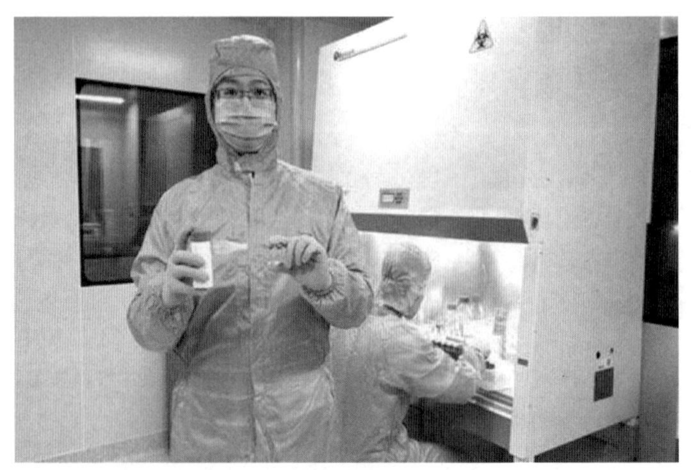

李柱在实验室里做实验

临近博士毕业之际，李柱也曾感到迷茫。当时，有三个选择摆在他面前：就业、留校继续从事科研工作或走上自主创业之路。像分析一根火柴为何燃烧一般，他很快就梳理出清晰的思路。从价值追求上来说，他希望学以致用，通过药物研究惠及大众，解决病患的健康问题，那么成立一家有能力为社会提供服务的公司能够更加直接高效地实现自身的价值追求。就行业前景而言，多年的科研经验让李柱意识到，生物学与化学的交叉研究将是未来生物科技领域发展的重要方向，研究非中心法则之外的技术必有收获。从现实层面考虑，李柱认为高校科研与技术应用之间存在一定的距离，这也致使研究成果向切实解决现实问题的产品转化需要比较长的时间。因此，创立一家生物科技公司是实现自身梦想最直接、最高效的选择。

李柱做出创业这一决定，也掺杂着情感因素的驱动。"我身边有些亲戚朋友因为肿瘤、癌症或其他疾病失去生命，令我十分痛心。"李柱深知，对病患而言，时间就是生命，早一日研发出对症药物，就多一分活下去的希望。"他们的家属曾问我：'你是研究肿瘤、免疫方向的博士，你有没有办法救救我的家人？’我做了十几年的科研却帮不上忙，只能摇头。”发自内心的愧疚与责任感，促使李柱坚定地走上生物科技创业之路。

2015 年 8 月，李柱怀揣着从生活费里省出的 2000 多元钱，注册成立了厦门小马过河生物科技有限公司。创业伙伴曾问他为何将公司取名为“小马过河”，李柱解释道：“创业之路就像小马过河，有人说它深，有人说它浅。我不知道这条河的深浅、是否有暗礁，但我有勇气，下定决心，选择一试。”

这条变幻莫测的河流，向想过河的人提出了考验。

技术问题和资金问题是创业的两大考验。技术方面，李柱没有太多担忧。一方面，李柱本硕博期间在厦大一直从事相关研究，对于抗癌、糖化学药物研究颇有见地。另一方面，李柱的团队中有几位志同道合的伙伴，他们在药物研究领域也有极大的造诣。李柱十分感动于团队伙伴的鼎力支持，“我们实验室的师弟放弃了北京大药企的工作，选择加入我的公司，这等于选择了一份薪酬待遇和发展前景都不确定的工作。”他举例说，“我真的非常感激这些伙伴对我的支持。”相比之下，解决资金问题的路显得不太顺利。李柱至今记忆犹新：“第一位投资人的突然撤资直接导致公司发不出工资。当时，公司的账户上一分钱也没有。我只好以个人名义向别人借钱。那时候，我才刚出社会，人脉资源有限，能借到钱的人很少。我就随身携带一支笔、一盘按手印的印泥和几张纸，随时准备写借据。”此后半年，李柱顶着极大的经济压力，咬着牙坚持推进药物研发。公司资金情况逐渐好转，药物研发步入正轨，李柱也慢慢还清了债务。

创业进行时：守得云开见月明

随着公司的发展壮大，李柱逐渐意识到“小马过河”的局限性：“投资人跟我说，我们的公司名过于幼稚，显得跟医药领域没什么关系，听起来也不专业。”2018 年 11 月，“厦门小马过河生物科技有限公司”正式更名为“厦门诺康得生物科技有限公司”。诺，是“承诺”之意；康，意指“健康”；得，取自“得到”。“诺康得”这个名字，寄托了李柱的鸿鹄之志：承诺让每一位病患得到健康。

李柱的这份情怀承自他的导师——厦门大学化学化工学院韩家淮教授。“在我心目中，韩家淮院士是一位低调务实、热爱生命、具有高尚情怀的科学家。他以推动科学技术进步、造福人类为自己的使命。在韩教授的影响下，我也希望自己能为全人类的幸福贡献一份微薄的力量。”回忆起跟随韩家淮教授做科研的经历，李柱有些激动，崇敬之情溢于言表，“有一次，韩老师到实验室找我们同学要一个塑料扣。他拿一个小小的塑料扣做什么呢？原来，韩老师在从宿舍到实验室的路上，发现宿舍门口有根树枝折了，韩老师想用塑料扣固定住下垂的树枝，使它能够继续生长。”从那时候起，拯救生命的理想就已根植于李柱的心田。

宏大的愿景绝非一朝一夕就能实现。韩院士曾教导李柱说：“不要一开始就想着把问题全回答了。应当把大问题拆成小问题，逐一回答，这样就能无限趋近问题的本质。即便不能完全解决这一问题，也能将针对这一问题的研究向前推进一步，这亦是极大的成就。”李柱及其团队主要集中于癌症、肿瘤及免疫系统等方向的医疗研究，专攻糖化学研究。研发初期无产品，变现慢，需要大量资金的支持，才能够尽早实现药物生产。为此，李柱出售了他名下的另一家公司——专注于医美技术研发的厦门艾赛生物科技有限公司——以便全力支持诺康得的研发工作。

药物研发漫长而艰辛，研发费用往往数额庞大，因此解决资金问题迫在眉睫。诺康得在融资阶段遇到了极大的挑战：公司主攻的糖化学研究在市场上比较冷门，投资机构对诺康得取得的开创性成果持怀疑态度。但李柱始终没有放弃，他放缓了融资的脚步，集中团队力量钻研糖化学细胞免疫疗法。终于，“守得云开见月明”，一次计划之外的收获带给李柱莫大的鼓舞，也为公司发展赢得了转机。2020 年，诺康得糖化学细胞免疫疗法的相关论文作为封面文章刊登于美国化学学会顶级期刊 *ACS Central Science*，这标志着诺康得自主研发的糖化学免疫疗法获得了国际主流学术界的认可。

随后，投资机构蜂拥而至，纷纷表示愿意对诺康得进行投资或并购。

诺康得的研究成果，既让李柱感到无比自豪，也给予他更多信心和动力。李柱期望资金的投入能使药物研发尽早通过临床实验，早日实现规模生产，造福于民。

李柱在展示公司研究的药物

创业心路：感动常伴心头

回顾创业历程，李柱坦言："其实，出于对资金、人才和产业氛围的考量，厦门并不是创业者最理想的选择，但因为我在厦大完成了本硕博的学业，所以对厦门有着深厚的情感。厦门很小，很温馨，像人体的子宫，像实验室的孵化器，给予我舒适的环境培育梦想。而且，在厦门创业离母校很近，我就像小孩依赖母亲一样，能够利用母校提供的资源，慢慢孵化，慢慢成长。"

一路走来，李柱心里数次涌现出感动的情愫。

2018 年，第四届中国"互联网+"大学生创新创业大赛在厦门大学举行。学院辅导员主动联系李柱，询问他有没有兴趣参加比赛。"一开始我是拒绝的，"李柱调侃道，"我没有意识到比赛的意义与价值，而且创业初期的工作也比较繁重。”后来，学院领导亲自到公司了解李柱的情况，支持并鼓励李柱参赛，这让李柱感到十分意外与感动。他也意识到，参加比赛不仅能展示诺康得的最新研究成果，还能为母校争光，是一件一举两得的好事。在比赛过程中，学院组织学生团队协助李柱准备比赛，光是比赛时展示的幻灯片就修改了数十次；学院还提供活动经费，为李柱的参赛项目制作宣传视频。在学院师生的共同努力下，“诺康得：全球首创 CECT-NK 疗法战胜白血病”项目斩获大赛金奖。

李柱还感动于创业伙伴在公司最困难的时候依旧不离不弃。“每个人都有自己的人生轨迹，他们为什么选择一家具有许多不确定因素的公司？为什么愿意将自己与我绑定？”李柱认为这个问题的答案是信任，他举例说：“厦大的王先武博士正是因为非常看好我和我的项目，后来也加入了我的团队。”作为回报，他在管理团队时也秉持同样的原则，以诚待人，以德报德。公司的一位行政人员在刚入职不到两个星期时，李柱曾因急需现金，往他私人账户中转了几万块钱，让他帮忙从银行取出现金。当时，该职员一语未发，将钱取回后就放到李柱的抽屉里。过了半年，这位行政人员才坦露，正是李柱当日的信任让他决心长久地留下来，同公司共进退。李柱感慨，信任是一笔宝贵财富，创业伙伴的信任支撑他度过最艰难的初创时期，而他对团队成员的信任也获得了丰厚的回报，“我们的团队合作更紧密了。”

创业经验：给“后浪”的忠告

作为一名积极投身创新创业的厦大人，李柱总结了自身的创业经验，为即将踏上创业之路的“后浪们”提出许多忠告。

创业有风险，投入需谨慎。李柱认为，创业并不是一件轻松的事情，至少要做足 3～5 年吃苦头的心理准备。如果没有一定的工作经验、社会阅历和资金支持，就不要盲目走上创业之路。更何况，创业还是一条没有终点的路，创业人要永远“在路上”，永远负重前行。

提高认知水平是发展的核心。“无论是创业、科研，还是工作，这都是形而下的；而提升认知高度、拓宽认知边界才是形而上的，才是根本。”李柱认为，一个人的认知程度越高，他的发展就会越顺利，他的人生就会越精彩。“无论是创业，还是工作，对于今后发展的选择，都不应以工资收入等物质条件作为衡量标准，更应该考虑这个选择是否能满足自我认知的提升。赚钱既是能力的体现，也是认知的体现。如果你获得了超出你认知能力所应得的财富，世界有一百种方法将这部分财富收割回去。反之，世界会将你应得而未得的财富偿还给你。”

2019 年李柱在博鳌亚洲论坛与 Peter Lobie 合影

抓住问题的本质是解决问题的关键。李柱十分赞同埃隆·马斯克提出的“第一性原理”，看待并解决问题时，他不喜欢含含糊糊，不清不楚，“看到不懂的字，要查。遇到感兴趣的事，一定要搞明白。”这种思维得益于博士期间导师教导的“凡事往下问三次‘为什么’”。任何一个问题，深入探究三次“为什么”就会触及问题的根源；抓住了本质，问题就迎刃而解了。

李柱不仅将这一思维方法贯彻于药物研究中，还运用在公司运营方面，“遇到商务谈判对手时，你能很快知道每个人每句话的动机与目的。”

现在，李柱依然怀着研究一根火柴如何被点燃的初心，继续推进癌症、肿瘤等重大疾病的药物研究，他说：“挽救生命的事业是伟大的，而个人的努力是有限的。我只能说，哪怕无比艰辛，无比困难，哪怕别人不理解、不支持，我都要努力去尝试，坚持下去。”他期待着以火柴的星星之火，点燃生物学与化学针对重大疾病医疗交叉研究的这片原野。

撰稿：谢梦瑶　新闻传播学院 2018 级硕士生

王一凡　化学化工学院 2019 级本科生

肖传兴：整合微生态，复兴大健康

◎人物名片：

肖传兴，厦门大学医学院2009级硕士、2012级博士，参编专著4部，发明专利17项，发表SCI论文20多篇，主持并参与多项国家自然基金青年基金、国家自然科学基金、国家自然基金重点项目、国家重大仪器开发专项等，获得厦门市科技进步一等奖一项、福建省科技进步二等奖一项。2016年创立承葛生物科技有限公司，现任承葛生物科技有限公司董事长、CEO。承葛生物是中国首家专注于人体(肠道)微生态，业务领域横跨医疗诊断、微生态治疗和医疗大数据挖掘的大型综合性生物医药类科技公司，同时也是中国首家提供菌群移植治疗整体解决方案的国家高新技术企业，现已与全国28省100多家三甲医院合作，治疗溃疡性结肠炎、自闭症、乙肝等上千名患者。

缘起——弃医创业研发“菌群移植”

本科阶段，肖传兴学习了五年中医，对研究中华传统医学情有独钟。研习中医、畅游杏林之初，他便意识到中医知识不仅凝聚着深邃的哲学智慧，更是中华民族几千年的健康养生理念及实践经验精华，是打开中华文明宝库的钥匙。菌群移植便是他从东晋葛洪《肘后备急方》和李时珍《本草纲目》中用人粪治疗疾病的记载中得到的灵感。

早在厦大医学院深造硕博期间，肖传兴便与人体微生态结下了不解之缘。2013年，他开始在医院进行“菌群移植”的研究。那时医院里有一群“医无可医”的患者，常规治疗手段收效甚微，因此这些患者都愿意配合尝试新的疗法。菌群移植是调控人体菌群平衡的一种方式，很多难以治愈的疾病，比如炎症性肠病、乙肝等等，尤其是目前世界上尚无大规模有效疗法的自闭症，通过菌群移植治疗都得到了很好的改善或治愈。

其中，最令肖传兴有所触动的患者是一对不到 5 岁的自闭症双胞胎兄弟。肖传兴为他们做了菌群移植，经过一段时间的治疗，两个孩子逐渐学会了呼唤爸爸妈妈，开始懂得向人求助甚至寻求安慰，他们不再是完全孤立于社会之外的人。 从迎接双胞胎的新生命到双双确诊为自闭症，他们的母亲经历了大喜到大悲的过程，一度绝望。 而当两个孩子终于学会向她伸出双手叫妈妈时，这位母亲的欣喜令肖传兴尤为印象深刻。 那一刻，他的内心受到了极大的震撼，意识到“菌群移植”是值得自己用一辈子时间去潜心研究的医疗领域。

从厦门大学毕业后，肖传兴赴香港中文大学威尔士亲王医院做了一年多的访问学者，凭借优异的成绩顺利进入了厦门大学附属中山医院，成为一名消化科医师。 同时，多项科研硕果的深厚积累，也让他担任了厦门大学医学院微生态研究院常务副院长和厦门市微生态与消化系统疾病重点实验室副主任。 尽管获得了诸多荣誉，治愈了众多病人，但在肖传兴的心里，一直还有一个结：选择行医的初衷是为了救死扶伤，然而自己苦读医书十几年，每天从早到晚问诊病人，却依然有很多患者的病症无法得到治理，每天就算累到趴下，能治疗的患者也最多不过几十人。

渐渐地，肖传兴明白了在医院行医能够救助的病人非常有限，而且近十来年，随着国外肠道菌群研究的蓬勃开展，菌群移植技术也得到了很大发展，并已被广泛用于治疗各种疾病，包括艰难感染、炎症性肠病、肠易激综合征、便秘、代谢相关疾病、肠道免疫缺陷、肠道过敏和自闭症等等。 然而，中国在这方面尚处于起步阶段，至于治病救人和临床应用至多病种的水平更是远远落后。 即便自己所在的消化科是国家临床重点专科，但是做医生需要耗费很多时间在门诊，能留给研究的精力大幅减少。 做一个医生只能治愈一部分人，而医疗技术的进步将能治愈大部分的人！ 为了更好地专注“菌群移植”研究，肖传兴最终决定辞职，将微生态事业作为自己一生努力追求的目标。

从印度来的第二个“白求恩”柯棣华曾说：“一个医生，只要活着，就不能忘记伤病员。”一日为医，终生为医。 即便身不在医院，肖传兴仍然心怀病患，希望能尽己所长，潜心钻研，推广技术，让更多的医生可以将菌群移植应用于临床，去帮助更多的病人。就这样，肖传兴走上了创业之路，创建了承葛生物，承葛的含义即是传承葛洪之术，弘扬中华文化。

崛起——厚积薄发助力“创新创业”

“投身创业”对一个医者来说是巨大的转变。尽管肖传兴在医疗方面经验十足，却对经营公司的基本知识技能知之甚少，运营、管理、技术、资金全是亟待解决的问题。所幸创业之初他就遇到了志同道合的创业伙伴们，他们有些拥有十多年的企业管理经验，有些拥有几十年的市场销售经验，在合作伙伴的共同努力和相互扶持之下，承葛生物一路稳步前行。

作为一家全国领先进行菌群移植产业化的初创企业，承葛生物一路走来经历了不少考验。首先，推广资金和研发资金都至关重要。在广州，肖传兴和团队伙伴成功进行了天使轮融资，由钟南山院士产学研集群企业广州呼研所医药科技有限公司领投。考虑到广州具有良好的创业环境和创新氛围，2016年5月，肖传兴来到广州成立了广州承葛生物科技有限公司，并于2017年成立厦门子公司，同年，获得厦门市“双百人才”创业领军人才的殊荣。

随着公司的渐渐成长，承葛生物汇集了数十名海内外一流的行业人才。核心团队更是由来自哈佛大学、密歇根州立大学、香港中文大学、厦门大学等国内外名校和知名研究机构的科学家组成。在团队的努力创新下，承葛生物已获得28项自主研发的专利，并与国际领先技术机构保持交流，保证菌群移植更为安全有效、简便省时。

“芳林新叶催陈叶，流水前波让后波”，菌群移植在肖传兴团队的推动下也经历了时代更迭，跨入了精准化菌群移植时代，即以供受体配型为核心的时代。作为国内行业的领航者，承葛生物创建了精准化菌群移植平台，流程包括供体的筛选，菌群的分离提取，菌群库的建设，供受体配型以及移植方式的选择，大大推动了精准化菌群移植的发展。

如今，在广州承葛生物科技有限公司内部，有个大型的冷库。打开冷库后，雾气腾腾，从粪便中提取的菌群保存在－80℃的环境里以保障菌群的活性。 这是承葛生物与钟南山院士领衔的广东省精准医学研究院共建的华南菌群库，如今已是国内最大的供体菌群库和菌群移植研发中心。

菌群库里庞大数量的菌群，最终要变成产品才能与患者见面。 而产品有两种形式，一种是菌液，另一种是胶囊。 市面上各个医院所用的菌液、冻存剂都含有甘油成分，而甘油能够造成腹泻等副作用，因此含甘油的菌液在使用前需要先把甘油去掉再进行移植，而这个过程会对菌群的活性带来巨大的影响。 如何能够既保持菌群的活性，又避免类似甘油带给人体的干扰呢？ 承葛生物的研究团队攻坚克难，自主研发出了可食用的冻存保护液，效果不比一般的甘油冻存效果差，其冻存 6 个月后活性仍可达到 80％以上，并且经水浴锅化冻后就可以直接进行移植。

而活菌胶囊的发明，更使患者像吃药一样就可轻松移植菌群。 在“菌群移植”中，传统的移植方式需要通过鼻肠管、胃镜、肠镜，这类侵入性操作在具有风险的同时，也给患者带来不便。 活菌胶囊解决了这些痛点，不但能够操作简单、节省成本，且安全性明显提高，极大促进了菌群移植的临床使用。 在先进冻存保护技术的基础上，承葛生物目前也成为国内唯一一家提供活菌胶囊的企业。

2020 年 1 月，国内首个微生态医疗技术与药物研发中心——承葛生物厦门研发中心正式启动，包含海峡菌群库、PMTT 平台、微生态基因检测平台和微生态药物开发平台，将极大促进承葛生物在以肠道微生态为靶点的疾病预防、诊断和治疗体系的发展。 未来，海峡菌群库将成为全国最大的肠道菌群制备库，微生态药物开发将为病人带来新型微生态药物，为更多患者带来健康。

目前与承葛生物合作的医院已超过 100 家，签约合作协议数达千万元，除少数省份外，全国大部分省份均已覆盖。 在治愈疾病方面，承葛生物全球首次使用菌群移植治疗乙肝大三阳患者，已治疗超过 300 人次。 通过菌群移植，承葛生物还治疗过 900 余人次炎症性肠病患者，移植后一年期内有效率高达 80.2％。 除此之外，通过菌群移植，有超过 50 人次的自闭症儿童病情得到了缓解，他们开始逐渐表达自己，学会打招呼，学会求助。承葛生物团队也正用这一治疗方式探索很多其他相关疾病，如脂肪肝、肝硬化、乙肝，还包括肥胖、糖尿病、肠道过敏、肿瘤放化疗和免疫治疗等。

正如肖传兴辞职创业时所预期那样，菌群移植技术的革新不仅能够治愈更多的病人，也解决了一些原本十分棘手的病症。2020 年初，正是抗击新冠病毒的关键时刻，作为医药产业的承葛生物更是责无旁贷，逆风而行。疫情发生以来，肖传兴带领团队加快生产出“重症肺炎治疗辅助产品益生元”，用于治疗病毒引起的重症肺炎，并捐赠了 100 万元的微生态调节剂“常道膳元”和 5000 支病毒采样管，为抗击疫情防控新冠病毒贡献一份企业应尽的力量，践行了企业应有的社会责任。

回望——厦大精神赋予“创业动力”

回望负笈求学的校园时光，在厦大度过的数载寒冬盛夏给肖传兴留下了两段难忘的经历，给予了他不畏前路的勇气，也赋予他一往无前的力量。一是肖传兴曾在厦大医学院担任过兼职辅导员，二是他以厦大毕业生的身份参加了第五届“互联网+”创新创业大赛并获得金奖。

在兼职辅导员的经历中，肖传兴深刻地意识到“德者，本也。”在不耽误科研学习的情况下，他耐心负责地完成每一项工作，努力做一名合格的兼辅。辅导员需要帮助同学们解决各种问题、与学生及时沟通、时时关注学生的动态。渐渐地，肖传兴从中悟出一个道理，什么才是辅导员工作的第一要义呢？育人先育德，德行是立人之本，有德之人才能被人尊重，才能成功。做人做事的第一位是崇德修身。换言之，企业的生存和发展也离不开“德”，社会责任感也是企业之本。

在“大众创业，万众创新”的大背景下，为适应新时代需求，勇攀科技高峰，肖传兴以厦大博士毕业生的身份参与了第五届中国“互联网+”大学生创新创业大赛。在学校及医学院各位领导的关心与支持，以及创新创业教育办公室的帮助和鼓励下，“承葛生物”最终获得大赛评委的高度认可和青睐，代表厦门大学在第五届中国“互联网+”大学生创新创业大赛中夺得金奖。母校的大力支持和所提供的创业环境，对肖传兴来说是弥足珍贵的，学校里的一些创新创业大赛也给了他很多交流学习的机会，赋予了他和公司不断提升的强大动力。

身为厦大人，这些年来厦门大学的“四种精神”时刻激励着肖传兴自强不息，奋发向上，即陈嘉庚先生的爱国精神、罗扬才烈士的革命精神、抗战时期厦大内迁闽西艰苦办学的自强精神，以及王亚南校长、陈景润教授为代表的科学精神。这些宝贵的精神财富陪伴着肖传兴在创业路上扬帆远航，它们不会因时光的流逝而消弭，反而会在新时代的召唤下焕发出更加灿烂的生命力和更加绚丽的光芒。未来的创业路上，肖传兴和承葛生物也将始终以“整合微生态，复兴大健康”为使命，致力于完成使命，做微生态行业的领航者，为人类生命健康贡献自己的绵薄之力。

积淀——分享经验寄语“创业感言”

肖传兴说，要永远保持对世界的好奇心。当有些新鲜事物尚没有人触及时，会生出一种冲动去尝试，看到这件事情会给人们带来希望时，你会有动力去迈进。创新创业的过程中需要这样的心理驱动，因为它正是前进路上一股不曾枯竭的源头活水。

科技研发的过程中至关重要的一点，便是永远不要给自己设限，要无所畏惧、大胆地放开手脚去尝试。“逢山开路，遇水搭桥”，坚守自己的方向，一步一个脚印朝前走，保持勤奋，在困难和挫折面前矢志不渝，“肯钻研、立标杆、创一流”，这样下去，一定能找到属于自己的人生舞台，收获属于自己的人生精彩。

一百年峥嵘岁月，足迹铿锵；数代人心血浇灌，桃李芬芳。在母校百年校庆之际，肖传兴衷心地为母校送上了祝福，祝福母校薪火相传，燎原千秋。

撰稿：李佳奕　医学院 2016 级本科

夏宁邵：中国疾控战场的攻关者

◎人物名片：

夏宁邵，教授，博导。现为厦门大学公共卫生学院院长、国家传染病诊断试剂与疫苗工程技术研究中心主任、分子疫苗学和分子诊断学国家重点实验室主任，先后获得国家科技进步二等奖、国家技术发明二等奖、中国专利金奖、“庆祝中华人民共和国成立70周年”纪念章，入选中组部“万人计划”第一批科技创新领军人才、国家级百千万人才工程、教育部跨世纪优秀人才。

夏宁邵：最年轻的“南强杰出贡献奖”获奖者

1995年，有着多年执医经验和科研经历的夏宁邵来到厦门大学，开始了传染病防控问题的研究，他在抗击病毒的战场上攻坚克难，硕果累累：全球首支戊肝疫苗，首支国产宫颈癌疫苗，打破国际垄断并远销欧洲等海外市场的艾滋病免疫诊断试剂，全球新一代国际“金标准”戊肝诊断试剂……新冠疫情期间，他迎难而上，带领团队率先研制出新冠抗体检测试剂盒并获准上市，为全球抗疫贡献力量。荣誉等身的夏宁邵教授在2020年4月的校庆大会上被授予厦园最高荣誉“南强杰出贡献奖”。

HIV抗体检测试剂：国内艾滋诊断不再“无芯”

初来厦大，夏宁邵老师的团队便开始了围绕艾滋病病毒(HIV)生物活性原料的“卡脖子”的技术攻关。1999年，成功研制出国内首个“HIV第三代抗体诊断试剂盒”，艾滋病毒检出率和特异度分别达99.60%和99.98%，在世界同一领域研究中达到先进水平，大大加强了我国对艾滋病毒传播的控制能力，彻底解决了国内艾滋病诊断试剂的“无芯”问题。接着，团队紧跟国际步伐，研制出第四代 HIV 抗原抗体检测试剂盒等 HIV 系列免疫诊断试剂，继续打破国际垄断，促进国产试剂升级换代。

该系列成果获得国家科技进步二等奖(2001 年)，引领国产艾滋病诊断试剂升级，国内市场占有率连续 17 年排名第一。此外，还获得 2 项世界卫生组织(WHO)PQ 认证、2 项欧盟 CE 认证，出口发达国家。迄今，该产品已在 40 多个国家和地区累计应用超过 6 亿人份，其中海外超过 6000 万人份。

疫苗研发：国内疫苗技术领跑者

戊肝是一种全球性的急性病毒性肝炎。在研制初期，团队因采用此前尚未有成功案例的大肠杆菌原核表达系统研制戊肝基因工程疫苗而倍感压力，历时 14 年，夏宁邵老师带领团队基于自主发现的戊肝病毒靶点和原创疫苗技术，成功研制全球首支戊肝疫苗。戊肝疫苗于 2012 年在国内上市，引起了世界广泛关注，被两院院士评为“中国十大科技进展”；2018 年 WHO 发布戊肝疫苗审评技术建议，推动戊肝疫苗的 PQ 认证。戊肝疫苗的研制成功使戊肝成为一种疫苗可预防的疾病，也打破了国际疫苗界对“大肠杆菌原核表达系统不能用于基因工程疫苗研制”的传统认识，开辟了基因工程疫苗研制的一条新途径。

宫颈癌是最常见的妇科恶性肿瘤，所有宫颈癌病例都是由一种叫作人乳头瘤病毒(HPV)的病毒引起的，这种病毒通过性活动传播。目前有超过 100 种已知类型的 HPV 病毒，其中超过 15 种可导致宫颈癌。近年来，在公共卫生学界相关专家的不断呼吁与普及之下，民众对于宫颈癌防疫的重视程度逐年加深，接种宫颈癌疫苗的需求日益增长。与此同时，宫颈癌疫苗供不应求的问题也逐渐暴露，此次夏宁邵老师团队与万泰生物的合作将会改变国内市场供求不平衡的现状。

2003 年，夏宁邵团队便正式启动了研制首个国产第一代宫颈癌疫苗(二价)，经过多年持续攻关，终于克服了关键性技术难题，成功将疫苗推进至临床试验阶段。经过大规模临床试验验证，团队的宫颈癌疫苗安全有效，并于 2019 年底获批上市。目前该疫苗已通过了 WHO PQ 认证的形式审核，正式进入技术审评阶段，未来将造福广大发展中国家的女性。与此同时，团队研制的首个国产第二代宫颈癌疫苗（九价）即将进入三期临床试验；此外，通过发展结构疫苗学新技术，团队率先实现第三代宫颈癌疫苗（二十价）技术突破。

近日，夏老师接受《中国卫生》杂志专访时强调了疫苗研制的重要性。在此次新冠疫情中，人们再一次认识到传染病防控的关键所在，当疫情扩散，保护易感者便成为最重要的环节，而这一环节几乎唯一的技术手段就是接种疫苗。从历史上看，疫苗的应用成功地消灭了天花，显著降低了脊髓灰质炎、麻疹、百日咳等多种传染病的发病率和死亡率。同样的，面对新冠疫情，有效疫苗的研发应用很可能是人类最终战胜疫情的“终极武器”以及唯一希望。

同时，夏老师肯定了疫苗在非传染病领域发挥作用的可能性，疫苗虽然是因传染性疾病的预防所需而问世的，然而，也有越来越多的科学家探索着疫苗应用在非传染病方面的拓展，如癌症治疗性疫苗、阿尔茨海默病疫苗、动脉粥样硬化疫苗、避孕疫苗、戒毒戒烟疫苗、多发性硬化症疫苗等。这些研究虽然尚未取得重大突破，但已然表现出巨大潜力，疫苗在非传染病领域内的成功未来可期。

抗疫“国家队”：疫苗与试剂盒“双管齐下”

2020 年 3 月，新冠疫情来势汹汹，作为厦门大学国家传染病诊断试剂与疫苗工程技术研究中心主任，夏宁邵主动放弃春节假期，组建公关团队，研发了新冠病毒检测试剂盒。该试剂盒通过抽血来检测，29 分钟可以出结果，具有灵敏度高、特异性好、随到随检等优点，是国内外首个获批的双抗原夹心法新冠病毒总抗体检测试剂盒。

为了提高新冠病毒疫苗攻关的成功率，兼顾应急预防和长效预防，夏宁邵针对新冠病毒疫苗研发需求“双管齐下”，同步开展减毒载体疫苗和基因

夏宁邵老师(中)与科研团队

工程重组疫苗的研制。联合香港大学等单位推进减毒载体疫苗项目，已被列入国家应急专项项目，成为国务院联防联控机制重点关注的全国疫苗应急研发 5 条技术路线之一；利用多种疫苗抗原表达体系和佐剂体系开展新冠病毒重组基因工程疫苗研制。在国家部委和省市各部门的支持下，他带领的团队联合养生堂万泰公司团队研制出 10 个新冠病毒检测试剂，获得 1 个中国医疗器械注册证、6 个欧盟 CE 认证、1 个澳大利亚 TGA 认证、1 个菲律宾 FDA 认证。相关试剂除支援武汉同济医院、火神山医院、雷神山医院等国内抗疫工作外，还出口意大利、韩国、捷克、奥地利、荷兰、澳大利亚和巴基斯坦等 30 多个国家，支持国际抗疫。

厦大学子身边人："接地气"的院长

身为院长的夏宁邵老师喜欢和学生交朋友，也常常用微信与学生联系，对于旁人眼中的"代沟"，夏老师觉得自己和学生之间"没有那么大的差别"——"双方都需要互相学习。年轻人需要向中老年人学习，因为老师们有很多经验；中老年人也应该向年轻人学习，学习新的知识。"

对很多同学来说，夏宁邵老师就是一位"大朋友"，但是夏老师并没有因为与学生们相处融洽就降低对“小朋友”们的要求。当看到个别学生不重视学习时，他想到“用微信的方式——有时间就和学生联系联系，能影响一个是一个，能影响十来个是十来个。”用聊天代替说教，学生不但不反感，还都接受了这位益友的建议。

对于初入大学迷茫的低年级同学，夏老师希望他们留心发掘生活的各种可能，每天花一定的时间走进实验室，或是参加各种社团活动、比赛，培养自己写作、演讲、主持等等方面的才能，这些在将来进入社会时都是需要的。夏老师认为，高中生为了考上好大学，应该尽可能追求高分；但是对于大学生来说，大家更应该合理分配有限的时间精力，并且缓解焦虑和迷茫。

夏宁邵老师谦和低调，把各种荣誉看作是团队共同努力的结果。多年以来，夏老师始终走在疾控科研第一线，努力进取，不断攻关，为中国的公共健康贡献自己的力量。

撰稿：宋　菲　人文学院 2019 级硕士生

王暕珺　新闻传播学院 2018 级本科生

曾凡伟:“肿瘤治疗”，一条路走到黑

◎人物名片:

曾凡伟，厦门大学医学院 2010 级药理学硕士研究生、2014 级生理学博士研究生。以第一作者的身份在 PLOS Biology、Anti-cancer drug 等国际学术期刊上发表论文。曾获 2015 年福建省大学生“创业之星”、2018 年福建省“创青春”大学生创业大赛金奖、2019 年福建省“互联网+”大学生创业大赛成长组银奖。

2015 年创立厦门博创盛世生物技术有限公司，现任公司 CEO。博创公司是一家从事生物医学研究与应用的高科技公司，通过引进国外技术和自主研发，推出针对胃癌和结肠癌患者的肿瘤类器官药敏辅助诊疗服务，该方案是继基因检测之后的又一“精准医疗”工具，其特色是协助医生对候选肿瘤药物进行体外肿瘤测试和筛选，将有效提高肿瘤用药的准确性和肿瘤患者治疗效率。

药敏辅疗，癌症患者的福音

曾凡伟最开始有肿瘤类器官药敏项目这个想法是因为了解到，中国每年有超过 380 万的肿瘤患者，患者 5 年的生存期只有 20%左右，也就是说，80%的患者会在 5 年内逐渐去世，如果能够通过药敏辅疗提高患者的生存期，那将是癌症患者的福音。

在化疗过程中，目前有 100 多种可以治疗肿瘤的药物，肿瘤患者一般会进行多个疗程的用药，先后使用一、二、三线药物，且医生会根据患者的病情和用药指南给出一个标准的用药方案，但是这个方案是基于已有患者的用药结果得出的，无法解决因患者个体差异性而带来的药物无效问题，曾凡伟举例道:“以胃癌常用药物紫杉醇为例，这种药物对 25%左右的患者而言非常有效，但是对 70%多的患者不是很有效。这时我们就要想办法为这个药物找到那 25%药效好的患者，或者是为那 70%患者找到更有疗效的药物，而我们肿瘤类器官药敏做的就是这样一件事情。"

"我们通过把患者的肿瘤细胞提取出来，培养成小肿瘤块，这个小肿瘤块就是患者的分身，让'分身'代替患者去测试不同药物的敏感性，这就是我们肿瘤药敏的原理。"对癌症患者而言，时间就是一切，把原来需要两个月时间才能得出是否有效的用药疗程缩短为在半个月之内可以测完二三十个药物的有效性，然后从药物里面选出几个非常有效的药物给患者使用，这样就大大节省了时间。现在做药物匹配的另一种方法是基因测序，这是目前最好的精准医疗方法之一，但是基因测序仍然存在一定的局限性，患者要有这个突变的基因，他们才能找到匹配的药物，而能找到有对应药物的突变的患者只有 10%左右的概率，有些患者即使能有幸找到基因突变，但是却没有对应的药物，所以它的使用范围还是比较局限的。相对而言，肿瘤药敏的应用范围会更广泛，一旦成功会有更多患者受益。

现在基因测序技术比较成熟，费用较低，做一次的费用大概是 1 万左右，而现在肿瘤类器官药敏的成本还没降下来，费用预计在 4 万到 5 万元之间，大面积推广之后(一年超过 1 万个病例)成本可以降到 1 万元以内，届时大多数家庭都能承担得起。

厦大领航，踏上创业之路

如果问曾凡伟的创业灵感来自哪里，答案中一定有厦门大学。他的创业方向和想法是在厦大读博期间产生的，当时的课题是"为什么我们人类与猴子、猩猩、老鼠等其他的物种相比，智力会高很多"，而这必然与基因有关，因为基因是决定人类形态和行为学的基础。在研究过程中他们发现了一个很特殊的基因——去泛素化蛋白酶 6(USP6)，这个基因大约是在 600 万年前因基因染色体重排而产生的，仅存在于猩猩和人类这两个物种中，如果人缺少这个基因，就可能会出现智力障碍。因此他们推测这个基因可能和人类的智力密切相关。他们尝试把这个 USP6 基因导入小鼠脑部中，然后让小鼠走迷宫，结果是体内携带该基因的小鼠走迷宫能力会更强，他们还进一步发现，神经之间连接需要一种叫作谷氨酸的受体，这个 USP6 基因可以调节谷氨酸受体，进而使得转基因小鼠变得更加聪明。

曾凡伟博士期间的另一部分实验是把胚胎干细胞诱导成人的神经元，在这培养过程中他们团队掌握了细胞诱导技术，当时他的想法是既然能把人的胚胎干细胞诱导成人的神经元，那应该就能把肿瘤细胞诱导成肿瘤类器官，因为技术基本是相通的，多次尝试成功后就可以开始做肿瘤类器官方面的诱导。

“博士阶段掌握的技术促使我的创业萌芽，我攻读硕士研究生的时候就是研究肿瘤方面，那时打下了一定的基础。 此外，我本科是中药学专业，所以我也在考虑如何结合药学进行药物开发。 所以说，这些年的学习和研究对我的创业都是非常有帮助的。”曾凡伟的每一步路都朝着自主创业的方向前进。 他曾在硕士研究生毕业后跟厦大的同学一起创业，虽然因为技能不足而放弃，但也让他意识到创业是一种技能型的工作，多做几次才会熟能生巧，才能在财务、管理、经营等方面有更多经验。

此外，在厦门大学上学的阶段对曾凡伟影响最大的一点来自身边的同学，周围人的优秀成为激励他努力学习和工作的动力，那些年纪相仿就已经在学术研究、自主创业领域有成的朋友都会起到榜样作用；而且在创业的项目研发过程中他们也提供了不少的支持，并且大家会在研发瓶颈期时一起参与讨论。

螺旋上升，坚定难中求进

创业，就不可能没有曲折和困难，螺旋式上升恐怕是所有创业故事的缩影了。 2018 年，曾凡伟团队研究的肿瘤药敏项目遇到瓶颈期，他们研究了很久都没有太大进展，再加上曾凡伟自己当时还在读博士，很难兼顾。“做研发的话，很多东西都需要比较长一段时间去验证，有好几个最初一起的伙伴在那段时间觉得项目前景不太好，就决定退出了，这时候我也就更加怀疑自己的选择到底对不对，项目是不是选错方向了。"

"那段时间其实是很沮丧的，很多次都觉得项目做不下去了。"曾凡伟坦诚道。"当时最主要的问题是肿瘤类器官培养效率低，所以我们一直在纠结到底是类器官本身就难以培养，还是技术原因。做研发的时候，如果是因为一些生物现象或者自然规则而做不下去就只能选择放弃；但如果是技术不足，就应该继续努力去克服。那时候我非常矛盾，今天想想：'算了算了不做了！'明天想想：'项目还是挺有意义的，继续做吧。'"庆幸的是，"坚持下去"的呼声还是占多数，经过一年多的不懈奋斗，技术终于有了巨大突破，肿瘤类器官的培养成功率从原来的30%提高到80%～90%，于是他们就更加坚定要走下去。

经营上遇到的主要困难就是研发初期资金比较紧张，研发开支较高，而这个难题可能会一直伴随他们到第一轮融资。因此他们会出去"赚外快"：与一些药企、高校或者医院合作，由团队来提供技术服务比如药物筛选和肿瘤类器官培养等以获得额外收入，减轻经营压力。而且公司现在这方面的技术已经基本成型，他们将尽快推进临床实验，争取今年年底或者明年初进行融资。

创业路上的很多个坎，其实都不只是一个团队就能跨过去的，"外援"也很重要。"厦大的同学也给我提供了很多帮助，比如说我们公司很多研发的标本都是由同学帮忙联系所在医院提供的，如果没有标本，我们都做不了项目。"当遇到研发瓶颈时，他们也会和同学老师们一起讨论，"有时候我们站得没那么高，看得没那么远，担心自己的判断是否不准确，所以经常需要朋友们的意见。"导师也是他们坚强的后盾，在瓶颈期时给予点拨，介绍朋友给他们提供经验和帮助……研发这条路不是一帆风顺的，创业更是要面临重重考验，好在每次都有乘风破浪的决心，也有贵人鼎力相助。

展望未来，找寻前进方向

曾凡伟对公司的定位是一个研发驱动的公司，通过不断的研发创新逐渐将其推向市场。短期来看，研发项目的重点肯定会放在肿瘤类器官上，把这个项目推向临床应用，之后有两个方向：一个是积极开发新的医疗项目，另一个是基于肿瘤类器官来做药物研究，进行药物筛选。如果能找到比较优秀的药物，那后者不失为一个好的选择，只是在团队资金链跟不上的情况下，目前他们暂时规划把公司做成诊断公司。

“从整个研究领域来说，我们应该算是中等偏下水平吧，国外在这方面已经有深入研究历程了，我们是从 2018 年才开始做这方面的研究。但从应用来说，我们算是中等偏上，在国内来讲我们应用应该算是比较领先的。”和国外相比，国内的整体进程是滞后的，但美国的产品不能直接在中国销售，所以团队的竞争对手还在中国。虽然已经是靠前的水平，但仍不敢说是前三，还有很大的进步空间。

目前团队也没有拘泥于肿瘤类器官这一个项目，而是同时在做新的医疗诊断项目——电镜诊断蛋白质。“虽然肿瘤类器官技术现在是比较领先的，但五六年后肯定会越来越普及，那时候我们也要有新的技术来支撑公司的发展。我们不能靠一招吃遍天啊！”曾凡伟这样规划道。

学长寄语，相信天道酬勤

对大学生来说，我们会面临很多选择，可能也会感到迷茫与纠结。面对这种情况，一般有两个方法：一种是一条路走到黑；另一种是把所有的选择都了解清楚再做决定。曾凡伟在创业前陆陆续续有参加一些创业活动，包括小时候跟着家里面的人去做点小生意；同样，他对科研一直非常感兴趣，从初中起就喜欢自己捣鼓一些生物化学小实验。经过很多年的反复折腾后，他发现把科研和创业结合起来可能是最适合他的状态，而他也具备了一定的能力；并且做一个研发驱动型的创业公司也是他一直以来的心愿，于是曾凡伟就做出了决定，选择“一条路走到黑”。

就创业经验来看，曾凡伟认为大学生不要为了创业而创业，要有一个比较好的项目或者是一个比较明确的目标再去考虑创业。创业看上去很美好，其实会遇到很多压力和困难，刚开始就独立去做一个项目是有一定难度的，所以创业动力是很重要的，如果非常想创业的话就去尝试，有些人有天赋，大学一毕业就直接创业也可以做得很好，这样的人如果有机会创业的话肯定要去创业，不要埋没了天赋；如果摇摆不定，纠结于要创业还是去公司就职，那还是先去公司待一段时间，等时机成熟了再创业也不迟。

"创业中很重要的一点就是要勤奋，一旦放松的话，后面再要开始就难了。"曾凡伟多次强调勤奋和创业之间的紧密关系。所谓"天道酬勤"就是，更勤奋一些，你就能多做些事情，就多一些机会。他现在基本是早上 8:00 上班，晚上 11:00 左右下班，跟读博士做科研的时候一个状态，因为他觉得，如果公司成员没有达到或是接近这种水平的话，就可能会比别人落后很多，成长也肯定会变慢。"搞科研的投入在这上面的时间不能跟朝九晚五的工作时间一样，要是这样也能把公司做起来简直就是奇迹了。"

"我想对厦大的学弟学妹们说，你们还年轻，有各种机会在等着你们，大多数人都会有一个光明的未来，所以请把握机会，相信'天道酬勤'，一起加油，向未来！"

撰稿：庄　盈　经济学院 2019 级本科生

章立汸　新闻传播学院 2018 级本科生

翟敏：将科研成果“皇金鲍”带入市场

◎人物名片：

翟敏，海洋与地球学院 2014 级本科生，厦门市启丞海洋科技有限公司创始人，“皇金鲍”品牌主理人。通过与厦门大学海洋与地球学院柯才焕教授团队合作，该项目经由品种改良、物联网技术整合产业链优势，打破国内高端海鲜市场长期被国外商家垄断的现状，将优质的国产大鲍鱼直供消费者。2017 年皇金鲍供应厦门金砖会议；目前与盒马鲜生、超级物种、京东等多个线上线下平台合作；食产品供应万豪、希尔顿、威斯汀等星级酒店。翟敏负责的团队获评 2018 年福建省“创业之星”，获商标 43 个，作品著作权 7 个，2019 年销售额超五百万。

科研和创业的道路选择

2013 年，翟敏进入厦门大学海洋与地球学院就读。访谈过程中，她笑称自己是一名“学霸”，专业绩点名列前茅的同时，大二就进入实验室，早早接触到科研工作。在科研助理的工作中，她发现自己的兴趣不在于对新鲜知识的不断探索，反倒是对跑基地、与养殖户和投资者交流有着更大的兴趣。海洋学科是厦大的传统重点学科，在学生培养方面也大多是沿学术科研道路进行，然而，翟敏却坦言自己最大的兴趣在于将科研成果商业化。

翟敏加入鲍鱼育种团队时，育种项目已有接近十年的研究历史，正值小规模养殖向中型规模养殖转变的时期。国产精品鲍鱼的培育初见成效，但是育种团队却只关心品种的优化和改良，对于鲍鱼的出路考虑并不多。在一次次的基地调研和创业赛事中，翟敏看到了精品鲍鱼项目的商机和可行性。鲍鱼苗种的价格大约在两元每只，但是成品却可以卖到五十元左右。然而对于体型较大的鲍鱼，养殖户并没有与市场进行沟通的渠道，一方面养殖户不清楚市场的确切需求，另一方面，他们也不知道新品种的大鲍鱼可以卖给谁。

翟敏与皇金鲍

同时，翟敏发现，国产的鲍鱼个头不大，精品鲍鱼主要依赖进口，成本和价格都非常高。她谈到，国内鲍鱼市场是高度同质化的，大家养一样的鲍鱼，产量低的时候价格高，产量高的时候价格低，其实是一个恶性循环，当然这也是农业销售的通病。但实验室培育的绿盘鲍鱼是科技方向的，标准化养殖，环境好，技术好，能够长到国内普通鲍鱼的三至五倍大小。国内鲍鱼市场只是需要一个品牌，差异化的产品必定能够在市场获得一席之地，如果绿盘鲍进入市场，无疑能够使消费者花更少的钱买到品质优于进口的产品。在导师表示支持以后，结合创新创业比赛的经验，翟敏开始了“皇金鲍”项目的尝试，带着转化精品鲍鱼市场的目标，她放弃了保送研究生资格，走上创业之路，并且吸引到天使投资人的加入。

创业坎坷与公司转型

学生时期，翟敏创业的想法早已萌芽，创业相关的大小赛事斩获的奖项给她的创业经历增添了不少光环。但是，她的创业之旅并不是想象中的一

帆风顺，真枪实弹的运作过程和曾经参加的赛事还是有很大区别。

回忆初期创业经历时，翟敏十分唏嘘。“皇金鲍”的初次销售是与“超级物种”合作进行，洽谈进行得很顺利，团队很快就拿下了第一笔订单。然而当时的超级物种也处于“扩张期”，大部分门店是新店，店内工作人员对活体鲍鱼的养殖和保存并不熟悉，损耗量甚至超过了销售量。在对第一笔生意复盘时，翟敏的团队发现，虽然他们在短时间内创造了 30 万的业绩，但总体却因鲍鱼活体的损耗而亏损了近 10 万元，在这样的处境下，翟敏和伙伴们只能亲自走访超级物种的每一家门店，现场指导活体鲍鱼的养殖技术，以减少经济亏损。与超级物种的合作打响了“皇金鲍”商业的第一仗，迅速走红的背后却是门店技术不成熟导致的巨额亏损，这对于团队来说既是打击，也是宝贵的经验。

在接下来的销售中，翟敏更注重合作对象的选择，考虑到水产养殖的特殊性，在面向盒马鲜生进行供应的过程中，公司选择了福州、广州以及深圳这几个城市进行精准供应和推广。翟敏回忆道，“虽然这一次没有超级物种那时一下爆火的感觉，但是我们在总结的时候发现它是没有亏损的。”

2019 年，公司开始尝试将主要方向从销售活体鲍鱼转型到加工产品。他们在头几年的销售中发现，以家庭用餐为目标的消费者在拿到鲍鱼后通常不知道如何处理和烹饪。公司尝试了赠送菜谱、公众号推送烹饪视频等方法，但烹饪难的问题依旧难以解决。因此，翟敏希望通过销售加工后能够即食的干鲍来解决消费者所遇到的问题。

干鲍产品的开发听起来容易做起来难，翟敏谈到，考虑到温度、湿度、地理条件等关键性因素，日本的干鲍加工技术最为成熟。但福岛地震以后，日本加工厂家的数量骤减大半，当时只有四五家工厂还能够提供代加工服务。同时对于外国订单，日本厂家的态度也很犹豫。通过多方面的沟通与协商，翟敏才辗转联系到一家能够代加工的厂家。

在鲍鱼运送至日本之前，需要进行第一步冷冻初加工，这也是一道技术难关。第一批运送去的鲍鱼就已失活，造成了六万多的损失，经过反复试验，干鲍的产品才初见眉目。公司将新产品命名为“溏心鲍”，干鲍鱼与广东风味的酱汁搭配，只需加热 20 分钟，消费者便可以在家中吃到成品菜肴。相比最初没有附加价值的原料销售，“溏心鲍”不仅提升了产品价值，还为消费者解决了烹饪的难题。这样一来，市场很快就扩大了，也为公司带来了更多的盈利。

关于创业的感想与建议

被问及自己在创业路上的优势时，翟敏首先脱口而出的便是自己坚韧的个性。她是一位长跑爱好者，大学以来，已经参加过五个全程马拉松，二十多个半程马拉松。她认为，创业其实也是一场马拉松，从团队组建到公司蓬勃发展的今天，翟敏一直凭借着自身的韧性支撑着事业的推进。其次，是不断增强的学习能力。翟敏认为，作为团队领导，她在各个方面都必须有所了解。创业过程中，她不断地自学商业、营销等知识来充实自己。她认为，社会中的学习与学校里的学习不同，学习以后没有复习的机会，“考试”总是突如其来的。在社会上摸爬滚打的过程中，她愈发认识到实打实掌握知识和技能的重要性。

创业对于翟敏来说是一个不断成长的过程，经过多年打拼的她与学生时代的自己相比有了很大的改变。她直言，本科时期自己专注于学业，常常为了取得高分投入很多努力。但步入社会以后，学习的目的不仅仅是取得高分那么简单，在学习的过程中技能的掌握才是最重要的，踏实走好每一步，财富和利益会自然而然地到来。另一方面，翟敏更意识到谦卑之心的重要性。她谈到，从事生物行业，很重要的一点就是尊重自然，尊重生命的奥秘；在经营公司方面，团队需要不断地成长和提升，这不仅仅是为了自己，也是为公司以及员工负责。国内包括水产在内的整个农业销售的从业人群普通学历水平较低，这导致整个行业缺乏生机活力。因此在最初进入水产销售行业时，翟敏便保有极大的热情与深重的情怀，她希望能有高水平的人才进入这个领域，为农民和整个行业做一些事情。

翟敏参加云顶越野赛

谈到厦门大学对自己的帮助，翟敏首先感恩的是“思源计划”。在思源计划的支持下，她走访了中国的落后地区与发达地区，并前往新加坡等国家考察，在那里，她看到了差距和发展的可能性。思源计划“受助、自助、助人”的理念对翟敏产生了深刻的影响。思源计划的资助者朱伟人先生以其开阔的视野和独特的人格魅力，也成为翟敏创业道路上的引路人。其次，近年来厦大愈发浓郁的创业氛围也为翟敏和她的伙伴们实现创业梦想提供了契机。在KAB(know about business)课程、创青春、“互联网+”赛事等平台上，她结识了创业校友、投资人，培养了初步的商业思维，学习了基本的商业知识，为日后的项目运行打下了基础。最后是实验室导师柯才焕教授的支持，在看到翟敏的创业决心后，柯老师一直给予她充足的鼓励与建议，同时科研项目的特殊环境也给了翟敏较低的试错成本。直到现在，老师还是翟敏创业团队中的核心成员之一。

谈到对学弟学妹的建议，翟敏坦言，创业之路并不好走，希望学弟学妹在毕业以后先去大公司历练，打磨基本的工作技能，成熟以后再做决定也不迟。她认为，创业存在很大的风险，最好能够确认自己的核心竞争力，确保自己能够承担创业的失败再开始，盲目的创业并不可取。

在关于未来的发展规划中，翟敏认为，公司是以科技为主导的，应该不断改进并拓展新的业务。在发展的产品方面，除了鲍鱼以外，生蚝、东风螺等产品都会进行研发，并且转化更多的科研品种，成为做全产业链服务的公司。

在采访的最后，翟敏表达了对母校的祝福：“五峰山下，鹭江之滨，物华天宝，人杰地灵；百年华诞，自强不息，厚德泽人，日新月异。希望母校这艘满载希望的大船能够继续乘风破浪，直挂云帆！”

撰稿：宋　菲　人文学院2019级研究生
朱金琪　人文学院2016级本科生

曾宪海：一根秸秆的前世今生

◎人物名片：

曾宪海，2012 年毕业于厦门大学化学化工学院工业催化专业获工学博士学位，现为能源学院教授，博士生导师，能源学院生物能源研究所所长，主要从事生物质能源与化工领域的教学科研工作，2012 年起开始在厦门大学工作，2018 年起任能源学院教授，我校南强青年拔尖人才计划入选者。目前承担国家自然科学基金、福建省自然科学基金、福建省海洋高新产业重大专项项目、厦门市科技计划项目等国家和省部级项目 10 余项，发表 SCI 收录论文百余篇，获授权专利 30 余项，撰写多章英文专著，参与出版 1 本中文专著及 1 本教材，获得省部级科技奖项 2 项。

从农林废弃物到低聚木糖

我从硕士研究生开始便一直从事生物化工领域的研究。农林废弃物的处理一直是困扰我国农村的一大难题，尤其是在北方，局部时间局部地区秸秆焚烧更为严重，对空气造成了极大的污染。对于农林废弃物，传统的做法主要是焚烧、发酵作肥、直燃发电等，但资源利用效率都比较低，有效手段有限。近些年来，无论是国家污染防治攻坚战、蓝天保卫战的开展，还是“绿水青山就是金山银山”等理念的提出，都展示出国家对于生态环境问题越发重视的态度。在这一大背景下，我们想到通过化学和生物的手段将农林废弃物中有价值的成分提取出来，转化为低聚木糖，从而生产出有更高附加值的产品，这也恰好契合了绿色发展的理念。最初，转化的对象只有稻壳，后期又渐渐拓展到秸秆、树枝等其他各种农林废弃物。

随着保健养生之风的盛行，低聚木糖也渐渐进入了人们的视野。低聚木糖是一种健康且有甜度的功能糖类，但既不会造成肥胖，又不会增加血

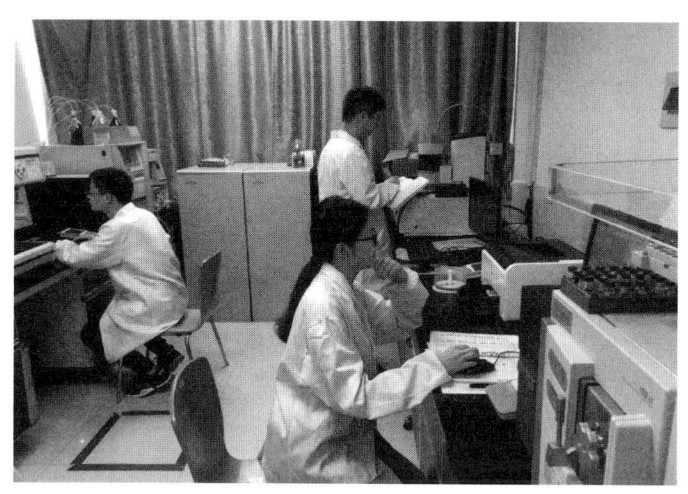

糖，是一种对于减肥人士和糖尿病患者都极其友好的物质。除此之外，它还有促进益生菌在肠道内增殖和降低血压等多种功效，无论是做成食品、药品还是饲料添加剂都有着极其有益的作用。除了低聚木糖，我们还可以将农林废弃物转化为膳食纤维、食品添加剂等多种产品，在保留养生作用的同时还能改善食物的口感。我们甚至有望用农林废弃物来进行发电。将从前无处安放的农林废弃物转化为多种多样的高附加值产品，这既保护了生态环境，又有利于促进农业农村农民增收，是一个有着环保、农业、能源等多方面综合效益的项目。

因此我们预计，这个项目必将拥有广泛的应用前景，目前也确实有多家企业想要同我们合作，包括已经签订合同和正在协商的，合作的方式也很多样，有的以科研经费的形式支持我们，有的想要去往农村落地。

走过万千曲折

一个项目从提出到成熟，从来都不可能一帆风顺。2016 年，由全球工业酶制剂和微生物制剂的主导企业诺维信公司携手创行中国举办的中国生物技术大赛即将开赛，当时几名还是大二的本科生找到了我，说想要参加此次比赛，恰好老师们的手中正在进行这一项目，于是老师和学生一拍即合，成立了项目组。最终我们取得了全国十强的好成绩。

那之后，我们致力于继续完善项目，包括实地考察、与农村和企业对接等，努力将这个项目做大、做实。实地考察阶段我们去了龙岩、三明、寿宁、宁夏闽宁、内蒙古阿拉善、江西赣州、黑龙江大庆等多个贫困地区，与当地困难农户耐心交流农业生产状况和秸秆处理方案，了解农户关于秸秆收购和在当地投资建厂的看法和意愿。经过多方协商与总结，我们提出借助企业、当地村委会和农户三方合作，开创秸秆收储运的新模式，不仅可以提高农民收入带动就业，还高效收集了秸秆，为企业降低了生产成本。

实地考察

2018 年我们再接再厉，参加了校级的“互联网+”大赛，然后一鼓作气拿到了省赛的金奖。但这一次，遗憾发生，由于学校的推荐名额只有两个，而相比起另外几个经过千锤百炼的项目团队，我们的团队还显得较为稚嫩与年轻，最终只得与推荐名额失之交臂，无缘参加国赛。

但我们没有放弃，2019 年我们重整旗鼓再次参赛，这一次，功夫不负有心人，我们终于在众多队伍脱颖而出，获得了互联网+国赛“青年红色筑梦之旅”赛道项目的金奖。

团队获“互联网+”大学生创新创业大赛金奖

克服各种磨难

相比其他团队，我们的优势在于技术已经较为成熟，因此技术攻关对于我们来讲并不是难事。但我们也面临着大多数科技型企业的通病，那就是缺乏商业化运作，欠缺与商业管理、经济等学科知识间的交叉。为此，在项目中，我们又邀请了多名管理学院和经济学院的本科生和研究生加入，有了他们来帮助我们撰写商业计划书和运作整个项目，工作也变得事半功倍起来。

整个过程中压力最大的，大概就是从省赛到国赛的阶段了。任务的繁重让我看着学生们也不禁感到心疼，一方面希望看到他们能够取得好成绩，一方面又觉得一次比赛的得失并算不了什么。在这个阶段，我们能够坚持下去还要感谢多方的努力。

一方面是学校的各个部门对我们的支持与帮助，无论是对我们的大力推荐、全力支持还是精神上的鼓舞，都是促进我们前进下去的莫大动力。尤其要感谢学校的创新创业教育办公室，在备赛期间我们邀请了多位行业专家和投资人对我们进行耐心的点评指导，纠正我们的不足，强化我们的优势，并且在最后的路演答辩环节给了我们很多诸如答辩技巧类的建设性的建议。作为教师的我也在自己的专业领域之外认识了许多创新创业领域的专家，获益良多。

另一方面就是团队成员之间的相互鼓励，包括老师对学生的鼓励，以及学生之间的相互鼓励。本科生经验相对不足，因此在备赛期间承担了更大的精神压力，每每此时，队伍里的研究生学长、学姐们都会发扬他们的担当精神，对学弟学妹们进行适当的疏导，正是凭借着大家的相互扶持，我们才能取得今天可喜的成绩。

路演答辩

路演答辩的当天，我也在台下现场观看了学生们的比赛。当他们登上比赛舞台的那一瞬间，我觉得一切输赢都没有任何意义了，他们能站上这个舞台，本身就已经代表了我们学校的高水平，我为他们感到骄傲！当然最终学生们也都出色地发挥出了自己的实力，整个答辩过程语言流利，可以说是无懈可击，研一研二的学生即便是在众多高年级，甚至是已经毕业了的博士生对手面前也表现得丝毫不逊色。在舞台上，他们代表了厦门大学的

“双一流”水平。

回想起大家创新创业的种种经历，我认为坚持与合作是我们克服这一切困难的制胜法宝。在项目进展的过程中，也曾有人由于压力过大想过中途放弃，但最终还是坚持下来，苦尽甘来。合作的作用同样不可小觑，我们的团队正如一支军队，需要精诚合作才能挡住来自四面八方的敌人。在备赛期间，我们一向专注听取多方的思路，理工科学生和文科学生的专业知识搭配起来相得益彰，为我们的团队注入了持久的活力。行业专家和投资人的创业经验同样十分宝贵，让我们的项目能够快速成长成熟，少走了许多弯路。如今厦门大学的创新创业氛围越发浓厚，发展势头良好，我相信，未来理工科的学生也一定能更加紧密地与文科类学生结合，使团队的综合性得到进一步的加强。

收获丰硕果实

这次的创新创业活动对于学生和老师来讲都是一次巨大的提升。给我留下最深刻印象的当属我们团队的队长了，他从一开始对自己的极其不自信，到后来在我的“重压鞭策”下，最终也可以在答辩时应对自如，取得的进步极为明显。而其他同学的表达沟通、材料组织能力等也都有了显著的提升。除了综合素质外，学生们还收获了满满的专业知识。从前对生物化工、能源等领域一窍不通的管理和经济等学院的学生，如今聊起秸秆的各种成分也可侃侃而谈，而能源学院的学生们也对于经管类知识有了更多的了解。

而对于我个人来讲，也收获了更为开阔的眼界和更高的视野。参与这个项目的最初目的，也许更多的还是想要帮助学生，但随着项目的逐渐推进，我渐渐发现了这个项目所能带来的各方面综合效益：从保护环境，到促进农民增收和企业就业。这也让我更加深刻地意识到了自己所研究的领域的重大意义，坚定了我自己的科技自信，也开启了探索科技产业化的漫漫征程。

与此同时，我对于创业也有了更多的看法。创新创业不同于日常的学习，它要求创业者不仅要有过硬的专业知识，还要有广泛的知识面和灵活运用所学知识的能力。准备一次科技创业，首先要拥有自己的核心技术，其次还需要资金、人员、管理等多方面条件的配合，当然最重要的还是要和当地的发展需要相结合，做有益于社会的创新创业，而不是盲目的为了创业而创业。

经历了此次项目，我深刻体会到了创业的艰辛，它与学术钻研的辛苦还有着很大的不同。但作为厦大的师生，如果真的有创新创业的想法、技术和其他各种条件，那么选择了创业的道路就一定要坚持下去，学校在公共服务、创新创业管理、资金和培训等各个方面都有着完备的体系，一定能够给予有创业梦的同学更好的平台与创业条件。

撰稿：刘冬语　经济学院 2019 级本科生

第三篇 跨界寻梦

多学科，跨领域，复合型，用综合性大学的优势和人才培养的改革，滋养厦大莘莘学子创新创业的胚胎；跨界思维，交叉融合，协同创新，让走向经济社会建设的厦大人抓住了一个个创业发展的机遇。从看上一瓶水的商机到展开互联网+的绸缪，从数码平台的建设向生态农业的转型，创业的厦大人不忘初心，他们用做学问的态度树立创新品牌，他们用“自强不息，止于至善”的精神实现跨界梦想。

安危：居安思危，不甘碌碌

◎人物名片：

安危，厦门大学嘉庚学院2013届本科国际商务学院校友，西藏政信云数据技术有限公司创始人，现任西藏政信云数据技术有限公司总经理。国家二级运动员，厦门大学嘉庚学院体育奖学金的设立者。大学期间入伍，曾获三等功两次。

新的起点，不甘碌碌的大学生活

安　危

2007年，我挥手告别了高中时代，在厦门大学嘉庚学院开启了我的大学生活。新的环境新的挑战，我不甘碌碌地度过宝贵的大学时光，所以在大学期间就不断挑战自己，丰富自己的人生履历。我参加过很多比赛，印象最深的应该是我们学校的院辩论比赛。作为国贸系的系队，初赛就斩获了一次冠军、两次亚军；我本人也因此获得“最佳辩手”和“最受欢迎辩手”称号。这段参加辩论队的经历，让我有了“团队”的初体验；犹记得和队员在人文楼通宵达旦准备辩论赛的日子，那种所有人为了一个共同目标不懈拼搏的感觉，深深镌刻在我的回忆里。我以为我会一直这样，忙忙碌碌又普普通通地度过我的大学生活，但命运悄悄地在我的人生路上转了个弯。

2008 年 5 月 12 日，“汶川大地震”震动了世界。全国人民的心都悬在了四川那片阵痛后的废墟上，悬在了每个在废墟下喘息的生命上。巴山蜀水，中华大地，迅即展开一场感天动地的生命大营救，人民解放军救援队、医疗队、普通民众捐赠的物资及善款如滔滔江水，涌入灾区。这次的地震给了我很大的触动，那种迫切地想要帮助他人的念头时不时就敲打着我的心门。同年 9 月，学院有一个暑期的支教实践活动，彼时任国贸系青年志愿者协会会长的我毅然申报，胸中盛满的一腔热血，终于有了挥洒之处。

风吹草低，藏在西北小城的梦

里尔克说：“春天需要你，许多星辰指望你去探寻它们。”我的星辰不存于广阔大海之上，而是存在每个被贫困缠身又渴望知识的孩子们的眼睛里。福建到青海，2610 公里；东南到西北，横跨大半个中国，但我仍义无反顾。2008 年暑假，在支教申请得到学校批复同意后，我带领着同样怀揣着支教梦想的伙伴，带领着学校的第一支支教队，闯入荒凉的大西北。

我们当时的支教地是国家一级贫困县——海晏县。说实话，我们这些同学，包括我，从小大都生活在比较富裕的东部地区，享受着较好的生活和良好的教育。在那个网络还没那么发达的年代，对西部的了解仅仅来自课本和电视。虽然做好了西部较为落后的心理准备，但真正跃出课本、身临其境的时候，西北这个地区的概念才渐渐地鲜活起来。

2008 年距今已经过去了十二年，但我现在依然可以无比清晰地回想起那些孩子的质朴和纯真。我觉得许多贫困地区的孩子都有一种向上的张力——“穷且益坚，不坠青云之志”，即使家里条件再差，也不放弃对美好生活的向往。

这次短期的暑假支教让我收获很多。许多人常说，年轻就要出去看看世界。我认为，世界上的美好不仅仅存在各个景区和旅游景点，还存在于这些不为人知的深山中和边境线上，存在于这些纯朴的人身上。支教的这段时间，我的使命感和责任感都得到了增强，在那种环境下，可以激发出人最大的责任感。这次支教体验让我知道，西部的孩子，非常需要好的老师、好的教育。

热血未凉，转投军旅生活

支教后，那种为民奉献的使命感仍萦绕在我的心中。这时候，我想到了入伍当兵。不可否认，大部分男生的心中都有一个军人梦，而当兵，也是非常直接地为祖国奉献实现自己价值的一种方式——我想做一个对社会有用的人。思考再三，我毅然决定应征入伍，重新磨炼自己。在为期三年的军旅生涯中，我更加客观地认识了这个社会——社会不像想象的那么美好，但也绝不像传闻中的那么黑暗。其中，有因为吃不上饭、上不起学而无奈选择当兵的；也有怀揣着保家卫国的梦想，希望能在这片热土上收获更多硬本领的热血青年。不论何种阅历，大家在军营中都保持着昂扬向上的姿态。军旅生活有着常人难以想象的艰辛：日复一日的训练，绝对服从的铁律……曾经以为离开了高中时代就可以告别重复单调枯燥的三点一线生活，不曾想同龄人在大学里不停地挥霍自由时，自由却成了那时的我最为珍贵与向往的东西。

有舍必有得，在此期间，我立下了两次个人三等功。这段特殊的经历造就了我吃苦耐劳的特性和乐于奉献的品德。这段经历对于我后来的创业来说是非常宝贵的，也让我明白了事在人为，正应了我在部队中所学到的：“只要思想不抛锚，方法总比困难多”。

三年的军旅生涯结束后，我回到国贸专业三年级继续就读。此时，原先同届的同学或是早已毕业工作或是考研深造，我面对的是一个相对陌生的环境和陌生的同学。但刚结束三年的军旅生活让我更加懂得珍惜当下，我很快就重新适应了多姿多彩的校园生活，收获了第二批同学，同时更加积极地活跃在各种学生组织中。

一路向西，做一朵奔涌的浪花

白驹过隙，人生象牙塔的最后宝贵时间也稍纵即逝，转眼我的大学生活接近尾声。重新站在凤凰花开的路口，与大多同龄人不同，我并不感到迷茫，因为我清楚地知道这四年的时光绝不是虚度。命运早在暗中为未来所拥有一切都下好了筹码，时间会回答成长，成长会回答梦想。于是我带着对未来一展宏图的憧憬，跃入人海，转战职场。

我的名字叫安危，寓意为“集安危于一身”，我的人生也犹如长辈起名时给予的鞭策一般“居安思危”——从不囿于安逸，不断思考不断挑战才是人生追求。所以当同龄人在投简历奔波于面试时，我在思考，我的未来还有多少可能性？那种想再证明自己念头让我选择继续创业。其实我大学期间就开始创业了，先后在学校周边开过跑腿店和小超市；而在退伍回来后，结合自己的家庭、资源、人生愿景和发展前景综合考虑，我义无反顾地走上了创业之路，做起了煤炭贸易，以先赚钱养活自己和团队为目标，经历了最初几单生意的挫折和坎坷，通过不断摸索，搭建了产、销地之间成熟且稳定的供货、物流、销售渠道，这才攒到了人生的第一桶金，也给了我后来坚定不移、持之以恒地坚持创业以很大的鼓励。2011 年之后，随着创业过程中，我们与地方政府的合作不断加深。资源凝聚，资金相对充裕，团队开始着手转型，百般思索以后选定“信息化”发展方向，我们尝试做了几个具体模块的产品，比如当地的经济运行检测系统、重大项目节点的管理控制系统以及脱贫攻坚的指挥系统等，受到了良好的市场反馈。

2018 年 4 月 22 日，首届数字中国建设峰会在福建省福州市开幕，公司迎来了重大的发展契机。峰会上，整个福州市的核心的信息化内容，或者说可视化内容，都是由我们公司来完成的，央视新闻联播报道了这件事情。

在这之后，许多地方政府部门主动联系我们，而西藏自治区就是其中一个。

选择西藏的原因其实很朴实，一方面是曾经的西部支教经历让我对西部有了一个全新的看法；另一方面，西藏的创业政策是全国最好的。虽然西藏也有它的局限性，比如说当地地理环境、生活环境都相对恶劣，造成了人才紧缺、成本奇高。但总体来说，西藏市场广阔，而且更需要先进的技术赋能。所以西藏自治区政府对于创业的企业的场地、资金、配套政策等各方面支持都非常到位。而与政府的合作并没有大家想象中那么复杂——首先，官方都很实干，政府的市场化采购运营很规范；其次，始终保持专业与真诚，这一点在合作中尤为重要。

起初，公司以“脱贫攻坚”为抓手为西藏设计了信息化平台，但后来由于种种原因，这个项目没有成功落地。结局很遗憾，但过程却让我明确了公司的主营方向，并最终决定脱离东部沿海，一路向西，将公司总部迁往西藏自治区，也就是后来的西藏政信云数据技术有限公司。

公司成立两年的时间，已覆盖智慧政务系统、三远一网、军务软硬件系统、智慧警务、融媒体、智慧物流等方面的相关业务，并已构建了一系列微服务体系产品。与此同时，公司对信息化体系深入覆盖的项目及市场细分做了更深度的发掘、提炼和延伸，定位公司战略为——“以信息化构建为导向，以软硬件链接为延伸，以市场及技术发展为抓手”，在稳定其信息化产业深耕的基础上，不拘泥于单一的技术和产品，不断扩大产业覆盖面及影响力。

创业本身就是令人终生难忘的。其中经历的种种、留下的印记，是一种说不清道不明的阅历，就像是植物神经的反射一样，早已深入血脉骨髓，变成了我为人处世的信条。而说到具体的创业的最难忘的一个过程，其实是最近的新冠肺炎疫情。新冠肺炎疫情来势汹汹，打了全世界一个措手不及，这对整个经济的影响是非常深远和不可估量的，很多中小企业都面临着裁员甚至倒闭的问题。这种严峻的经济事态就要求每个企业在疫情当中能坚守自己的社会责任，保留员工的工作岗位，然后继续履行企业的各种合同义务，这其实是非常困难的。但我们公司的所有人都在很努力地去坚守自己的这一份社会责任——绝不辞退一个员工，让员工与公司共同努力“活下去”。这也是在我力所能及范围内回报社会的一种方式。

满怀热爱，保持炙热，坚持下去

可能所有的毕业生都想为母校做些什么，我也不例外。本着回报母校的初衷和对体育的喜爱，2018 年，我与学校联系，设立了“厦门大学嘉庚学院体育奖学金”，并在 2019 年厦门大学嘉庚学院第六届田径运动会上首次颁发。一直以来我都很喜欢体育，高中时就是国家二级运动员，曾代表国家参加过无线电测向世界锦标赛。即使上了大学，对体育的这份热忱也没有丝毫改变。嘉庚学院的运动氛围很好，嘉园独具特色的体育俱乐部教学制度，以及各式各样的运动类社团，打造了一个运动天堂。这样一所高校需要设立体育专项奖学金，只要满怀热爱，不论学习还是体育，都值得被鼓励、被肯定。

嘉庚学院院长王瑞芳(左)代表学校接受安危(右)捐赠

“我身体里的火车从来不会错轨，所以允许大雪、风暴、泥石流，和荒谬。”如今回看我人生的种种经历，一切仿佛有迹可循。在嘉园的时候，许多老师如雷锐生院长、鲁同安院长、颜明健老师、叶志筑老师和王惠老师等，都在学习和生活上给予我莫大的帮助，让我在试错成本最低的年纪勇敢地探寻未来。支教也好，入伍也罢，学生时代的每一个尝试都为我后来进入社会创业打下了或深或浅的基础。这些都是学校给予我的机会。所以，当自己有能力回报母校时，我会义不容辞。

大学时光是我一生最美好也是最值得回忆的一段经历，希望身为“后浪”的学弟学妹们也能不忘初心。“一个能够升起月亮的身体，必然驮住了无数次日落”，上天给我们一颗跳动的心脏，我们就要努力去经历，去闯，才不枉费此生。要相信母校可以给我们提供飞翔的翅膀，我们要做的只是勇敢地自由翱翔。拥抱蓝天之后，也要回头看看出发的地方，看看那些在起飞时托起我们的人，要时刻鞭策自己做一个对社会、对自己负责的人。衷心希望学弟学妹们满怀热爱，保持炙热，不忘初心，砥砺前行。

撰稿：屈龙溢　厦门大学嘉庚学院 2018 级本科生
黄叮奕　厦门大学嘉庚学院 2018 级本科生

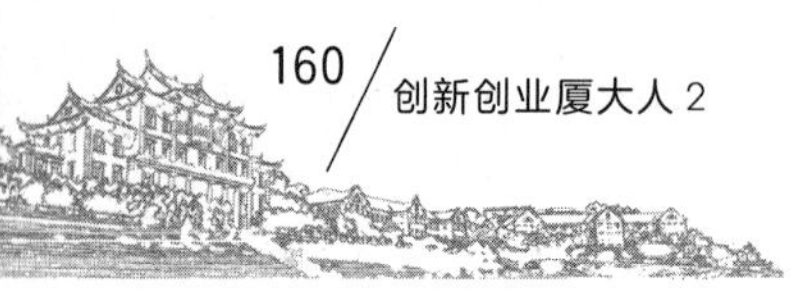

黄海：让作品说话的设计师

◎人物名片：

黄海，男，1976 年出生，福建人，厦门大学艺术学院 1999 届杰出校友，著名平面设计师，被誉为“中国电影海报设计第一人”。毕业之初即进入电视台为社会新闻记者；2001 年，晋职奥美广告公司；2007 年，入职远山文化，任创意总监；2012 年，创立竹也文化。

黄海①

作为电影宣发的关键物料，电影海报能够最直接、最迅速地塑造观众对于电影作品的预先印象，引导舆论关注、影响观影意愿、推动口碑发酵，其传播效力绝不逊于路演、点映、预告片等，事实上，电影海报已成为电影作品的深度外延与有机组成部分，乃至“最贴近大众娱乐生活的艺术品”——

① 《环球人物》杂志记者傅聪摄，出自“环球人物网”《设计师黄海，为电影海报做减法》，原网址：http://www.hqrw.com.cn/2015/0409/22146.shtml，刊载于 2015-04-09，访问于 2020-08-27。

而当我们谈起今日中国的电影海报，黄海，则是一个怎么也绕不开的名字。

保持好奇，从心出发

出生于1976年、成长在八闽山川的黄海，曾是厦门大学艺术学院美术系的一名普通学生。按成绩，他本该分去油画专业，只因对设计的本能喜爱，他留在了如今的行业。四年的潜心修习，成就了黄海过硬的功底；平静的大学生活，也在无形间释放了他对所有未知保持好奇的天性。对他而言，厦大就像是“孵化器”，是一个难以取代的“开始”，身处其间，仿佛无地不可探索，无事不能一试，足够让人尽情感知，恣意体验，畅快经历……思考就这样诞生，创意便落土发芽。

和许多“反套路”的故事一样，毕业后的黄海并未直接迈入设计殿堂，而是跃入了媒体的海洋。“由于毕业的特殊机缘，黄海去了省电视台新开播的新闻频道”，他回忆道，“成了一个记者”。三年后，循着大学时“好奇一切”的习惯，他对台里的国际广告产生了浓厚兴趣，遂直奔北京，转投有着“广告界黄埔军校”之称的奥美广告公司，由此开启了属于一名创作者、艺术家的璀璨生涯。

2007年，为进一步开拓设计之路，黄海入职远山文化，任创意总监。也正是在这一年，他交出了首份登上大银幕的电影海报作品——《太阳照常升起》戛纳版海报，可谓甫一出手即惊艳四座，得到导演姜文的高度认可。携此“首战”胜利，黄海陆续接下了《梅兰芳》《让子弹飞》《唐山人地震》等大热电影的海报任务，一次次刷新外界期待、行业预期。2011年，已然迈入中国一流平面设计师梯队的他正式创立“竹也文化”。

N次职业变动，N次“升级”“换挡”，看似顺水推舟，行所当行，但对黄海来说却并非总是“深思熟虑之后的选项”。“人生路哪有计划，都是随着自己的状态，坚持自己喜爱才是真实”，他淡然总结，“喜欢电影，喜欢设计，到现在可以以此为工作。除了幸运，还能说什么呢?”在他的字典里，名利上的算计得失从来难称紧要，爱己所爱，随兴而动，不负初心，方为职业发展的根本。至于世俗意义上的“事业成功”，以及“撑起了中国电影海报的一片天，将中国电影海报拉升到世界水平”之类的旷世盛名，黄海同样谨慎待之，以一句“难以预料”轻轻带过，“(我只是)不预设结果，全力以赴(罢了)。”

如果非得总结一份“成功之道”，黄海给出的答案，是他过去三度角色变换沉淀而来的质朴收获。“(我经手过)新闻频道记者、广告公司创意、平面领域设计。这些工作有一个共通的核心：眼界。我觉得，不仅需要开阔的视野，更需要正确的观念。”他相信，正是这些超越了具体业务的“共通的东西”，引领他重拾海报设计“本行”，逢山开路，遇水搭桥，筚路蓝缕，回归所愿。

身为艺术家：自觉、开放与谦慎

几乎所有人都会认可一个事实：黄海的作品，将电影海报的“势”与“能”开发到了极致，实现了民族性与现代性“齐飞”、艺术共商业“一色”、东方美学合西方韵致“并行”，使影片的典型元素、内在题旨、文化底色得以准确而又精妙地呈现于世，令观众仅仅因一张海报即生发出强烈的观影动力、思考余裕、情感共鸣，也为电影本身开拓了二度创作空间与生命境地。如是“美”与“经典”的练就，离不开挥洒自如、流淌不息的设计创意，离不开扎实厚重、持续生长的艺术素养、思辨气象与审美能力，离不开面向电影而又超越电影的理解力、感知力、表现力、创作力，更离不开灵动温润的人文情怀、宽阔多元的国际视野、细腻鲜活的“电影之爱”——而这些，他无不齐备。诚如他在解释自己作品之中的东、西方互动元素时所指出的，“中国的东方哲学是我们的根。我觉得，我十分坚定于自己的哲学系统，至于表现手法，可以千变万化，不断找寻新的创作可能。”

“海报是电影的脸。好的海报，当然是能够准确地成为电影内容和观众之间的桥梁。”在黄海看来，作为一种特殊的视觉展现形式，电影海报需要体现电影作品的特殊性，不能是空洞的、没有情感的，而是要能让观众看到故事，看到创作者试图通过电影传递的情感，达成“艺术、灵魂和故事”的表里相融。

毋庸置疑，他做到了：2014 年，黄海为《黄金时代》操刀大陆版、美国版、日本版、“台湾版”、韩国版、香港版共计六款特色各呈、匠心纷具的海报，径直掀起以电影海报为中心的公众讨论热潮；2015 年，《道士下山》《山河故人》《寻龙诀》《捉妖记》等全年最受瞩目电影的海报几乎均出自他手，甚至有观众发出“电影配不上海报”的感叹；2016 年，他同插画师 sheep 合作的《大鱼海棠》手绘风系列海报、为纪录片电影《我在故宫修文物》设计的“国之匠心”主题海报、为第 53 届台北金马影展操刀的“电影之光：回看来时，照亮前行”主视觉海报，皆一次次惊艳影坛，燃爆“热搜”。其近年佳作更是不胜枚举，除为第 22 届上海国际电影节推出“创生万象，幕后为王”主视觉海报外，更担纲包括《少年的你》《我不是药神》《江湖儿女》《小偷家族》《千与千寻》《龙猫》《影》等“现象级”电影的海报设计，屡屡“火出国门”、捧回如潮好评。单是为《龙猫》《小偷家族》两部进口电影操刀的中国版海报，都能赢得大量日本本土影迷的“引进”呼声，且获英国电影杂志列入 2018 年电影海报二十佳……黄海及其作品在华语影坛的高知名度、认可度、美誉度，可见一斑。

黄海尝言，“(为电影设计海报)最难的是体会理解电影创作本身，找到内核。”在他的理解中，创作海报的过程，本身就是与自我对话、与观众对话、与影像艺术对话、与电影创作者对话、与电影世界中的人事和情思对话，核心逻辑是要“走进”电影。譬如，《一代宗师》海报创作期间，黄海就曾与导演王家卫有过一段艰辛的“对话”：往往是方案发过去，导演回过来“一幅婆娑的树影”，朦朦胧胧，不好琢磨，只得再揣摩、再尝试、再挖掘，感受导演想要的艺术样式与美学境界。

“哈哈，与每个导演的合作都是一场修行——过程大多苦痛煎熬，但回过头来总是心存感激，”回忆及此，他感触良多，“(理解电影，就是要)无时无刻不思考。等待是门艺术。比方说，我最近爱上钓鱼，这也是种等待——等待鱼咬钩的一瞬，电光火石间，较量、博弈。很像灵感的捕捉，不能松懈，就在刹那。”摸索的过程固然艰辛，但也不乏“和高手过招的淋漓尽致”。对黄海来说，这一过程更意味着嚼透剧本脉络、嚼透电影精神的难得契机，帮助自己深化认识、打开思路，从而完成最为适切的设计。如此这般，何愁不能打动影人、打动观众?

“设计不应跟风”

黄海早已是站在行业顶端的人。无数“粉丝”把“大师”的冠冕安在他头上，希望从他和他的作品中，找寻中国设计的方向、样本与出路。

面对如潮的吹捧和褒扬，面对中国电影海报设计行业及其未来，黄海保持着难得的冷静、通透、沉稳、纯粹，把目光投向很远、很远。“设计师不要贪恋‘风口’；设计不应跟风。海报设计只是一个很小的领域，在我看来，无处不设计。我希望有更多的年轻人喜欢美学，喜爱方方面面的设计，这样，未来我们的美学才会有更大的整体提升。”

对于那些渴望追随自己脚步的年轻人，他坦诚以告：“我觉得，成为一名设计师是需要很多素养的，不只是美术的技巧，更是人的眼界、修为，不能给自己设限，不能只是个操机员，应当触类旁通，多多思考，沉淀自己的东西。”这和他回忆某次媒体专访时的表达一脉相承：此前，他向《环球人物》记者谈起，自己会在闲暇时练练毛笔字，因为从中能够获得艺术上的启发、审美上的引导，进而影响创作方法、创作思路。数年后的今天，他没有直接回答“除练毛笔字外还有哪些同类型的日常爱好、业余兴趣”之问，而是娓娓一句：“不要吝啬自己的时间，打开视野，多读、多看、多感受。”——某种程度上，这或许正例证了他所以深耕业务功力、抵达行业尖端、引领创意风潮的内在因缘。

在功利主义、物质崇拜甚嚣尘上的当下，黄海凭借其超脱尘俗的创作品性、从容健康的创作心态、发自内心的艺术之爱，游走影像山水、纵情设计天地，在“电影人”“海报人”等众多标签中，坚定选择了“平面设计师”这个质朴却也本真的定位。就像厦大历经百年风雨、不改办学初心那样，黄海也必将继续走好他的创意之路、创新之路，释放出愈加灿烂的光亮。

2021 年 4 月 6 日，厦门大学即将迎来日月同光的百年华诞。面对母校盛筵，黄海的寄语一如他诸多设计作品般洗练、明快：

“为母校骄傲下去。”

撰稿：李沐霖　人文学院 2018 级本科生

武小萌　艺术学院 2019 级本科生

廖若杭：跳出舒适圈，发现新自我的探险家

◎人物名片：

廖若杭，厦门大学 2019 级管理学院工商管理硕士研究生，现任厦门市承谱科学仪器有限公司总经理，2019 年，正式集中在公司 Biolite 项目中承担管理工作。该公司致力于医疗领域应用的激光器的研发与应用推广，公司第一个研发项目“BioLite 系列固体激光器”立项研发，应用于生物检测、物质检测领域。2018 年 08 月，公司研发的 BioLite-1064-100 原型机成功出光，所有零部件 100% 实现国产化，一举打破国内市场进口技术垄断局面。2019 年总订单额 100 万，2020 年获得 A 轮融资。

廖若杭

2018 年 9 月，廖若杭现任总经理的厦门市承谱科学仪器有限公司研发的 BioLite-1064-100 原型机成功出光，所有零部件 100% 国产化，一举打破国内市场相关领域进口技术垄断局面。2019 年，厦门市承谱科学仪器有限公司获得总订单 100 万；同年，廖若杭进入厦门大学管理学院攻读 MBA，为公司进一步发展提升自己的管理能力。然而，在此之前，她从未想象过未来的自己会走上创业者的道路。

探索多元生活的可能性

在师范院校的英语专业就读时，廖若杭便是一个不满足于单一生活的人。除了专注于本专业的课业知识和能力水平的提升外，她还参加了众多社团和志愿者活动。兴趣爱好广泛的她，爱弹尤克里里，喜爱阅读小说，积极参加各种文体类活动，对接触不同的人和事有着天然的热情，十分享受丰富多元的生活状态。积极而又充满热情地尝试各种新鲜事物，是她四年大学生活的写照。

大学毕业以后，廖若杭并没有立即踏上创业之路去闯荡天地。而是凭借着自己的专业优势，按部就班地去了一家英语培训机构成为一名英语老师，教小朋友们英语。经过一段时间的工作后，她发现，自己并不满足于安稳的教师工作。于是她在心里埋下了一颗种子：去做一些别的事情，比如，尝试新的职业。

初创公司的机遇与挑战

创立公司的灵感来源于她和厦门大学的一次邂逅。一个偶然的机会，廖若杭了解到进口高端科学仪器的国产化态势及科研与民用价值，于是敏锐的她抓住了这一创业灵感，主动与一位在厦大任教的家族长辈交流。这位长辈就是厦门大学化学化工学院唐紫超教授，他后来作为技术顾问参与了创业项目，在之后的创业过程中也起到了重要作用。在深入沟通之后，大家发现创业一事有继续发展成熟的机会。唐教授运用自身丰富的技术资源和学术资源，准备开始构建公司的框架。廖若杭在进一步地调研思索之后，十分认可该项目的远大前景，主动请缨加入了该项目的创业团队。兼备了技术顾问和主营团队之后，激光器项目也开始逐渐起步。

然而，虽然具备了强大的技术团队支持，公司成立的初期却也遇到了销售、资金和管理上的种种困难。产量较少，销路无法确定；初入市场，缺乏合作伙伴和门路以打开销售渠道；公司的初期资金全部为创业团队自己的投资，从未来发展的角度上来看，这样的资金渠道难以为公司的持续发展提供基本保障；除此以外，公司的两个管理团队也存在一定的问题，且公司的技术团队有较多的外聘教授，给这个创业初期的公司带来了一定的管理难度。在这样的状况下，种种挑战直扑这个新生的创业团队，BioLite 的前途令人担忧，公司内部产生了巨大分歧。各位元老对公司的发展方向意见难以统一，在自有资金不足的情况下如何进行研发转小批量生产原型机再到产品的过程？有的元老觉得等融资成功有充足的资金再做或萌生退意，有的元老觉得自有资金周转后也要继续做下去，市场和投资者都希望看的是技术更成熟更接近产品的机器。BioLite 是蛰伏等待还是扛压前行，重重挑战如泰山压顶，近在眼前，亟待解决。

BioLite 的转折与腾飞

然而不久，公司迎来了发展的重大转折。2019 年，公司完成上市融资，深圳华大基因股份有限公司看中了他们的技术和产品，大规模引进 BioLite 生产的激光器；同时高度认可 BioLite 激光器项目的实力和产品线应用的价值，成为这家初创公司的产业投资人。此外，华大基因也为传递订单、打开市场、拓宽和保障销售渠道做出了巨大贡献。BioLite 的产品项目开始顺利地向前推进。从 2019 年至今，公司的核心团队经过不断变动，大浪淘沙，最终沉淀下一批核心且稳定的技术人员，愿意与整个创业团队继续向前走下去。由此，BioLite 创业初期销售、资金、管理三大板块的难题得以解决。而作为 BioLite 核心技术团队，则得以将重点聚焦于产品研发和技术突破。于是，在明确分配股东股份和公司内部清理整合之后，现在公司上下的目标终于达成一致，BioLite 公司趋于稳定，呈现欣欣向荣的发展趋势。

作为一家初创公司，面对激烈的激光器与质谱仪市场竞争，廖若杭说，公司的目标是成为独一无二的固体激光器公司。目前，全世界范围的激光器与质谱仪市场中仅有 BioLite 一家可以研发出可完美契合质谱仪使用的固体激光器，国内同类企业没有类似 Biolite 这样全面的技术优势，国外企业没有低廉的人工成本和原材料成本。公司掌握着重要的核心技术，拥有着专业的研究人员和技术顾问，主攻方向是细分的应用领域的固体激光器，不同于市场应用广泛的固体激光器产品，BioLite 的目标是在细分领域做精做尖。虽然 BioLite 激光器的波长和频率一般市场就可以完成，但 BioLite 独特的地方在于可以将分散的技术凝聚在一起。此外，国产质谱仪厂家为节约成本普遍使用进口的气体激光器，气体激光器市场价在 12 万至 15 万元人民币之间，但打光次数仅为 1000 万次。进口固体激光器打光次数为 10 亿次，但价格昂贵，市场价为 30 万元人民币。BioLite 自研的固体激光器不仅做到了性能与进口的相媲美，而且价格仅为 10 万元人民币，并且成本完全可控，所以价格还有很大的议价空间。2018 年 8 月，公司研发的 BioLite-1064-100 原型机成功出光，且所有零件 100% 国产化，一举打破了国内市场进口技术的垄断局面。现在 BioLite 的产品广泛应用于细菌辨别和核酸检测的质谱仪，在医疗研究方面大放异彩。2020 年，厦门市承谱科学仪器有限公司获得了 A 轮融资。2019 年总订单额达 100 万。谈及未来，廖若杭说，她的目标是公司在 2021 年能达到 1000 万的盈利目标。

永不止步的学习者

回顾自己从跨行到创业的历程，廖若杭说，自己也是从基础岗位一步一步慢慢升到总经理的职务的。起初，廖若杭在另一家主营质谱仪的公司担任文书类或是上传下达的基础事务，一年多后，她被公司派往珠海对接工作，成为本公司与另外一个大公司在技术和管理方面的中间协调人，与多方进行沟通协调。对接方是一家较大的公司，自己的技术团队里成员们常有性格和想法上的矛盾和冲突。作为一个中间协调人，廖若杭在与各方的沟通和协调矛盾化解中逐步了解各项工作的程序条理，积累了与多方对接平衡的经验，也锻炼了自己的沟通协调技巧。现在，在处理公司与其他公司的合作和事务对接时，那时积累的经验让廖若杭显得更加游刃有余。在珠海工作一段时间后，廖若杭被公司调往厦门，正式完全集中在 BioLite 承担管理工作。如今，BioLite 激光器项目取得了巨大的突破和成功。2019 年，担任 BioLite 总经理职务的廖若杭决定重返校园。从自己的角度而言，虽然在 BioLite 工作了一段时间，对于该行业有了较为清晰的认识，但仍有些理论知识不了解，在公司目标、市场细分、员工沟通方面，廖若杭觉得有必要学习更专业的管理知识，这将有利于她更好地管理和指导公司。此外，她表示，自己的创业团队虽然都有创业热情，但却缺乏商业、财务和管理上的人才。作为团队带领人的她决定担起这份任务，提升自己，给公司的未来发展提供新的能量。因此她准备报考厦门大学的 MBA。2018 年 10 月，廖若杭报名厦门大学 MBA，认真复习两个月后，在 12 月成功进入 MBA 学习，她和厦门大学的缘分再次开启。

厦门市承谱科学仪器有限公司从 2017 年创建开始至今已走过了近三个年头。廖若杭自加入 BioLite 项目起，一步步走到了总经理的职位上，她在一次次管理沟通的实践过程中，能力不断提升，MBA 的学习也让她接触到了之前从未了解过的领域，这让她在管理过程中逐渐得心应手起来。厦门大学 MBA 课程本地班学生利用晚上和周末在校学习。廖若杭白天在公司工作，晚上还要到学校学习，兼顾两者确实不容易。在被问到既要学习，又要工作是一种怎样的体验时，她说："一开始的确不太能应付过来，学习过的知识也需要复习，一开始感觉学习和工作是两个不同领域，后来发现学习的很多专业知识都可以应用到公司管理中，十分有效。"

廖若杭在攻读 MBA 期间学到了很多先进管理理念。她原先认为，总经理和员工之间的关系只是单纯的上下级关系，是命令者和服从者的关系，是简单明了的雇佣关系，但在学习了管理沟通之后，她意识到，总经理和员工之间的关系还是追随者和引导者的关系，管理者需要调整员工心理，使员工心甘情愿地融入集体。公司上下的理念需一致，价值主张要相同，有着共同的追求和愿景，公司内部关系才能和谐，工作效率才能不断提升，员工才能以公司为家，为公司创造出最大的价值。因此，廖若杭和公司管理层精心规划，为员工准备了很多福利，如技术员工补助，向外聘顾问提供关怀服务，员工医保社保有保障，节假日也会组织旅游和团建，晚上加班会有晚餐和补贴等各种福利，尽力给员工营造家一般的感受。除此之外，MBA 开设有财务会计、公司伦理、社会关系和市场分析方面的课程，廖若杭担任总经理时，有许多工作都要用到 MBA 专业知识，如明确战略目标、市场方向、目标、行业调研、财务预算、员工分配和社会关系等等。她则不断学习，积极将自己的所学运用到公司的管理实践当中去。同时，自己在学习的过程中，也认识了周围优秀的同学，拓展了更广阔的人脉网。

不变初心，做创业路上的勇者

回想一路走来，从中规中矩的教师职业到“没想到”的创业之路，廖若杭对于择业和创业有了更多感触。她说，工作的选择一定要参考自己的个人兴趣，要选择自己喜爱的或者可以接受的工作，更要理性地面对创业，因为不同于朝九晚五、规律稳定的工作环境，创业者的未来充满不确定性，需要全身心投入和付出。所以，创业有风险，选择需谨慎，不能盲目随大流。但是，无论什么工作都要学会积极沟通和交流；面对风险，更要勇敢和乐观，积极寻找解决问题的方法和途径。遇到挫折时，要学会寻找多条道路和多条方向，此路不通，择彼路而行。最后，也是最重要的一点，不论何时，初心不变，以强大的心态勇敢面对，向前拼搏。

2021 年，厦门大学将迎来建校 100 周年，廖若杭表示，自己非常荣幸能够亲眼见证厦门大学的百年校庆。她说：“厦门大学在我心目中像是一位老人，又像是一位少年，既有历史基础的沉淀，也有青春活力的朝气。虽然我们只是在这里短暂地相逢，但是厦大一直在这里等着我们。离开学校，进入社会之后，厦门大学也永远是我们每一位厦大学子的家，希望厦门大学会变得越来越好。”最后，廖若杭想对也有创业梦想的学弟学妹们说：“希望学弟学妹们学业有成，做自己爱做的事情，对未来不害怕，不慌张，勇敢向前，乘风破浪！”

撰稿：孙晨曦　管理学院 2019 级本科生

郑宇昕　经济学院 2019 级本科生

李文娟："尾矿寻宝"，金属尾矿清洁高效整体解决方案服务商

◎人物名片：

李文娟，2020 届厦门大学管理学院硕士。2017 年成立厦门兑泰实业有限公司，身份从一名学生转换成创业者，开始带领团队。她率领的"尾矿寻宝"项目先后获得第五届"互联网+"中国大学生创新创业大赛金奖、第五届"白鹭之星"创新创业大赛节能环保组第一名、第八届中国创新创业大赛优胜奖、2019"创客中国"大赛全国总决赛优胜企业、"创青春"全国大学生创业大赛 MBA 专项赛金奖等优异成绩，并于 2019 年 6 月带领项目登上央视舞台，向全国展示福建青年风采，并于 2020 年 5 月我被评选为"全国向善好青年"。

李文娟在尾矿库巡查

她是厦门大学管理学院硕士生，同时也是一名创业者；她心系祖国，把环保意识融入事业，奉行"绿水青山就是金山银山"的生态理念，这便是项目的由来与初衷。她的"尾矿寻宝"项目以"作保护环境有为之人、还百姓绿水青山"为己任，着力解决我国乃至世界范围内的尾矿治理难题。通

过长达 5 年的技术攻关，团队形成了以 4 项核心技术为依托的清洁高效的整体尾矿解决方案，大幅提升了尾矿的综合利用率，真正实现了变废为宝。团队未来将进一步响应国家关于“一带一路”的号召，全力进军海外市场，使中国的行业领先技术得以惠及全人类。她就是李文娟，始终秉承“自强不息，止于至善”的校训，在创新创业这一舞台上为母校增添光彩。

李文娟在会议现场发言

情不知所起，一往而深

李文娟从小就生活在矿区，再加上父辈们从事的大多都是与矿业相关的工作，可以说她对矿业有着较为特殊的感情，从而对尾矿也有着比旁人更加深切的理解。从自然环境的天然孕育到家庭前辈的耳濡目染，在这样的环境之下，她受到的潜移默化的影响，可以说是一个十足的“矿二代”。在如此优越的家庭条件下，李文娟并未安于现状，而是选择传承并发展尾矿事业。习近平总书记在各地考察时曾多次提出“绿水青山就是金山银山”的科学论断，为了家里的矿山和更多矿企的生存与发展，也为了积极响应人与自然和谐共生的发展理念，她立志不做污染环境的负罪之人，要做保护环境的有为之人，尽自己所能，势必留住青山绿水。

随着经济的发展，人们对矿产品的需求大幅度增加，矿业开发规模随之加大，产生的选矿尾矿数量将不断增加；加之许多可利用的金属矿品位日益降低，为了满足矿产品日益增长的需求，选矿规模越来越大，因此产生的选矿尾矿数量也将大量增加，而大量堆存的尾矿给矿业、环境及经济等造成不少难题。我们都知道，尾矿堆存后，一旦管理不善，会对周围的土地和河流造成重度污染，甚至还会发生尾矿溃坝事故。目前我国尾矿已达数百亿吨，占地约 582 万公顷，这些数字每年还在持续增加。尾矿是矿企之痛、市场之痛、民众之痛、政府之痛。李文娟从小便和尾矿结缘，尾矿对环境造成不利影响的现状更是切中她的要害之主，她深知，要留住青山绿水，需要我们这一辈人共同努力。"纸上得来终觉浅，绝知此事要躬行"，李文娟将从小学习到的关于尾矿的理论知识整理、细化、分析，将其所学运用于实际，尾矿治理不再是纸上谈兵。习总书记曾经说过："不忘初心，牢记使命"。正是由于她的"尾矿之痛"，促使她奋发向上，于是她于 2017 年成立了厦门兑泰实业有限公司，开启了"尾矿寻宝"的相关项目。

事物发展是前进性与曲折性的统一

有了"尾矿寻宝"的想法固然值得肯定，然而凡事岂能尽如人意？唯物辩证法的否定之否定规律表明：事物发展是前进性与曲折性的统一，李文娟在项目研究的进程中也遇到了许多困难，其中面临的最大挑战基本围绕尾矿的综合利用相关技术。众所周知，尾矿是选矿厂排出的固体废弃物，是闲置的资源，尾矿综合利用不仅有利于提高资源综合利用率，减少占用土地，保护环境，也是消除尾矿库安全隐患的治本之策。目前，我国对尾矿的处理方法一般是作为矿山地下开采采空区的充填料，即水砂充填料或胶结充填的集料；有的直接在尾矿堆积场上覆土造田，种植农作物或植树造林。

其实尾矿最具经济效益的处理方法还是尾矿制砂和作为建筑材料的原料，例如经过处理的尾矿可以作为水泥、瓦、加气混凝土、耐火材料、玻璃、陶粒、混凝土集料等的原料，为尾矿砂可以替代一部分的机制砂用来制作混凝土、修筑公路、路面材料等。而对尾矿的处理，首先要经过破碎，筛分出粒度合适的细料。但是由于尾矿是泥浆状的，水含量较高，普通的矿石碎石机设备难以进行处理，所以一直以来我们对尾矿还没有更好的解决方法。虽然研发过程中遇到了不少困难，但是皇天不负苦心人，她带领的兑泰实业在研发团队共同努力下，已经取得了 30 项关于尾矿综合利用的国家专利。她带领企业开辟了一条将尾矿大宗建材化利用的路径，创造性地构建了尾矿微粉全套工艺技术，尾矿利用率近 100%，实现了尾矿变废为宝的重要跨越。该成果已经服务了包括紫金矿业、江西铜业在内的几十家矿业企业，设计年处理尾矿量超过千万吨，为国家“创新、协调、绿色、开放、共享”战略贡献了她自己的智慧。

来者犹可追

目前，李文娟带领的团队的尾矿制品已广泛应用于地铁、水利、高速公路等重点工程项目。在尾矿应用领域已真正切实地做到可实施、高效益、绿色环保的综合利用。虽然她的尾矿项目已取得了一定的成就，但要真正实现“变废为宝”，尾矿项目还有很长的一段路要走。如今，我国尾矿堆存量为 200 余亿吨，且以每年 10 亿余吨的速度递增。这庞大的尾矿堆存量背后反映的是治理的难题。用技术手段变废为宝，一直都是政府提倡的。随着我国经济快速发展，传统粗放型的经济增长方式使得我国资源短缺的矛盾越来越突出，环境压力越来越大。走中国特色新型工业化道路，大力发展循环经济，提高资源利用率，是解决当前我国资源、环境对经济发展制约的必由之路。李文娟在访谈中提及：“总之这还是一片尚待开辟的蓝海，大有可为。”

对李文娟而言，尾矿项目只是创业的起步，即使已经取得颇为丰厚的成果，她仍然不满足，在学习和生活方面依然是严格要求自己。平日里她会关注时事政治，随时把握行业发展动态，她提及："在5月份召开的两会中，李克强总理在做政府工作报告的时候回顾了2019年政府提出的'加强污染防治和生态建设，大力推动绿色发展'，到今年政府对环境成效评价，'污染防治持续推进，主要污染物排放量继续下降，生态环境总体改善。'这不管是对我们国家环境的防治还是我们行业的发展来说都是良好的势头。"她不仅关心时事政治，也坚持学习专业领域知识，正如她所言"坚持学习，人生就是持续学习不断成长，目前我已经报读了新的商业管理课，开始一段新的学习进程。政府一直在倡导'与时俱进'，作为个人也要与时俱进，不断学习，集中优势力量把企业做大做强。"除此之外，她还坚持锻炼身体，身体是革命的本钱，身体好就可以不断向前冲，和大家一起做更多的有意义的事。

李文娟在自己的学业和事业上稳扎稳打，前景可谓是一片光明。同时，作为一位商科前辈，她也给学弟学妹们留下了宝贵了意见和建议——习近平总书记说："新时代中国青年处在中华民族发展的最好时期，既面临着难得的建功立业的人生际遇，也面临着'天将降大任于斯人'"的时代使命。现在正是我们这些年轻力量去承担、去践行、去创造的最佳时机。认定目标只有不断奋斗，接力前行。参加比赛项目一是要多听取参加过比赛的学长或老师的指导，要多借鉴前辈的一些经验，可以少走很多弯路；二是比赛中不管是商业模式的梳理、PPT的准备，这个过程中都有非常多技巧性的东西，这也可以提前做很多准备工作的；第三就是要有自信，对自己的项目、对这个过程中自己的团队有信心，自信的风采就是展现大家最好的一面，相信大赛一定会给到大家更多的理解和鼓励。

李文娟带领团队经过5年的技术攻关与沉淀，参与制定了多项地方集合国家级的尾矿产品标准和技术应用规程，创建了尾矿治理的4大核心技术，有效降低了能耗，提高了生产效率。如今，她创办的兑泰实业帮助矿企年处理尾矿150万吨，创造利润近2000万元，尾矿制品已广泛应用于地铁、

李文娟获“强国青年”

水利、高速公路等重点工程项目。 未来，她将继续为我国的环保事业贡献一份力量。

撰稿：徐宇琦　2017级经济学院本科生

林峥：谱写音乐素质教育的新时代乐章

◎人物名片：

林峥，厦门大学艺术学院音乐系 2005 级本科生。2012 年初，创办福州音之源文化艺术有限公司，担任 CEO 一职，并兼任课程主编。他自主创新研发了全国首套动漫音乐基础知识系列课程“符宝世界”，包含 3~ 8 岁的儿童启蒙课程和 9 岁以上的青少年课程，2013 年获得多项国家知识产权认证，2019 年成功获得“国家高新技术企业认定”。公司以提供课程软件服务的业务模式与全国的音乐培训机构合作。截至 2019 年 12 月，公司已签约 1156 个培训机构，为超过 5000 名教师提供过师训服务，帮助近 10 万琴童提升音乐基础知识，在行业内深受各地师生喜爱和认可，是公认的音基教育产品行业领先的和口碑最佳的音基教育品牌。

林峥

2020 年 5 月 28 日，是“符宝音基”App 研制的最后阶段，离约定完成期限已经没剩多少时间，可谁都没想到，偏偏就在这时出了问题。

在林峥的设想中，对于“模唱”版块，只要把原先 PC 端的数据迁移至移动端的新数据库就可以了。但在实际操作中，这样的方法却行不通。如果要调整，只好将这一版块的数据重新编写和设计一遍。虽然时间已经来不及了。

两条路。要么是按照原计划的时间上线，牺牲“模唱”版块的用户体验和教学质量；要么全员加班加点，但不一定能保证按时完成内容制作。这款决定公司能否在疫情中转型成功的 App 的制作，是要质量，还是要确保上线时间?

这是林峥面临的考验。而他最后的选择，是“不存在”的第三条路：既要时间，也要质量。全员加班加点，在预定的时间内，完成 80%的用户最常用的 40%的功能，确保这款意义重大的 App 准时上线，而剩余的部分将在之后的半个月内陆续完成。

6 月 9 日，“符宝音基”App 全平台上线。林峥的公司活过来了。

梦想萌发，灌溉音乐之花

在林峥的童年记忆中，每天保证 1 小时的练琴时间甚至比完成学校作业还要重要。林峥的父母从未逼迫他练琴，那时，热爱音乐的种子已在林峥心中悄然种下。

在学琴过程中，林峥陆续兼学了大管、萨克斯、小提琴、民谣吉他等多种乐器。可能是受到父亲的影响，抑或是因为他喜欢钻研未知事物的性格，他在还没有正式学习作曲之前就已经能从这么多乐器中总结出音乐的一些规律，并开始进行简单的音乐创作。每一个旋律诞生的时候，都会让小小的他兴奋不已。

后来，父亲发现了他对音乐的兴趣和天赋，就在距离艺考只剩半年的时候安排他学习作曲。对于作曲专业的招生标准而言，他的筹备期实在太短。老师说如果再给林峥一年的准备时间，他可以考中央音乐学院或上海音乐学院。不过最后，他和家人还是决定考取厦门大学的作曲专业。艺考时，他最终的钢琴成绩位列全国第 13 名，作曲成绩位列全国总分第 2 名，他选择了作曲。

在厦门大学艺术学院学习期间，他师从黄飞教授，由于作曲专业的教学需要大量的资源和设备，需要在老师家进行，因此他每周都要至少往返厦门一次。从漳州校区到厦门，至少要 1.5 个小时，中途乘坐 1 次公交、1 次快艇，中间还有各种排队等待的过程。到了厦门，还需要坐公交或打的到老师家。尽管路途遥远，但他依然保持着学习的热情。同时，他也向中国泰斗级作曲大师郭祖荣学习作曲。

大学毕业时，林峥开了两场专场作品音乐会，作为大学学习生涯的句点。林峥多年来悉心浇灌的音乐之花在两次演出中盛放：其中一场是在福州大戏院，福建交响乐团演奏他的作品，场下有三四百个观众；另一场则是学院内部的毕业专场音乐会。

创业伊始，直击教育痛点

在音乐教育行业一线，林峥与父亲看到了每年新增的大量琴童，也看到了行业的飞速增长。他们为之兴奋的同时，也看到了音乐教育行业的普遍问题：大量考完了九级、十级，甚至是比赛获奖的琴童，普遍对必要的“音乐常识”一窍不通，更不知道如何才能真正表达音乐和欣赏音乐。经过调研，大多琴童表示，他们根本不知道自己弹奏的作品在表达什么，有些甚至表示自己根本不喜欢这些作品。考级本身似乎成了孩子们学琴的终极目的，这导致大量琴童在放下乐器后，与没学琴的孩子毫无差别，大脑一片空白，甚至说音乐留给他们的是痛苦的童年阴影。

符宝项目的最初构想在林峥 2011 年 9 月与他父亲的一次交谈中孕育而生。受到当时风靡全球的平板游戏“水果忍者”的启发，他们萌生了“是否能把音基做成如此简单有趣的游戏，让孩子不知不觉中掌握知识点，从而降低老师的教学难度，实现真正向琴童普及音乐知识的教育梦想”的想法。

这个项目经过他们多番探讨和研究，终于在 2012 年 1 月 1 日招聘到了第一个员工，并于 2013 年 1 月 14 日注册公司，拉开了父子共同创业的序幕。

初遇困境，学习精进能力

2016 年 10 月，林峥在将业务推向全国市场的过程中发现了自身经验不足、团队职位不齐全、现场人手不足等问题。他参加乐展时，只有 3 个人在展会现场，销售的合同和价格体系是在前一天晚上才刚刚定下的。又由于现场咨询量过大，没有取得很好的效果。回到公司后，由于没有专职销售人员对意向客户做跟进，已付费用户和代理都要他逐个进行沟通和售后服务，根本忙不过来。直到 2017 年 3 月，他才初步组建了市场部，逐渐支撑起内部管理体系和对外服务体系。

对于许多知识和概念，他只有粗浅和模糊的认知，比如什么是营销、什么是渠道、如何做新媒体、如何做团队激励、如何设计价格体系、如何设计代理制度等等。在阅读《创业时，我们在知乎谈什么》一书后，林峥感觉像是发现了新大陆。

对他来说，这本书是他的创业启蒙，使他对创业这件事情有了轮廓性的了解，同时对创业者的定义和其独特的精神与品质有了更深刻的感知。书本不断拓展他的认知边界，他也为自己不断得到新的认知而感到兴奋和自信。同时，他还不断参与实践，根据收到的各种反馈，做出相应调整，从而检验自己对新知识和技能的掌握。林峥还在得到 App 和喜马拉雅 App 上如饥似渴地学习，既打卡线上的课程，也参与线下的培训。他在各种场景下争分夺秒地学习，高铁、飞机、驾驶、等待、午休、睡前等等，只要能专心听音频的场景，他都戴上耳机；能用眼睛看的场景，他就打开手机。“很多人说没时间学习，这是最冠冕堂皇的借口，我认为本质上其实是学习动力不够。很多人难以坚持，就是无法喜欢上学习这件事情。因此我认为，让学习本身，变成一种兴趣爱好或日常生活的一部分，也是一个人的核心能力。”

这几年，林峥每年保持精读 20 本书、泛读 100 本书的习惯，同时用音频方式保持平均每天 60 分钟的学习时间，一年参加至少 4 场线下学习。“因为学习是解决问题的唯一途径。你会发现创业永远是在发现问题和解决问题的路上，问题永远不会有解决完的那一天”，林峥如是说。

创业中遇到的问题，在林峥不断提升自身知识储备和产品口碑的情况下才逐渐得到解决。截至 2018 年，福建地区每年已有 13000 多名音基考生，占器乐考级人数的 80%以上，同时，在线报名系统、平板无纸化机考、器乐评审系统等配套软件也十分成熟，2019 年，公司开始陆续向全国其他考级机构提供技术服务。

疫情来袭，加速产品转型

疫情期间，他们遇到的困难非常直接，就是没有收入，但工资照常发。由于疫情影响，校外培训无法开设集体课，导致不会有新增的签约客户，其他业务也同样停滞。

疫情最严重的 1 月底，公司组织了全员线上会议，林峥决定当下的首要任务就是“保持与客户的联系，并尽可能给老师们提供帮助和支持”，他们尝试了十多款直播软件，并最终选择了 1～2 个推荐给老师们，鼓励老师们开设线上直播课，从而达成“销课”的目的。同时，他们又做了“每日音基习题”的活动，让老师和学生可以进行群互动，还有团队集体创作歌词，林峥作曲，完成了“符宝防疫歌”，并第一时间完成了录音和 MV 制作，让师生参与互动。

在随后的 3 月和 4 月，他们又陆续增加了师生课后互动的功能和工具，尽可能让老师与学生保持互动。在不断努力服务的过程中，他们保持了“符宝品牌”在业界的极佳口碑，为 2020 年 5 月的新品预售打下了很好的市场基础。

从 2020 年 3 月开始，团队和核心成员就在抓紧商议未来的应对策略，经过 1 个多月的研讨，他们最终确定了以移动端 App 为未来产品载体，以教师端用户为未来发展的核心用户的战略方针，并于 4 月份定下产品设计方案，开始正式投入开发。

在疫情影响下，旧的模式已无法继续，整个音乐教育行业也受到“40 年来的最大打击”。因此他们决定转型，只有转型才能生存。他们相信新的教学模式，和新的商业模式创新，能够为行业注入新的力量。他们似乎已经看见了未来的曙光。

2020 年 5 月 14 日，全国新品发布会大获成功。那时产品还没有上线，直播时仅仅展示的是产品的页面设计、功能和价格，但这对市场对产品的预期都没有产生影响，当月营收突破 50 万元，团队瞬间走出谷底，信心大增，甚至更胜往日。

但危机还未解除，如果产品不能在承诺日期 6 月 10 日上线，他们会再次陷入危机。而临近月底的时候，气氛愈加紧张，因为开发遇到了一些不可预见的阻碍，导致耽误了几个关键节点的进度。产品部于是进入无限加班状态，以履行所有用户在 6 月 10 日顺利下载 App 并且使用到全部功能的承诺。终于，6 月 9 日，产品正式上线，日期比对用户的承诺还提前了一天。从此，“符宝”正式跨越了企业发展的“非连续性”，成功转型，进入新的“增长曲线”。

符宝音基 App 承载着公司未来发展的希望，也标志着公司从传统的教育服务的商业模式，向互联网模式成功转型，为后续的高速增长、技术创新、融资并购等计划奠定基础。福州符宝音基教育科技有限公司的发展由此踏上新征程。

回忆母校，寄语在校学子

林峥是厦大人，对于母校，他最早、印象最深刻的记忆是一次军训时的合唱。

那是2005年的9月，军训刚开始7天，天气酷热难耐。当时，国务院前副总理李岚清同志到厦大作音乐专题讲座，林峥所在院系的新生被通知全员参加一场合唱演出。时间紧迫，需要抓紧排练。合唱演出被放在讲座的开场，一共需唱两首歌，一首是《厦门大学校歌》，一首是李岚清同志创作的合唱曲《蓓蕾之歌》。而林峥万万没想到，演出的场所，就是历史悠久庄严瑰丽的建南大礼堂。

演出开始。他站在台上，看着台下密密麻麻的观众，唱起校歌。“自强，自强，学海何洋洋，谁与操钥发其藏……”歌声响起，仿佛台上只他一人。那时他真切地意识到自己是一个厦大人，心里是难以抑制的激动与自豪。

“通常情况下，让一个人树立某种新的信念，形成某种价值观，或者是参与某个集体而建立新的身份认同，是个艰难而漫长的过程。但我融入厦大，建立对厦大人身份的认同和自豪感的过程，却是那么的短暂而难忘……一场演出、一首歌，足矣。”

作为厦大人，关于创业，林峥有些话想对学弟学妹们说：

“在学校里应该积极地参加各种活动，打磨自己的能力，因为在大学中所犯的错误成本都是最低的。而毕业之后，我不建议马上就创业。你要在相关的企业工作一段时间，要对相关的领域积累自己的认识。没有准备，就不能创业。”

“创业时会面临资金的问题。你可以去贷款，但绝对不能直接向家里人要，如果非要动用家里的资金，也要用合伙的形式，或是债务的形式。创业初期，钱和能力是两个关键问题，你得想办法解决。”

撰稿：陈嘉莹　艺术学院2019级研究生

唐源森　新闻传播学院2019级本科生

单士勇：中文为韵，怀梦前行

◎人物名片：

单士勇，厦门大学中文系 1990 届本科毕业生，曾在政府机关工作 7 年，后下海从商，曾任某知名企业高层；后自己创业，现为福州鹰高电子有限公司董事长。

单士勇

带着对中文的热爱和对未来的向往，他走进了厦大。经过四年的学习，他走入社会，在政府机关工作七年，后来为了承担家庭责任，他毅然下海。命运带给他无数挑战与机遇，指引他走出了一条属于自己的黄金创业路。

漫漫创业路

采访伊始，在被问及自己的创业经历时，单士勇细细地回忆起过往的辛酸苦辣甜："大学毕业后，我在省直机关待了七年，一次偶然的机会让我下定了离开机关的决心，当然，更多的是出于身为家庭长子和父亲的责任。"

单士勇回忆起注册 YG 那段时间的秋季广交会："广交会是中国最大的出口交易平台，每年分春秋季两届召开。每届都是世界各国商人采购中国产品的盛宴，当然，这也是国内出口商和工厂向国外展示自己推销产品结识客户的最佳机会。"单士勇表示，当年资金有限，为了拿到展位，他辗转找到省直单位的 H 主任和北京某单位的 K 先生，在寝食难安的几天后，终于拿到了半个比较偏僻的展位。然而，"9·11"事件的发生使得本次参展的客商较之往年数量锐减。单士勇在展厅里会一遍遍跑到门口，希望有机会找寻到客人，但却常常失望而归。好在整场展会下来他也拿到了一定订单和不少意义重大的名片。

随后，单士勇还提到展会后加紧开办工厂的经历：展会上他收到了交货截止期在元旦的人订单，开办工厂迫在眉睫。此时，开始建厂已不能满足订单需要，还好熟人林涛与友建加入了 YG，为开厂之事助力。后来通过朋友帮助，他成功租下福州火车站附近的桂山村村支书家的 800 平方米自建楼房作为生产和办公场所，一楼摆了 6 台注塑机，二楼做仓库，三楼做装配车间，四楼做办公室及样品间。单士勇接着说："2001 年我创办了福州鹰高电子有限公司，最初办公室租在福州市区宏利大厦，一个只有 20 平方米的小房间。半年后手里有了订单，公司又租用了福州郊区某村支书家的自建楼房，有 600 多平方米，既可以当车间仓库、又可以做办公室。"

"后来订单增多，规模扩大，两年后公司搬迁到工业区，租用面积增加到 5000 平方米。那是公司快速发展的时期，团队积极向上，大家以厂为

家，仿佛生活就是工作。很快就考虑自己买地建厂了。”

“2005 年，我跟福州市仓山区政府签下了购地建厂合同，因为交地问题费了一番周折，直到 2008 年方才动工，2009 年，新厂区落成，占地 15000 平方米，建筑面积 18000 平方米。2009 年 10 月搬新厂，公司发展又上了一个台阶。”

“经过这些年的发展，公司在业界有了一定的知名度和地位，这些年的出口额一直居于福建省乃至全国同行业前列，产品远销欧洲、美洲、澳洲和亚洲的近百个国家和地区，公司自己的品牌也在欧洲二十几个国家注册，是福建省商务厅评定的出口品牌企业和中国轻工进出口商会评定的广交会出口品牌企业。”

单士勇的创业路上有很多坎坷，对于白手起家的他而言，每一步都是未知和挑战。但通过自己的辛勤与能力，他终究还是闯出了属于自己的一片天。

中文与创业

当被问及中文系的学习对创业有什么帮助，以及如何看待当下学校创新创业大赛中人文学子参赛相对较少的现象时，单士勇想起了詹洪超学长曾经讲过的一段话，“如果回到对创业影响这个角度上看，我从来就不认为学习中文制约了创业，限制了视野，相反，在我从事的这个行业及相关的行业里，学中文的人发展并不差。”

单士勇特别强调了其中的一小段话，“学中文可能在解决某些技术问题的起点上有天生的弱势，但做企业绝不是单纯地解决技术问题，做企业要有战术，更要有战略。企业家要会用人，团结人，凝聚团队。任何一个发展良好的企业都有一个凝聚力强大的团队，如何凝聚人是核心。学习中文，研究传统文化，显然可以让我们更容易从前人的经验和智慧里学到很多。”

单士勇说道：“我从不认为中文系的人在创业上有什么弱势。”作为董事长，他分享了在管理、领导方面积累的经验。他认为，作为企业的灵魂，企业家面对的是人，要能团结人，凝聚人，使用人，所以领导者要有分享精神。企业里的一个个人可能就代表了一个个家庭，他们可能就是家庭的主心骨，所以领导者要为他们着想。企业家要有人文精神，骨子里应该是善良、懂得分享的。正是秉持着分享和勤奋的精神，他打造了具有团结向上良好氛围的公司。

创新创业的前路是浩瀚的海洋，每个专业的同学都能在这片大海里找到属于自己的位置，切勿妄自菲薄，以勤为桨，怀梦前行吧！

来自学长的建议

在采访的最后，单士勇向学弟学妹们提出了宝贵的建议。首先是要勤奋，正所谓“一勤天下无难事”。他在采访中表示，自己的成功很大程度上因为占了个“勤”字，勤奋，不怕吃苦，日积月累一步步地实现既定目标。要成功，绝不能急功近利。其实这不仅是在工作中，在学习中也一样。有些人升至大学，在学业上开始有所松懈，这是不可取的。单士勇在谈及相关创新创业赛事时也说，如果成绩不佳，还花费大量时间精力去做相关项目、参加比赛，是得不偿失的。等真正开始创业之时，别被那些浮华迷了眼，要沉心静气，脚踏实地，以勤为本，一步一脚印慢慢前行。

单士勇还再次强调了分享精神。“分享精神，简而言之，就是站在对方的角度思考。”在企业中，领导者要怀有人文情怀，能站在员工的角度思考。对大学生来说，分享精神应该应用于学习和生活中。在宿舍生活中，时刻记得换位思考，怀着同理心对待舍友，宿舍也许就可以更团结和谐，而愉快的宿舍生活会成为一生中难忘的回忆；在学习生活中，比如说参加创新创业大赛组建团队时，为了团队的凝聚力和良好氛围，我们应多站在其他组员的角度思考，以分享精神铸就团魂。

谈及领导者应具备的能力时，单士勇强调了领导者应具备提出问题和解决问题的能力。提出问题，是寻找方向的能力；解决问题，也是实力的展现，这样才能更好地服众。解决问题的能力除了通过学习提升自身素养，

也一定要多实践，毕竟“实践出真知”。

希望怀有创业梦等鸿鹄之志的同学们能秉持辛勤和分享精神，多深入实践，勇闯天涯，为祖国、母校争光!

现在是快速发展的信息社会，机遇与诱惑并存，高压之下浮躁的风气隐隐存在。单士勇反复强调，在这个时代，始终保持一种定力非常重要。他提出，我们学生不能为各种诱惑所左右，要坚定地学好自己的专业，提升综合素质。所有努力都有价值，将来的你一定会感谢今天努力的自己。

撰稿：谢伊辛　人文学院 2019 级本科生

田子耕：中药报国志，虫草济世情

◎人物名片：

田子耕，厦门大学法学学士，获“全国大学生生命科学创新创业大赛”特等奖等创新创业竞赛奖项；被授予教育部全国百名“国家奖学金获奖学生代表”、团中央全国“践行社会主义核心价值观先进个人”等荣誉称号；个人相关事迹被《人民日报》《中国教育报》等媒体相继报道。

现任江西藏远冬虫夏草科技开发有限公司副总经理、联合创始人。藏远公司是一家专注冬虫夏草人工培育的创新中药企业。

“冬在土中，身活如老蚕，有毛能动，至夏则毛出土上，连身俱化为草”，一株长在藏远高地的冬虫夏草，从冬入夏，要吸收数年日精月华，才能破土而出，入医入药。而这冬虫夏草从青藏山巅走到生物实验室，再奔向普罗大众要多久的时间？田子耕和他的团队给出了答案，二十年。

缘起：实验室长出了冬虫夏草

在厦大求学阶段，借助学校平台，田子耕陆续参加了许多创新创业比赛，并获得“互联网+”全国大学生创新创业大赛金奖和“创青春”全国大学生创业大赛金奖。实践使他意识到自己对于商业的兴趣，创业像一颗种子在他心底深深种下，只等一滴水，便可生根发芽，而“耳形冬虫夏草人工培育”项目正是那滴水。

最初的他对这个项目也是一知半解，耳形冬虫夏草是什么？冬虫夏草还能人工培育？产品能达到天然冬虫夏草的品质与功效吗？但经过其首席科学家介绍之后，他对这个项目有了清晰的认知。

原来，我国名贵中药材的人工培育已有先例。牛黄、麝香等中药材的人工产业化问题已相继得到了解决，唯独最名贵的冬虫夏草面临诸多困难。天然冬虫夏草本质上为中国被毛孢真菌，虫体只是提供营养的载体，其内部充满的是中国被毛孢真菌(冬虫夏草菌)菌核。在人工培育方面，虽有学者取得了一定进展，但只能培养出冬虫夏草菌的菌丝，无法使之形成与原草一致的菌核。

而“耳形冬虫夏草人工培育”项目的科学家团队十余年间扎根四川康定、甘肃天祝等青藏高原地区，沿着一位中科院院士规划的技术路线，摸清了冬虫夏草菌的特性，并利用独特的仿生学培养方法，成功培育出菌核结构的冬虫夏草人工产品。因其遗传特性和结构与天然冬虫夏草虫体部分相同，只是菌核因无虫体皮肤的束缚，自然舒展呈木耳状，故将其命名为“耳形冬虫夏草”。

与其他冬虫夏草人工培育产品相比，耳形冬虫夏草是我国迄今为止唯一可达到菌核水平的人工产品；而与天然冬虫夏草相比，耳形冬虫夏草在冬虫夏草多糖、虫草素、麦角固醇等标志性活性成分指标上将其全面超越，产品稳定性更高，还不含砷等重金属，面向终端消费者的价格预计也只有天然冬虫夏草的 1/3。

“这是个划时代的科研成果！”在对中药行业进行了一番深入调研后，田子耕敏锐地意识到了这点，“耳形冬虫夏草可以做中药材、中药饮片、中成药制剂，还可以像青蒿素一样申报化药原料药的批文，甚至做新食品原料。体外培育牛黄等先例表明，此类产品可申请国家药监局认证其与天然冬虫夏草等量替代使用，具备取代天然冬虫夏草的潜质”，一条漫长的产业链在他的脑海里延伸开来。与此同时，他也看到了耳形冬虫夏草对中药创新的启发意义，当前我国许多中药领域的创新都是通过创新炮制技术实现的，但耳形冬虫夏草的出现开辟了另一条道路，科学家们完全可以通过培育出新的中药材来从根本上解决中药创新的难题。中药材不仅可以是地里生长出来的，还可以是实验室培育出来的！

起点：当梦想与冬虫夏草相遇

创业不只要考察项目潜力，更需要一个契机。田子耕仍记得他第一次去公司设在青藏高原上的甘肃天祝试验站时的情景。驻扎在基地的微生物科学家指着远处说：“那里，是我们唯一的邻居。”顺着科学家的视线放眼望去，原来，所谓的“邻居”是指三公里之外的一顶小屋——那是苍茫大山中唯一可见的人烟。“那一刻，我觉得这个项目就像是藏地里的一棵冬虫夏草，只在深山人未识，也更理解了‘藏之高远，普济天下’的含义。”这遥远的人烟给了田子耕极大的震撼，这夜他辗转反侧，决定加入这个项目，实现自己的创业梦想。

促使他踏上创业之路的还有另一个原因。田子耕的姥爷患有多年的老年慢性支气管炎。田子耕由姥爷一手带大，看到姥爷痛苦粗喘，受病情折磨时，他因自己的无能为力而懊恼不已。但耳形冬虫夏草带来了帮助，在坚持服用一段时间后，姥爷感觉呼吸顺畅了许多，有了久违的精气神儿，心情也开朗了不少，连北京著名三甲医院呼吸内科的专家都对姥爷的康复状况表示惊叹。亲人病情的好转是对耳形冬虫夏草药效的切实证明，这更给予了田子耕信心和动力。

在完成本科阶段所必需的学分后，田子耕全身心投入藏远公司的业务中。项目技术已经成熟，但设厂投产的资金却成了眼前最大的难题。科研的大规模投入，使得项目团队的资金持续吃紧。提到此处，田子耕无比感谢江西省某市政府，是他们的大力支持和鼓励引进，帮助项目团队解决了这个最重要的问题，使得藏远逐渐迈入产业化的正轨。江西省素来关注和支持中药行业的发展，田子耕和他的项目团队吸引了省内某市政府的注意，在充分调研后，该市政府察觉到了这个项目对促进当地社会经济发展和满足国民健康需求上大有裨益，决定向他们提供帮助。最终，项目团队成功在当地国家高新园区落户设厂，并获得了当地政府 6000 万元固定资产的支持。

江西省相关部门领导组成联合调研组赴藏远公司开展专题个案调研

远航：道阻且长，行则将至

创业途中免不了磕绊，更充满着意想不到的难题，所涉及领域之广、程序之复杂，都远出乎田子耕的意料。谈及创业初期，田子耕这样描述道：“在创业过程中，每天要做的工作很难像一家成熟公司那样有规律，面临的各种问题就像是‘双色球抽奖’，你永远不知道下一个被喷出来的是几号球。每天早晨醒来所面临的都是不同的工作，几乎都是我在学校从没遇到甚至都没听说过的事情。”

生产前的准备工作细碎且烦琐，但田子耕认真参与每一道工序，每一步流程，从制作培养皿、配置培养基，再到灌装、接种乃至生产后的清洁清扫工作，他说：“因为非得这么做，我才能对产品有认识、有感觉、有理解。”为了节省资金，对于大多数的工作，田子耕和他的团队都选择了自给自足而非外包，同样，出于控制成本的考量，他们选择在夜间电费更为低廉的时段生产，通宵工作。

田子耕准备进入 GMP 车间开始工作

GMP 标准厂房建立之后，项目团队转身就开始为申报省中药材标准奔波起来。为了获批江西省中药材标准，他们先后向协和药物研究所、北京大学医学部、中国农业大学食品科学与营养工程学院、中科院微生物研究所等第三方权威机构委托试验，包括按照国家原一类新药标准实施的安全性评价、活性评价、质量标准研究、与天然冬虫夏草的成分比对等等。

等待试验结果的过程中充满了各种插曲，田子耕向我们举例说，在安全性评价试验中，参与长毒实验的百余只大鼠中有一只的睾丸出现了大小不一致的状况，检测机构无法排除是耳形冬虫夏草的不良反应还是这只大鼠天生的发育问题，试验瞬间走进了死胡同。但研究机构十分负责，对藏远公司报送的产品进行了再次试验。几个月后，新的试验结果传来：该实验中耳形冬虫夏草的 NOAEL 被认定高达 9g/kg！随着时间的推移，多项试验的数据结果陆续传来，耳形冬虫夏草表现卓越！特别在与虫形冬虫夏草的比对中，对于两者的主要活性成分多虫夏草多糖、虫草素和麦角固醇，耳形冬虫夏草因为不含蝙蝠蛾幼虫的尸体，故在活性成分含量上将天然冬虫夏草全

面超越，且稳定性更好！

等待和奔波是创业路上最常见的景色，但田子耕从未迟疑也毫无惧色。他表示："创业就是修行，修正行为，修改认知，修炼内心"，道阻且长，行则将至，这是厦大的经历留给他的启迪，也成了他创业路上的指向标。

感恩：传承于师，同道为友

初创企业像一叶小舟，在市场的波涛里翻滚，随时有船覆人灭的风险，幸运的是，这世上仍有灯塔，照亮这只舟和舟上的人。回顾创业历程，田子耕承认一路上有跌撞和波涛，但也有灯塔一样的人，为人们留一抹明，照一方亮。

厦大"传帮带"的传统为田子耕推开了创业实践的大门。田子耕回忆道，在校准备"全国大学生生命科学创新创业大赛"期间，学长学姐们毫不吝啬地向他分享备赛经验，校方还请来了相关领域的专家为参赛团队们指点迷津，生命科学学院邬小兵老师等前辈学者更是无私地给予他意见。在师生们的共同努力下，厦园创业精神得以传承，田子耕和他的项目斩获特等奖。

当我们问到创业途中最想感谢的人，田子耕毫不犹豫地提及他的导师。那是一位严肃而富有见地的学者，他有着与众不同的胸襟与境界，这给了田子耕在商业领域充分发挥才干的机会和空间，并不厌其烦为他答疑解惑，"他从不试图改变我，反而鼓励我说，人的一生就是要努力去做自己想做的、愿做的和自己认为有意义的事，这样才会有动力，这也是人生的价值"。

志同道合的合作伙伴更是创业路上不可多得的珍宝。田子耕坦言，在最窘困的时期，公司的资金只够发放基础工资，各三方机构的检测都被迫叫停。为了吸引风投，他跑过路演，去过论坛，也曾在咖啡厅苦等只换来临时的爽约，这一切却收效甚微，资金链几近断裂。而江西省的一位企业家，在这个时期毅然以投资人的身份加入田子耕的团队，从公司大局出发，着眼于公司长远利益，并未要求优先股和一票否决权。追其缘由，这位投资人称，在服用耳形冬虫夏草一段时间后，他真切地感觉到了身体可喜的变化，所以他信任藏远，信任耳形冬虫夏草，他做的一切只是为了实现共同的使命和愿景，做出中国人都吃得起的优质冬虫夏草。格局促成了合作，信任带来了伙伴，田子耕感谢这样的相遇，更期望跟伙伴们一起走向更宽广的前方。

愿景：藏之高远，普济天下

三大技术突破，数次技术路线的再优化，十余年的藏地驻守，数十人的科研心血，田子耕和他的团队把冬虫夏草从藏远高地，带向了普罗大众。

精准的产品定位，清晰的战略规划，以中药饮片的身份进入市场，在未来两年内完成江西省市场渠道构建和全国代理网络的铺设，而后为冬虫夏草多糖和营养液申报资质和批文，田子耕和他的团队对未来的发展方向从未迷茫。但田子耕表示藏远的企业规划远不止这些。

他指出，藏远公司不会满足于做一家能赚钱的公司，他们的梦想也不只是科创板上市。而是希望能筹集足够的资源，探究清楚冬虫夏草活性成分的分子式。在分子水平上，用西医话语诠释中医传统，以现代科学赋予冬虫夏草新生，使得冬虫夏草能如青蒿素一样成为中西医交流的抓手，让冬虫夏草走出国门，让中医药走出国门，让中药标准走出国门！

那个三公里外的小屋似乎一直藏在田子耕的心里，“三公里”是冬虫夏草和普罗大众的距离，也是中医药理论与西方科学体系之间的距离，“小屋”并非遥不可及，但需要有人踏雪而行，走近它，即使不能走近，也需要前行者踩出些脚印给后来人做路标。

田子耕和藏远公司已经踏上了这条路，他满怀希望地向我们诉说着伟大的愿景，希望未来中医药能够有自己的话语体系，不会再被武断地置于西方话语之下横加指责；希望中西医能够更好结合，各取其长救死扶伤；希望国人平均寿命因为耳形冬虫夏草而延长 1 年！

自百余年前校主陈嘉庚先生勇闯南洋之后，“敢闯会创、爱拼会赢”的创业精神就深深地刻在了每一位厦大人的基因深处。今天的藏远公司，如初啸乳虎，期待与和他们有同样梦想的有志之士合作，共筑健康中国！

撰稿：周嫣然　经济学院 2019 级硕士生

马文丽　公共事务学院 2018 级本科生

谭震球：星辰大海之路

◎人物名片：

谭震球，厦门大学 2014 级医学院博士生，其担任团队负责人的项目“智慧海洋监测”曾在 2018 年 8 月参加第四届福建省“互联网+”大学生创新创业大赛并获得主赛道初创组银奖，“创青春”福建省大学生创业大赛金奖，并在同年 11 月份代表学校前往浙江大学参加“创青春”全国大学生创业大赛主体赛事，获得优异成绩。在此之前，谭震球已经创立研发运营了一体化的专业化公司，后期以“持续创新，建设智慧数字海洋”为理念，兼并综合性强并运营成熟的长处，致力于发展成国内一流的系统整体解决方案供应商和设备供应商。

从无到有，怀揣海洋梦想

虽然本科为医学专业，当初考入厦大也是医学院，但是谭震球一直对海洋怀有憧憬和喜爱。众所周知，医学院学业辛苦，尽管如此，谭震球还是在难得的课余时光积极投身于自己热爱的海洋之中。常年在滨海生活的我们，日常生活中早已司空见惯的大海，在谭震球心中却蕴含着无数奥秘，宛如另一片崭新的大地。海洋的神秘感一直吸引着他，当初也正是因为对海洋抱有极大的兴趣，选择的城市也是沿海城市，厦门便是其中之一。在外人看来谭震球的专业跟海洋毫无关联，但他的心中却早已埋下致力于研究海洋的火种。此外，国家越来越重视海洋方面的保护和合理开发，这更加坚定了他深入海洋研究的决心，投身于此也是为社会和国家贡献一份力量。

艰辛准备，辛苦磨砺苦香来

“怀揣着对未来的憧憬和实干的热情，我于 2018 年在校内创立了自己

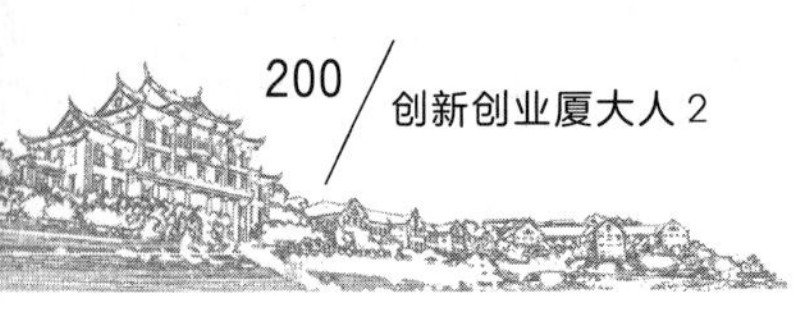

的第一支团队：刚开始，只有我和另一位成员。尽管只是两个人的小团队，我们却各有分工，配合默契，研究效率也很高。”

“我主要负责构思团体的大体框架，类似于统筹安排这样一个角色，我的同伴也经常和我一起出谋划策，两人经常兴致勃勃地构思一个计划。任何一个小细节我们都不放过，力求精益求精。俗话说‘万事开头难’，团队经历了一个“从无到有”的过程，我们都不是海洋监测这方面的专业人士，面临着技术空白、人才稀缺、知识储备不足等困难。知识上的恶补是最基础的工作，一个团队要运作，要有相应技术、知识、资金，甚至是人才管理，各个方面的知识量和经验要求多到可怕。况且我们投身在一个全新的、很少被外人所认知和了解的领域，只有不断地充实和锻炼自己，才能得到这个行业专业人士的认可。这真的是蛮漫长又艰难的一个过程。”

“尽管前路艰险，我却始终铭记自己的初心，团队的成员内心非常坚定，对这份事业保持着高度的热情，这是我们能走到现在的重要原因。那段时间，我们四处奔波，吸取必要的知识，团队成员也慢慢成长起来，大家从刚开始的懵懂和好奇，努力充实自己，逐步成长为团队里不可缺少的中流砥柱。我们放弃了许多休息时间，看书搜集资料，找老师交流，实操器械学习检测到深夜……为了去看看外面的世界，为了实现心中的梦想，也为了赢得自己的舞台，这一切都是值得的，一切都为前方的星辰大海之路打下了坚定的基石。”

积累经验，全国大赛初展翅

2018 年上半年，谭震球团队决定参加福建省举办的“互联网+”创新大赛，说实话，参与这样的省级赛事还是头一次，而且代表的还是学校，除了心里燃烧的热血之情，我们心里也有些许的紧张和期待。准备参赛的过程毫无疑问是非常辛苦的，我们要绘制图纸，制订详细计划，自己上场亲手组装器械，同时也要做好会场上的 PPT 解说，把成果完美地展示给大家等等，每一步的小细节都不容小觑，如果产生一点点的差错，一切都可能前功尽弃。

从最开始计划，再到最后上战场，最基本和最重要的技术都是一些电子集成器、电路等物理化学化工材料、仪器组装等等。团队分工明确，从最微小的数据探测和采集，再到大体的计划和流程，每一位队员都为了这次的大赛付出了相当多的心血。我们逐步摸索，搜集资料，也到处拜访老师，也曾经有信心不足的时候，也有气馁和怀疑自我的时候。但所幸的是，我们团队每个人都坚持了下去。炎炎夏日，我们主动放弃了待在空调房吃香喝辣的惬意生活，七月的天气无比炎热，我们在工作室挥洒汗水，一次又一次地调试和准备，只要专注眼前的事情，心里的焦躁和不安也会慢慢平复下去。疲惫的时候我们也会出去走走，在校园附近的白沙海滩慢慢散步，咸湿的海风吹来，抚平我们的内心。眼前蔚蓝的海洋多么美丽壮观，与头上宁静的天空相映成趣，只要是为了心中的那片宁静的碧海蓝天，再多的苦难也可以忍受。毕竟大家早已融合为一个坚强的团体，大家坚定信念，越挫越勇，总结失败，迎接挑战。

站到“网龙杯”大赛的舞台上，我们的心情可以说五味杂陈，但很快我们就被会场的蓬勃向上的热情所感染，也开始自信满满地做好赛前热身，力求以最好的状态参赛。对手们也都是福建省各大高校的人才们，与各有千秋的团队们相比，我也深深体会到了我们团队的长处短处。有的团队已经有相当多的参赛经验，他们的娴熟和冷静令人敬佩；也有的团队创意非常新颖和抓人眼球，还有的团队组织有序……我们从中吸收了相当多的经验，也增长了见识，同时在其他团队中也学习到了他们团队的运作方式，我们从中借鉴思考，创作出了最适合自己的方法。

最后，我们团队荣获了主赛道成长组银奖，为厦大增添了一份光荣。正如我们参赛学院的口号“勇立时代潮头敢闯会创，扎根中华大地书写人生华章”所言，我们每个人都锻炼了一番，书写出了敢于创新、超越自己的美妙华章。

在获得“创青春”福建省大赛的金奖之后，我们的“智慧海洋监测”荣

获了代表学校参加 11 月份在浙大举办的“创青春”主体全国大赛的资格。前方还有新的挑战，我们仍然不忘初心，砥砺前行。

大胆创新，勇敢创业第一人

在此之前，谭震球已自己组建了公司，但尚未成熟，经过此次比赛，公司成长了，成熟了，团队内部更加融洽，开发热情空前高涨。如前文所说，国家在海洋检测方面越来越重视。海洋信息化是了解海洋的大势所趋，我们继续以“持续创新，建设智慧数字海洋”为理念，致力于海洋环境监测系统定制化以及监测传感器的技术研发与创新。结合之前的经验，他们建立了一个集传感器研发、系统设计、售后服务与运维一体化、专业化的公司，组建了一支跨专业的团队，通过不断强化和提升公司的技术水平和核心竞争优势，为客户提供国际领先的海洋系统监测行业解决方案，致力于发展成为国内一流的系统整体解决方案供应商和设备供应商。

在不断地创业和完善海洋监测体系的过程中确实会遇到一些意想不到的困难，产品的开发，与客户之间的联系，以及售后，时间紧缺也是一大难题，不过谭震球当时虽然身在美国，但早已完成了一部分实验数据，早做准备的好习惯给他争取到不少时间。但是，并不是所有经历都是一帆风顺的，后来他还是遇到了时间无法协调的事情。谭震球这时深切意识到时间管理的重要性：先把最紧要的做了，再去完成其他的。既然选择了创业，就要把它做完，做好。出于对海洋检测的热情以及对未来的憧憬，他们咬紧牙关，力克困难，终于坚持了下来。

在创业过程中，也有令他印象深刻的事情。有一天他们要出海监测，出海时间比较早，那是他们第一次出海监测。早晨的五六点钟，天还没有完全亮，他们就收拾东西赶着时间出海，之后又要拿着那些复杂精密的仪器对海洋进行监测，在此之前还要调试设备。虽然有点手忙脚乱，但他们还是成功地检测到了团队想要的数据，完美达成了目标。那种初出茅庐的新鲜感受，现在回想起来还是非常特殊。

回首往事，愿怀初心往前行

目前谭震球的公司已成立一段时间，具体的运营方向，以及主要针对的用户群体等都已粗具规模。用户群体可以说是包罗万象，上至海洋管理部门，如国家海洋局海洋管理部门以及海洋环境监测站，各级环境监测站以及海洋渔业管理局及其下属渔业动态管理部门，各级港口、码头的海洋环境观测站，高校及科研院所——以各类不同科研目的为主的实时海洋观测站(各类多参数实时监测站、剖面观测站、海底观测站、海面观测站等)；下到大小企业，如海上各类作业平台的监视监测，水质监测站、波浪、海流监测站，大型海洋养殖智慧监测站(深海、近海养殖监测系统等)……

此外，他们的公司在国内国际上都具有了一定的名声和影响力，回首初入海洋行业的时光，谭震球感触颇深："在我看来，要成就一番事业，最重要的一点就是保持对事物的热忱，拥有坚持下去的决心和毅力。如果让我对后辈说一些鼓励的话语，那就是保持你们对事物的热情和兴趣。兴趣好找，但是保持对目标的憧憬和高度热情却很难。如果我和我的伙伴们刚开始没有坚持下去的毅力决心，而是抱着儿戏般的态度，是绝对无法坚持到现在的。"

"冬去春来，日夜轮替。我们有过忙到深夜的时光，也有一人早上四五点起来赶海的时刻。如果把科研比作自己在森林中举着火光开辟前路，我们一路上披荆斩棘，也遇到过黑暗迷茫，也有被崎岖的石头绊倒的经历，但更多的时候，我们是一边沉着下来探索周围的环境，一边一步一步稳健地踏着朝着理想前进。疲累的时候就停下脚步，在心里默默描绘那片蔚蓝大海的蓝图，仿佛自己又有了前行的动力和勇气。"

"也有后辈询问过我，大学期间想要做好科研，那做什么准备比较好？其实，最大的准备就是他们的热情，如果做一件事情有热忱，有兴趣，有爱好，那就是一个很好的开端了；换言之，没有热情又怎么把事情做好呢？当然，相应知识技能的储备也是相当重要的，不断学习才是让自己更上一个

台阶的资本。我和我的伙伴们都将最美好的青春时光奉献给了海洋事业，但我们从未有过一丝后悔，心里都是无以言表的自豪和骄傲。我一直相信‘天道酬勤’的道理，它也作为我的口头禅常伴我身。今后大家或许还会遇到更多的挑战，但我们仍会笑迎困难，在星辰大海之路上继续远扬。”

撰稿：王春萍　医学院 2018 级硕士生

黄欣璐　外文学院 2019 级本科生

叶贵鑫：敢闯创业路的低频噪声处理领跑者

◎人物名片：

叶贵鑫，厦门大学海洋与地球学院2014级博士研究生，学术方向为海洋装备噪声振动控制，2011年创立厦门典筑环保工程有限公司，现任公司CEO。2014年创立叶贵鑫(厦门)声学设计顾问有限公司，凭借其负责的《典筑：低频噪声治理技术领跑者》于2017年荣获第三届中国“互联网+”大学生创新创业大赛铜奖、第三届福建省“互联网+”大学生创新创业大赛银奖，并入围2017福建省大学生创新创业优秀资助项目。同时，凭借其创办的“厦门典筑环保工程有限公司”入围全国大学生创业英雄百强，于2018年获得“创青春”全国大学生创业大赛计划赛银奖、第七届福建省大学生“创业之星”标兵称号。公司成立至今，叶贵鑫团队已完成三百多个声学工程案例，涵盖地产、电力、石化、冶金、化纤、航空、铁路、建材、公共建筑等领域，典筑公司的技术能力及工程经验在全省拥有较高口碑。

刚接到采访的消息时，叶贵鑫在微信语音的那头显得有些腼腆，“视频就不开了，我容易紧张”。但正是这样一位给我们留下了略显内敛印象的创业者前辈，却在接下来的采访中展现出了他的另一面——坚定、执着、勇于闯荡，用他自己的话来说，“我继承了闽南人传统里的特有精神，相信‘爱拼才会赢。’”

志存高远，“爱拼才会赢”

“一片树林里分出两条路，而我选择了人迹更少的一条，从此决定了我一生的道路。”

2011年，与其他早早选定在中国中车或是铁路局等机构稳定就业的同学们不同，刚刚研究生毕业的叶贵鑫正像弗罗斯特在诗歌中所吟咏的一样，毅然决然地踏上了另一条更艰难的道路——自主创业。

谈起这个对很多人来说需要反复衡量思考才能做出的决定，早在本科毕业时就有了创业构思的叶贵鑫显得十分云淡风轻：“我不喜欢按部就班。”天生的领导力，自主性强的性格，以及自小生长的闽南地域环境，滋养了他勇于闯荡的精神。在他看来，创业更像一种坚持和挑战，很多人无法创业，其实只是因为他们没有找到最合适的那条道路。

然而，仅仅抱有坚定的信念是不够的，创业初期总是有着各种超出想象的艰难。创建厦门典筑环保工程有限公司之初，叶贵鑫可以说是真正的白手起家，一台两三万的设备，一位助理，一位工程管理助理，三个人便撑起了最初的“典筑”。虽然选择了自己熟悉的专业领域，但要经营一家公司，支撑起一个团队，在这一行业中稳当立足，对于刚刚脱离学生角色的他来说，却也更多是“摸着石头过河”，一切都很陌生。

“刚开始当然很艰难啦，”回忆起那段时光，叶贵鑫也流露出了少有的感喟，这个问题问到了他的心坎上，“什么单子的经验都没有，人家怎么相信你？最开始一单都接不到。”

但叶贵鑫和他彼时的三人团队毫不气馁。那段时间，他只能把握住每个可能的机会，争取能在商谈时充分展现自己，如果十个项目里一个项目都没有洽谈成功，那就再尝试二十个，他说：“如果我比别人更用心，更勤快，比别人讲得更到位，最后总能接到一个吧？”终于，在不懈努力下他迎来了自主创业的第一任委托——为厦门海沧的某家酒店处理噪音问题。

然而，因为在他们之前委托的项目组没能处理成功，酒店方开出的条件是要看到成功的处理成果才支付报酬。作为尚无经验的新手，不仅要接手其他公司失败的棘手案例，还要承担回报无期的压力与风险。挑战无疑是巨大的，但叶贵鑫还是硬着头皮接了过来。所幸的是，最后结果非常圆满，噪声治理的效果十分明显，达到了国家环保标准。这次成功成了一个良好的开端，认可他的实力的客户先后为公司提供了更多机会。渐渐地，十个项目里他能接到三个、五个、六个……一路争取，一路走来，一路积累，迄今为止，他已完成了大大小小三百多个项目。面对眼前的机遇，他人或许得过且过，叶贵鑫却“爱拼”“敢拼”，丰富的客源就在一次次的全力以赴中逐渐积聚起来。

“坚持并一直努力，想必结果不会太差”

谈到进入这一行业最初的理想时，叶贵鑫说，是“无论专业能力还是运营能力，都能在这个行业做到一定成就和地位。”时光荏苒，如今他的公司已然是省内同一领域的个中翘楚，而背后付出了多少艰辛，却只有他自己知道。

万事开头难，虽然由于行业的特殊性，创业初期所需的资金额度不大，每个项目也都有工程预付款和进度款，但看似轻巧的背后，一系列难点却接踵而来。一旦赖以为系的资金链出现问题，公司负担人员与项目各方面的费用就会变得极为困难。如何保持竞争力、保证项目质量和稳定客源，就成了最关键的问题。

对此，叶贵鑫采取的态度是事事以客户为先，哪怕自己暂时困难一些，也要尽可能满足客户的需求。同时，刚起步的那几年，他也给自己定下了三个阶段的目标：第一，要打好基础，培养团队；第二，诚信运营，建立知名度和口碑；第三，提升运营管理水平，整合技术资源与商务关系，做到标准化，成为“声学典范”。就这样，抱着“即便短期内难以带来利益，也要持之以恒地把事业做到专业”的信仰，叶贵鑫和他的团队日渐走上正轨，并逐渐得到广泛认可。

“这一过程必然会很艰难，有很多技术上的问题，要去摸索它、克服它，但只要坚持下来，想必结果都不会太差。”这是叶贵鑫在采访中反复提及的一句话。“典筑”接手过很多项目，失败的却屈指可数，叶贵鑫强调，因为自己早早地便做好了思想准备，过程虽然艰难，坚持虽然痛苦，但绝不能做逃兵，撂挑子逃避。

谈起令他印象最深的一个项目，是承接泉州某水泥厂的大型尾排风机噪声治理。水泥厂位于山头，居民位于山脚，此前，业主已投入几百万请其他环保公司进行过噪声治理，却唯独对这根尾排大风管束手无策。叶贵鑫及其团队迎难而上，技术部与工程部反复讨论方案，经过一个月的努力奋战，终于漂亮地解决了问题，得到了客户的衷心赞扬，也在业内打出了名气。

2016 年 2 月，泉州某发电厂应急供热锅炉热网排汽噪声治理项目，使他印象深刻。当客户找到公司时，发电厂应急管道排汽噪声已达人耳痛阈值，影响到 80 米外居民的正常声学环境。而预估造价 200 万左右的方案，从声学角度考量，加长管道不会降低噪声的辐射，反而拉长了线性声源，增强了噪声的传播，不仅代价高，降噪效果也不好，与噪声治理的经济性、有效性背道而驰。因此，叶贵鑫提出原地解决噪声问题，根据噪声频谱定制加强型阻抗复合型消声器的方案，最后仅用 30 万就圆满解决了难题。他笑称，这大概就是自己最骄傲的案例之一。叶贵鑫直言，自己最享受的就是项目达到理想目标的成就感，以及客户发自内心的认可与赞赏。

他说，坚持，就是在反复未知的岁月里，对得起每一个项目。

叶贵鑫

学以致用，创业创新，让兴趣与专长照亮现实

“到了研究生或是博士生阶段，你就会不断地、重复地去思考两个问题：你喜欢做什么？ 你擅长做什么？”

谈到关于创新创业的实践，叶贵鑫诚恳地给出了自己的经验与建议。他强调，兴趣和长处在创业的道路上格外重要，当苦恼于盲目前行之时，不妨静下心来好好问问自己，究竟喜欢什么，擅长什么。

结合自己的经验，他提到，之所以会选择目前的行业进行创业有两个方面的原因：首先自己学习的正是声学相关专业，2009 至 2010 年研究生期间，两年的工作实习经历为他日后的发展打下了良好的基础；其次，在精进学识之余，他也常常思考以己所能可以实现什么，经过对行业的考察以及关于噪声污染的市场研究，他发现声学运用在日常的民用领域还有许多可发展的空间，例如噪声与振动控制、建筑声学等。 两相结合，一个构想逐渐丰满起来。 一毕业，他就回到厦门创立了福建典筑环保工程有限公司。

“典筑”，是“声学典范，共筑宁静”之意，这也是他希望自己对公司对社会有所助益的期许。

凭借“典筑”的自身实力和厦门大学的平台，叶贵鑫在“互联网+”“创青春”等大学生创业创新的比赛中屡获佳绩，积累了很多宝贵的经验。 他总结道：“创业类的项目，一是基础问题，二是包装问题。 在基础方面，对于项目的选择，必须是能碰触到市场的亮点与痛点，而且需要能解决实际问题的技术支持，这也是创业项目的亮点所在。 包装则是八仙过海各显神通，如今厦大也为参赛者提供了许多资源和指导性的教学。”

叶贵鑫建议，创业大赛设立的初衷就是引导学生自主创业，所以不要单纯地为了比赛而比赛，更应该做的是去探索，了解自己的兴趣与特长所在，把参加比赛的经历作为对一种未来职业生涯的大胆尝试和试炼，踊跃地参加这类创新创业活动，尽可能地探索自己未来创业的方向。

对于同样有创业期待的学弟学妹们，他感慨道，相比于十多年前懵懵懂

懂的自己，现在的大学生其实已经很幸运了，能得到更多的资源和信息获取渠道。当选择了一条更坎坷的道路时，如果有人能指引，那么在刚开始的摸索阶段就可以少走许多弯路。但他也提醒道，始终如一地坚持自己的品质、个性与做人的基本原则，愿意为他人的认可付出行动，有做事的热忱，就自然就会有人来帮助、指引你。但自己不努力，再多的运气也于事无补。

不忘初心，心怀感恩

无论是对于公司的客户、曾经的导师、竞赛的评委，还是母校厦大，叶贵鑫都常怀感恩之情。他与厦大的缘分始于 2014 年，结合博士生在读期间的学习所得，他在公司的技术上有了进一步的创新与突破。尽管想要兼顾学业和经营，但人的精力终究有限，如何分清主次，如何权衡取舍，也是一个困难的课题。但经由这样的过程，他也进一步增强了团队的力量，总结出合理调配有限资源的经验。同时，经由厦大提供的机会与平台，他又参加了“青创”“大创”等创业创新比赛，这也让他收获良多。比赛中评委老师与指导老师在公司的管理运营方面富有经验，给予了他许多宝贵的建议，不但有对行业、产品、工程的探讨，还为公司的运营管理规划拓展了空间。

“典筑”入围 2017 年福建省大学生创新创业优秀资助项目后，公司获得了进一步的资金支持，对此他始终报以感激之情。在采访中他提到，感谢厦大能让自己进一步提升，学以致用，这是他最开心的事。此外，他也欢迎更多的厦大学弟学妹们加入公司，这既是与母校的一种互动，更是对母校的一种支持。无论是出于技术还是公司更进一步的管理的需求，他都热情欢迎经济、管理以及其他相关专业的学弟学妹们，以促进公司管理、商务方面的发展，弥补一些短板，完善企业文化。

采访的最后，叶贵鑫向即将迎来百年校庆的母校表达了诚挚的感恩与祝福：感恩厦大，祝厦大越来越好！他在语音里不太好意思地道歉，说自己一时讲不出更华丽的辞藻，但我们都能明白，正像从零做起的“典筑”一样，包含在最简单的话语背后的，恰恰才是最真诚的情感。

事不避难者进，这个血液里有着“爱拼才会赢”的闯荡精神的年轻人，正是依凭这样一颗真诚之心，上下求索，志存高远，脚踏实地，才最终使“远却喧嚣尽自如”的生活成为可能。

撰稿：肖　薇　人文学院 2018 级研究生

杨可怡　国际学院 2019 级本科生

周贤建：实业报国的“外行人”，有一颗自强不息的心

◎人物名片：

周贤建，厦门大学经济学院国际贸易系 1987 级校友，瑞之路（厦门）眼镜科技有限公司创始人兼董事长，民盟中央社服委委员，民盟福建省委社服委常务副主任，民盟厦门市委委员，民盟厦门市委社服委主任，福建省“双创之星”，被福建省政府人社厅破格评选为高级工程师，厦门大学和厦门理工学院研究生校外导师，厦门市工商联（总商会）常委（常务理事），厦门市政府中小企业服务项目评审专家，中国眼镜协会常务理事，全国光标委眼镜光学标准化分委会委员。

瑞之路（厦门）眼镜科技有限公司成立于 2008 年，是一家专门从事继玻璃镜片、树脂镜片之后的第三代镜片——PC 镜片研发、生产、销售的国家高新技术企业，是福建省重点上市后备企业。经过十余年的发展，“瑞之路”已经成为中国 PC 镜片行业的领军企业，国内市场占有率名列前茅，在国际市场也拥有一席之地。“瑞之路”拥有自主知识产权的专利 20 多项，2015 年荣获“中国专利奖”，这是新中国成立以来中国眼镜行业首次获得“中国专利奖”；2017 年，“瑞之路”再次斩获“中国专利奖”，是中国眼镜行业唯一一家两度斩获“中国专利奖”的企业。

周贤建

“自强！ 自强！ 学海何洋洋！ 谁与操钥发其藏？ 鹭江深且长，致吾知于无央……”每每说及母校厦门大学，周贤建就想起赵元任先生作曲的《厦门大学校歌》，曲调不仅熟悉温馨，而且催人奋进，犹如鹭江澎湃之水，在他内心辽阔成万顷波涛。

作为国内 PC 镜片行业的带头人，他已将内心的万顷波涛化作感恩的力量：计划从 2021 年开始，为厦门大学师生捐赠十年的 PC 镜片和验配服务。在这之前，他已给厦门地区和三明中央苏区县的贫困青少年、弱势群体捐赠价值 2000 万元的眼镜。作为民盟盟员，他还积极响应民盟中央牵头协调的“明眸工程”慈善项目（荣获“中华慈善奖”），十多年来，累计在全国各地捐赠的眼镜价值 4500 万元。

他的感恩之举，背后藏着一条“自强不息、止于至善”的创业之路。

“瑞之路”捐赠纪念合影

弱技术、闭门羹，让他体会到了吾辈当自强

1988 年 9 月 5 日，邓小平在会见捷克斯洛伐克总统胡萨克时，提出了“科学技术是第一生产力”的重要论断。三年后，深受校主陈嘉庚影响的周贤建大学毕业，被分配到一家国营外贸专业公司工作，从事陶瓷工艺品的出口业务。

那时正值改革开放初期，外贸行业方兴未艾，国贸专业出身的周贤建开始大展身手，凭借扎实的业务功底，客户订单源源不断。可他发现，工厂的陶瓷生产依然沿用几千年前的传统手工艺制作，陶瓷胚体要靠风吹日晒好几天后才能入窑烧制，闽南地区的梅雨天气对生产交货影响非常大，经常会没办法按时交货。

怎么办？这一烦恼引起周贤建认真思考。他越来越感受到“科学技术是第一生产力”，必然带来技术变革的历史机遇，从而萌生了技术革新、自主创业的想法。

机会总是眷顾有准备的人。在美国的一个展会上，周贤建和 PC 镜片结下了不解之缘。

当时，在一个挤满人的展位上，一个彪形大汉用铁锤连续猛砸 PC 镜片，镜片依然毫无破碎。这奇特的一幕更加让他感到震惊：眼镜片怎么可能砸不碎呢？“跌破眼镜”可是人人皆知的生活常识啊！他记得学生时代，自己曾在一场篮球赛中被撞破的眼镜片割伤脸部，差点伤到眼睛，每每想起来依然感到后怕。眼前这个打不破的 PC 镜片在冥冥之中为他指引了未来的创业之路。

原来，PC 镜片是继玻璃镜片、树脂镜片之后的第三代高科技镜片。它比传统树脂镜片轻 45%、薄 26%，抗冲击性能却能达到树脂镜片的 12 倍以上。而且，其独特的“抗辐射（蓝光）、抗氧化、抗冲击、抗 UV、超轻薄”等特点能够极大增强对眼睛的保护能力，降低意外发生时眼睛受到伤害的风险，对青少年和老年人视力有更好的安全和健康的保护作用。在 21 世纪初期的美国，PC 镜片市场占有率就已经高达 60%，而中国即使现在也还不到 1%的市场占有率。从那不断抡起的铁锤中，他似乎看到了中国眼镜从第二代树脂镜片升级换代到第三代 PC 镜片的光明前景。

PC 镜片科技含量如此,之高，以至周贤建对它产生了强烈的兴趣。他敏锐地察觉到国内的 PC 镜片市场还是一片空白，当即决定与美国厂商寻求技术合作，希望将 PC 镜片引入中国，让更多国人享受高科技 PC 镜片带来的视力安全和健康的保护。

然而，满怀热情的周贤建吃了个闭门羹，美国厂商拒绝他的合作请求。

树脂镜片（第二代）　PC镜片（第三代）

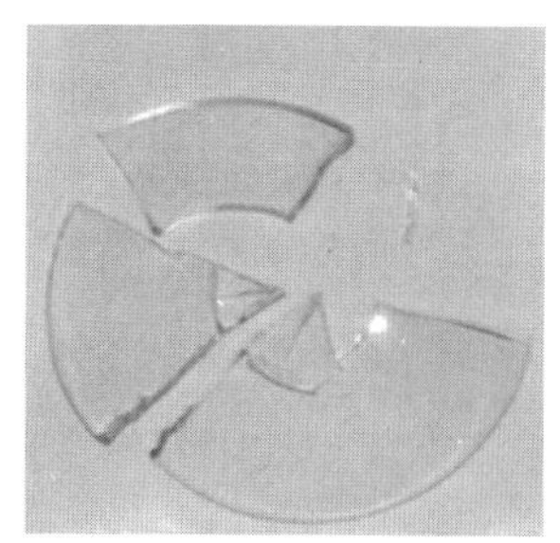

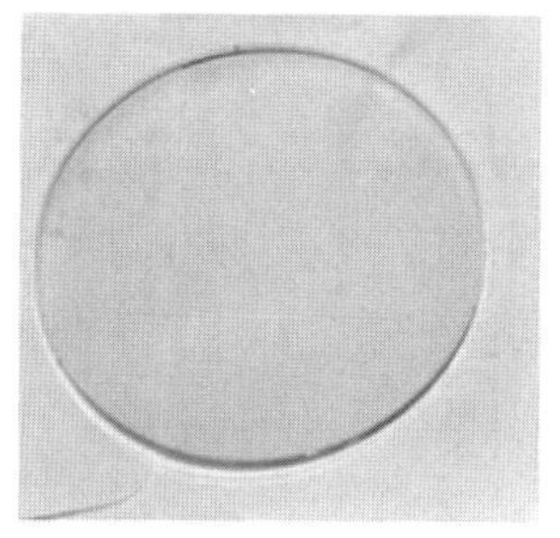

树脂镜片与 PC 镜片被砸后的对比

开公司、聚人才，创新研发撬开美国市场，驶入自强快车道

闭门羹更加坚定了周贤建实业报国的志向。他从内心出发，立志要像校主陈嘉庚一样干出一番事业，在改革开放的大潮中磨砺成长，用实际成果回报国家和社会。

2008 年，周贤建创立了瑞之路（厦门）眼镜科技有限公司，彻底拉开了实业报国的序幕。他的大学同学说：“当时年近不惑的周贤建像初生牛犊一样满腔热血，一头扎进未知却充满希望的 PC 眼镜产业领域。”

那时，国内 PC 镜片的研发还相对空白，研发工作都只能靠自己摸着石头过河。所以，周贤建最先想到的是人才。为此，他积极组建属于自己的研发队伍，与厦门大学、“台湾”工研院、日本东京工业大学等国内外高校开展科研合作。不到几个月时间，公司就进入研发阶段。

无数创业先例证明，研发工作并非想象中那样顺利。周贤建也遇到同样的问题：技术瓶颈难以短时间获得突破，公司持续几年处于严重亏损状态，几乎耗尽了他的“第一桶金”。有些员工也开始动摇，向周贤建投去了质疑的目光：到底能不能成功研发出 PC 镜片？公司的旗帜到底能扛多久？

在资金和技术的双重压力之下，周贤建不仅没有选择“止损”，反而决定向亲友举债加大研发投入。他相信自强不息的力量，一定要为中国眼镜行业寻求突破，更好地守护国人的视力安全和健康。

卓越的企业家都懂得未雨绸缪，防患于未然。风吹浪打之时，也善于变危为机，转败为功。

所以，在周贤建看来，危难是试金石，能试出企业的体质，也能试出企业家的成色和分量。没有穿越过经济周期、经历过重大危机的企业是不完整的，也是不合格的。面对起步阶段研发资金耗费较大的难题，他“剑走偏锋”发挥国贸系科班出身的优势，制定了市场和技术双轮驱动的战略。

一方面，他自己赴美国跑订单，借住在纽约朋友的地下室里，一住就是几个月。其间，他早出晚归地“扫楼”拜访每一个潜在客户，经过无数次的挫折和委婉的拒绝，最终拿到了一个 10 万副 PC 镜片大单，由此打开了美国市场，源源不断的出口订单为公司研发技术提供有力的资金保障。

另一方面，他与科研人员们一起“着魔”似地钻研技术。他经常在下半夜想起一个问题，就立即驱车到 48 公里外的公司找夜班技术员一起探讨解决到天亮。

功夫不负有心人，周贤建拥有自主知识产权的 PC 镜片产品终于面世。从此“瑞之路”的发展驶入了“前途光明”的快车道。

“瑞之路”连续多次被认定为国家高新技术企业；先后两次获得中国专利奖；荣获国际发明博览会金奖和银奖；承担国家省市科技项目 30 多项；两次荣获科技部创新基金资助；荣获国家火炬计划示范项目；荣获首届中国眼镜产品质量大赛 PC 镜片类最高奖；荣获福建省科技进步奖；荣获福建省著名商标；荣获福建省知识产权优势企业等。

今天的“瑞之路”已成为世界知名的 PC 镜片领军企业，不仅向美国大量出口 PC 镜片，还拥有中美两地的生产基地。更重要的是，“瑞之路”打破了 PC 镜片被外国技术垄断的格局，生动地诠释了“中国智造”的自强精神，展示了中国眼镜人的智慧风采！

周贤建向原全国政协副主席张榕明介绍生产情况

抗疫情、双循环，“瑞之路”越走越宽，布局连锁促树脂升级换代 PC 镜片

今年初突发新冠肺炎疫情，周贤建一开始就意识到了市场对医疗用品的需求，果断决定迅速研发生产医疗护目镜。

目前，“瑞之路”的护目镜产量已位居国内前列，武汉火神山医院、解放军南部战区总医院、剑桥大学、牛津大学都用上了“瑞之路”生产的护目镜，包括厦门大学医院、广州中医药大学金沙洲医院、厦门援鄂医疗队等一批知名医院和地方，也陆续接收到了“瑞之路”捐赠的护目镜。国际上，联合国和美国联邦政府都采购了“瑞之路”的产品；同时，“瑞之路”还向厦门大学纽约校友会和厦门大学南加州校友会捐赠了护目镜和护目面罩。

疫情期间，“瑞之路”开足马力生产，为全社会提供了急需的医疗物资，在回馈社会的过程中，“瑞之路”的产品经受住了市场的考验，为未来的腾飞积聚了无限能量。

据了解，目前中国近视患者人数达 4 亿多，青少年近视率更是高居世界第一。为响应国家政策，迎接“双循环”新经济时代，让国民的视力安全和健康得到更高水平的保障，周贤建也在加大市场布局，积极拥抱资本，计划在国内开设 1000 家 PC 眼镜连锁店。目前，“瑞之路”连锁店已在福建、广东两省落地了近 10 家，并逐步向全国铺开。

正因为有推动中国眼镜升级换代、保护国人视力安全和健康的强烈使命感，周贤建在 PC 镜片科研路上永不止步。如今，周贤建被厦门大学和厦门理工学院聘请为研究生校外导师，“瑞之路”加强与厦门大学、厦门理工学院的产学研合作。今年，“瑞之路”研发的实验室近视安全眼镜在厦门大学的科研实验室得到了应用和推广，解决了科研人员佩戴两副眼镜的烦恼，极大改善了科研人员的佩镜体验，这在福建省尚属首创。而且，他还在学生家长和专家间奔走呼号，贯彻习总书记“共同呵护好孩子的眼睛，让他们拥有一个光明的未来”的重要指示，呼吁尽快出台学生安全眼镜的相关标准，推广安全健康的 PC 眼镜，实现让“跌破眼镜”成为历史的愿望。

瑞之路连锁店效果图

寄语厦大学弟学妹：脚踏实地，勇立潮头

在经济和科技发展日新月异的今天，很多大学生都会有这样的烦恼：自己所学专业会不会与未来从事的事业没多大相关性？冷门专业会不会遇到

就业困难？在周贤建看来，这种烦恼大无必要。

公司成立之初，周贤建是当时中国 PC 镜片企业负责人中唯一的“外行人”，一个对眼镜行业毫无了解，更没有出口过一副眼镜片，完全不懂镜片技术的“外行人”，一个凭着一股“初生牛犊不怕虎”的创业激情，从传统工艺品行业“跨界”到高科技镜片行业的“外行人”。然而，凭借他在学校所学的扎实的基础知识，他的公司“逆袭”成为国内 PC 眼镜行业中的龙头企业。而他融会贯通在厦门大学所学的扎实基础知识，正是他在高新技术行业里一次又一次突出重围的制胜法宝。

周贤建认为：我们所在的“双创”时代是最好的时代，国内创新创业的氛围和机遇前所未有。因此，学弟学妹们要从母校博大精深的文化精神血液里汲取自信自强的基因，学会“吾辈当自强”，莫以“专业”定终身，学好专业本领，用好专业特长，敢于跨界，勇于创新，未来必将有着无限可能。

撰稿：彭建文　公共事务学院 2000 级本科生
黄晓珊　人文学院 2008 级本科生
庄笔胜　新闻传播学院 2018 级本科生

第四篇 沉淀后的勃发

不跟风，不盲从，选择创业，是数十载职场积累的水到渠成，是年少浸润嘉庚精神的念念不忘，也是对人生不设限的生动诠释。不害怕、不后悔，再次从0到1，一步一个脚印走下去，一点一滴化解压力，成为行业的标杆，成为中国制造的中坚，成为世界创新的先驱，去拼去闯去坚持，去乘风破浪，去迸发创新驱动发展的厦大能量。

陈思恩：大数据改变世界

◎人物名片：

陈思恩，厦门大学软件工程硕士、管理学博士、统计学博士后，数字福建大数据基础技术厦门研究院副院长，厦门大学嘉庚学院创新创业导师，厦门市青年企业家联合会副会长，厦门市湖里区团委兼职副书记，厦门市第六批“双百计划”大数据领军型创业人才，第五批福建省引入“百人计划”创业人才，国家级高层次人才，科技谷(厦门)信息技术有限公司创始人及 CEO。 公司于 2013 年 9 月 30 日成立，经营范围包括信息数据挖掘、分析及大数据应用服务等，产业覆盖旅客、货运及安保三大领域，率先在国内民航铁路行业应用并形成行业新标准，为交通出行服务提供智能决策。 同时，陈思恩还担任厦门大学管理学院的兼职教授，并与厦门大学旅游系签订实习基地协议，加强教学与实践的结合以及在旅游与大数据相关方面的研究，共同培养旅游管理专业人才。

陈思恩

抓住机会 创立科技谷

2012 年，陈思恩在美国工作研究期间，接触到了一家名叫 Palantir 的大数据公司。这个公司以大数据为基础，其客户涵盖金融、医疗、安全等多个领域，现估值超过 200 亿美元。彼时陈思恩已经拥有了在中国航信体系近 10 年的工作经验，他看到了民航与大数据结合起来的可能性。民航每年能够积累大量的旅客数据，但由于这些数据受到技术手段的限制并没有被充分地使用。分析这些数据，可以帮助航空公司大幅提升客户体验感和满意度，实实在在地提高商业利润。

寻找合伙人、研发产品，从民航入手，陈思恩参与创办的科技谷快速发展，并将覆盖领域扩大至整个交通出行领域，包括旅客、货运和安保等领域。从 2013 年在美国硅谷成立、2015 年落户厦门，时至今日，科技谷已进入科创板上市的冲刺阶段。

然而，如同大部分的创业公司一样，科技谷的发展并非一帆风顺。2013 年，科技谷成立之初，发展方向并没有定在中国。初创时期的技术研发需要大量资金，科技谷前两年的技术研发几乎耗尽了初始合伙人凑到的钱，钱成了最为紧要的事。陈思恩在四处寻求融资的过程中，发现了中国大数据发展的可能性：相比于国外发展得如火如荼，大数据对于中国而言，还停留在概念的层次，是一个新兴的领域，因此机遇良多，发展前景非常广阔。

方向定了，钱的问题还没有解决。那段时光是科技谷最难熬的日子，陈思恩四处寻找投资人和融资渠道，却屡次惨遭碰壁。转机出现在 2015 年，这一年科技谷团队报名参加了第四届中国创新创业大赛，陈思恩率领团队一路杀到决赛，最终取得了全国第 12 名、厦门地区第 1 名的好成绩。通过这次比赛，科技谷终于吸引到了投资人的注意并争取到了融资，摆脱了“没钱”的困局。

即使在最困难的时期，陈思恩也没有质疑过科技谷的未来前景，因为他

陈思恩：用数据化思维应对不确定性

始终相信大数据应用是大势所趋。按照陈思恩的说法，创业过程中面临困难，这是正常的，困难会一直存在；科技谷也正是因为挺过了这段最艰难的时光，才能够蜕变、发展至今。发展的过程中出现困难说明企业存在一定的问题，这就促使企业自身进行改善与革新。现代科技发展日新月异，至少每十年就会有一次机遇；而随着现代节奏的加快，三到四年就会出现大的变革，变革会带来风险，更会带来机遇。外部环境在改变，公司就需要不断革新并抓住机遇，才能更好地去适应不断变化着的环境，推动自身发展。

说到科技谷最大的成就，陈思恩说，“科技谷打开了中国大数据的一扇门”。大数据在中国经历了从只是一个概念，到被炒得火热、快速发展，再到发展进程逐渐冷却下来，直至疫情期间再次热起来的历程。就这次疫情而言，大数据发挥了至关重要的作用，从判断人员流向、疫情走向到控制疫情蔓延，不一而足。未来大数据在中国的发展前景还非常广阔，在可以预见的未来，科技谷也有无限的发展空间：从民航入手，从交通出行开始，科技谷的未来规划中，还有旅客智慧出行、货物全程保障、社区智慧安保等。未来，让我们拭目以待。

关于创业

创业并非一件容易的事情，仅凭一腔热情远远不够，还需要充分的准备和经验积累。科技谷是在 2013 年成立的，可创业的想法在陈思恩的心中根植已久，第一次拥有“创业”这个想法，应该是在他本科的时候。

科技谷并不是陈思恩的第一次创业经历。在成立科技谷之前，早在 2000 年，还在读本科的陈思恩就参与了一个由四个人做二手电脑交易的创业项目——0592 PC 电脑网站。刚上线的一年，该网站日访问量的独立 IP 就达到 2000 人，第二年就基本实现了纯营收。然而因为当时 0520 PC 没有实体公司，是购买了他人的公司名和域名，网站火起来以后域名马上被转手卖掉，导致用户找不到网址，第一次创业项目就这样“不明不白”地被掐灭了。尽管陈思恩之后又创立了一个新域名，可访问量却再也没能上去。虽然最终没能成功，但这次创业经历无疑对陈思恩 13 年后再次选择创业有着举足轻重的影响。

纵观陈思恩从本科到硕士、博士以及博士后的学习和研究经历，一路走来，陈思恩横跨 6 个专业，先后在应用电子、计算机、软件工程、管理科学与工程、统计学和商业分析等领域潜心钻研并获益颇深。看似是好几个专业，但这每一段的学习经历都对陈思恩今后的发展产生了至关重要的影响。如果说计算机等是发展大数据的“硬件基础”，读管理学、统计学则为其创业之路提供了“思维基础”，这种学科背景为创业项目从简单的信息处理到整个系统优化分析提供了强劲的“续航能力”。当然，这种从工科研究到管理科学，再到统计学和应用统计的专业跨度，其实也是一种跨界融合，这与大数据应用本身也是契合的——大数据做的就是融合各方面的信息，综合分析得出结论，最终辅助决策。

回忆起在厦大的学习生活经历，陈思恩印象最深刻的就是在博士期间他参与组织策划的一个活动，那是 89 周年校庆期间厦门大学博士团主办的讲座，陈思恩担任了主讲。讲座的主题是 21 世纪 IT 哲学——即技术如何与实际生活相结合。那时，已经拥有了几年工作经验的陈思恩对于这个问题理解得比较透彻。同样，这也是一种连接与融合，技术只有应用于实际生活中才能真正发挥其作用，落地的技术才有实际的价值。而大数据及大数据应用，正是技术与生活相结合最为生动的案例。

“跨界融合”，陈思恩强调了这个词。无论是对于他的学习经历，还是就大数据而言，跨界融合都至关重要。科技谷也强调了一个“PLUS”的精神，即连接和创新、融合和创造，这一理念贯穿于科技谷的发展历程。大数据需要综合各类信息并进行分析，关于大数据，陈思恩是这样解释的：通过借助数据以及对数据的分析来辅助决策。因此，需要做跨界的融合这本身就和大数据的存在息息相关。

在如今这个快速变化发展着的时代，机会并不少。陈思恩微信的个性签名就是：“把一个机会变成一门生意。”机会是一回事，抓住机会是一回事，抓住机会并将其变成一门生意，并且能够持续盈利，和你想做的、要做的事情结合起来，这又是另一回事。这需要平时很多的积淀和储备，才能够做到。

关于大学生创业

大学生创业，是最近几年比较热门的一个概念。很多大学生在毕业后甚至是在校期间选择创业，其中成功者有，失败者亦有。在“大众创业，万众创新”的政策支持下，大学生创业，是创新创业时代的一个重要组成部分。

对于大学生创业，作为厦门大学厦门校友会副会长及厦门大学厦门校友会青年创业分会会长，陈思恩是持支持态度的。但是不得不承认的现状是，由于缺乏经验等实际问题，大学生创业的成功率并不高。对此，他建议以“师带徒”的形式，跟着有经验的人，创业的成功率会高很多。大学生创业是良好的现象与行为，但创业需要的不仅是“初生牛犊不怕虎”的冲劲，还需要切实的实践经验和积累。对于在校的学弟学妹们，尤其是想要创业的大学生，在学习期间要学好基础学科，做好应用研究，同时除了课

陈思恩：用信任和分享为数字生态创造价值

业，还需要重视一些实习之类的实践经验，在创业过程中，这些实践经验都是十分宝贵的财富。

“投身大数据热潮，陈思恩兼具创业家实干与创新精神，挖掘民航、交通等行业大数据需求，整合行业资源，构建支撑行业运营管理系统。在他的带领下，科技谷已成为中国交通大数据技术与应用服务企业中的佼佼者。”

——入选 2017 中国数据英雄榜获奖理由

颁发机构：中国大数据产业生态联盟

“陈思恩审时度势，把握市场机遇，充分挖掘民航、交通等行业大数据需求，对全球大数据领域及相关行业的技术标准、发展趋势有着精准的理解和判断。在他的带领下，科技谷已成为大数据领域的佼佼者。”

——入选 2018 中国数据英雄榜获奖理由

颁发机构：中国大数据产业生态联盟

撰稿：安琪　社会与人类学院 2019 级本科生

高钦泉：用 AI 技术让世界更清晰

◎人物名片：

高钦泉，厦门大学 2004 级自动化专业本科生，系统工程专业 2008 级硕士生，英国帝国理工大学计算机专业博士。曾任伦敦大学计算机系助理研究员、福州大学副研究员，在英留学期间，发起创办厦门大学英国校友会。2016 年 11 月创办福建帝视信息科技有限公司，公司发展为福州市重点上市后备企业，现任帝视科技创始人兼 CEO，入选福建省“百人计划”专家、厦门市“双百计划”领军型创业人才、2019 年度闽商十大新锐人物等。帝视科技是一家以技术创新为核心，致力于引领计算机学习和计算机视觉前沿技术研究与开发的人工智能公司，提供 5G+ AI 超高清智能视频等行业综合解决方案。

高钦泉

他的团队能把模糊低分辨率的视频和图片转换成高清画质；他的团队能让老旧视频重唤岁月沉淀的美；他的团队成立不久就已成为国内 AI 画质增强领域的领跑者；他的团队希望为技术强国的建设贡献一份力量。他就是现任帝视科技 CEO 的高钦泉。他年少获奖无数，研究生毕业后留学英国，之后回国打造属于中国的黑科技。在创业的路上他和他的团队一直坚持以技术创新为核心、结合市场导向，因此他们成绩骄人，硕果累累，获得国内外专业人士的普遍认可。

留学积累，回国创业

创业的起源要从高钦泉在英国留学期间讲起，他的创业念头来源于两方面。首先，他一直以来研究的专业方向就是与机器视觉、图像相关的应用，在英国留学期间他就有意识地往产业化方向探索，不断积累经验。他预料到视频领域会是未来的主流方向，例如人们会用视频去社交，并且视频的种类、数量将会越来越多。对图像视频质量的追求，始终是人们努力的方向，而画质更好、传输更流畅的产品也更受消费者喜爱。然而，更高的画质意味着更加高昂的带宽成本。随着移动互联网技术的发展和智能手机的普及，每天都有数以亿计的图像视频在互联网上被传输和观看，各个平台都承受着巨大的带宽和存储成本。因此，降低视频在传输中带宽的成本，提高视频给用户的清晰度，优化用户体验感，视频功能智能化将会成热门趋势。他在这些现状与趋势中看到了机遇，并想牢牢把握住。另一个重要的原因便与自己的合伙人有关系。他看到在英国帝国理工的师弟在留学期间与实验室其他同学创办的一家人工智能公司 Magic Pony 以 1.5 亿美元被 Twitter 收购，而当时他的师弟只是在基于人工智能的超分辨率技术上在主流移动端做到实时的技术突破便得到了国外市场的高度认可。师弟的创业经历极大地鼓舞了高钦泉，他更加坚定了往这一方向创业的信心，后来师弟从美国哈佛大学辞掉研究员的工作跟随他回国创业使得他的团队更加强大。

社交巨头 Twitter 的认可验证了这一方向的市场需求是巨大的，值得更加深入的探索。与之相比国内尚未有这方面的开拓，市场的机会更大、创业空间更广；然而，很多优秀的技术大都掌握在国外的公司手上。他想，我们国家也需要有自己的核心技术和专利，于是他决定回国，让高新科技在国内“落地生根”。

2015 年，高钦泉通过“人才引进计划”回国在福州大学任教，然而创业的念头一直在他心中萦绕。于是在 2016 年，他和在美国哈佛大学担任研究员的合伙人通过网络和电话探讨如何在国内进行技术的深入研究和产业化。从早期的交流，到考虑融资，再到“出炉”一份完整的商业计划书，他们的创业梦逐渐成形。之后，高钦泉开始在国内寻找投资方，幸运的是，他在 2016 年国庆期间顺利签订了 750 万的“天使投资”协议。资金问题解决了，2016 年年底高钦泉便和他的合伙人各自从高校岗位上离职，义无反顾地投身创业事业中，同年 11 月，创办福建帝视信息科技有限公司。

注重科技，结合市场

回国创业一切都是从零开始，起初整个团队只有 4 个人，但现在已经壮大到 60 多人，团队核心成员中多名是来自美国哈佛大学、英国帝国理工学院、英国伦敦大学学院、英国爱丁堡大学等国际著名高校的计算机专业海归博士后、博士，以及来自华为、OPPO、星网锐捷等上市公司的资深产业人才。高素质人才代表了科技实力，坚实的科技实力就是帝视科技的优势。

高钦泉坦言，在创业途中，大家或多或少都会遇到问题，每一个创业项目都会经历和市场打磨的阶段，帝视科技也不例外。他一直把核心技术放在重中之重，早期以高新技术为切入口，后来认识到市场导向的重要性，公司及时做了转型调整，向市场认可的模式进发，立足于市场的需求，扎扎实实地推进产业化。公司最为重要的产业方向是利用 AI 的画质增强和编解码技术，把低清模糊的图像转化为高清优质的图像。于是他结合社会当下的热点，参考市场需求，把科技与多方面结合，扩大科技运用的范围。去年的英雄联盟全球总决赛中，公司为虎牙和斗鱼等直播提供视频转播的技术支持，也为广电、运营商、云厂商、版权方、手机、芯片等各类场景提供服务。

帝视科技的技术不仅可用于影像资料画质提升，还可以用于提高档案管理以及老旧视频修复等。许多老旧的影像资料十分珍贵，但修复起来既麻烦又耗时。原先人工修复视频的成本很高，1 分钟修复成本高达 1 万多元，而现在运用 AI 技术修复便可以将成本降至百元，并且 AI 技术的修复速度比人工修复的速度更快，大大提高了效率，在影像粗修环节有很大的优势。此外，他们还紧跟时代发展，突破传统画质，用 AI 技术将高清视频重制为 4K、8K 的超清视频。当前 5G 技术日趋成熟，用户也越来越多，超清视频是直接承载 5G 技术运用的主要产品，而目前超清视频的数量较少，这可谓又一大机遇。

虽然截至目前，帝视科技成立不足四年，但它已深入众多领域，其业务范围也在不断扩大。提到终端芯片合作，令人感到振奋和敬佩的是，去年英国 ARM 公司从英国剑桥直接找到帝视科技，寻求帝视科技在 AI 画质增强芯片 IP 的深入合作。目前，ARM 公司与帝视科技联合开发的画质增强芯片 IP 和算法 IP 方案也正式对外发布，在电视、机顶盒和 4K 投影仪等显示终端有着巨大的需求。

直面困难，未来可期

对于创业过程中遇到的困难，他提到了算力不足的问题，此项问题也是很多人工智能算法研究团队面临的困难。他在帝国理工读书期间受到学校启发，帝国理工的实验室控制平台能够调动全计算机系的空闲电脑来演算复杂的实验和程序，起到了省时省力的效果。对此，他们联想到可以开发算力控制平台，把闲散的资源调动和释放出来，提升算力有效的利用率。同时，他也指出，中国人工智能领域人才紧缺，加大对此教育体系的技术支持是十分必要的，国家也正在加大对此专业的人才培养力度。而帝视科技研发的容器算力平台可以与各个学校的超算中心等服务器集群相连，能有效保障学生和老师在开展 AI 实验过程中所需的资源和算力，提高教育与实训质量。对于未来的运营展望，高钦泉表示，会加大与全国高校乃至校外培训机构的合作，以及在 C 端的应用，为所有对人工智能领域有兴趣、想学习的人士提供机会和保障，在人工智能教育领域做出更多贡献。

市场竞争是创业后面临的巨大挑战，但他始终对公司保持信心。他说，帝视科技公司是国内首家开创 5G＋AI 超高清视频领域的企业，在市场上保持着较高的竞争力。其竞争力一方面来源于合伙人们早期的国外技术积累，在此方向布局了大量的专利，另一方面是这么多年与市场深度融合而建立的产品和客户的壁垒。同时公司不断吸纳高素质人才，核心成员的技术能力与专业素养为公司可持续发展奠定了扎实的基础。对于不断涌入的竞争者，他持欢迎的态度，并希望从同行竞争中学习和探索，促进公司乃至整个行业的成长。

2018 年帝视科技开启 A 轮融资，该轮融资由国际著名投资机构日本 SBI 集团（原软银投资）中国子基金领投，盈方得投资、凯泰资本跟投。2019 年帝视科技获得了福耀集团副董事长曹晖的三峰投资的战略入股，今年公司又将开启新一轮的融资，这也意味着公司将步入快速发展的赛车道。

他说，公司未来的目标是争取在 2023 年科创板提交上市。在国外核心技术封锁的困境下，研发自主知识产权更加重要。未来他希望国产化的技术逐渐替代国外，中国企业可以在 AI 领域掌握主动权和话语权。对此高钦泉表示有信心做到，因为目前国家政策大力支持和扶助中小企业攻克技术难关，这对愿景的实现是极大助力。

关于大学生创业

高钦泉认为，他在厦大求学期间的经历为他今后的创业道路提供了较大的帮助。首先，本科期间他积极参与学科竞赛，曾获大学生数学建模竞赛一等奖、大学生机器人创业比赛二等奖、福建省十佳大学生荣誉以及第四届中国少年科技创新奖等奖项。其次，他认为学生工作锻炼了他领导团队、管理团队、协调团队、凝聚团魂的能力。在厦大本科期间他担任全系团总支副书记，研究生阶段担任了信息与科技学院（当时院系尚未调整）的研究生会主席。读博阶段，他在英国发起建立厦门大学英国校友会，建立起厦大校友在英国沟通交流的平台。高钦泉说有不少厦大校友加入了他的核心团队，创业项目的成功离不开母校的培养和同学的支持。

高钦泉曾率领团队参加 2018 年"创青春"大赛，拿到了全国初创组的第一名。他认为，"互联网+"创新创业大赛和"创青春"大赛等都适合大学生来参加和锻炼。结合自己的参赛经验，他表示，"创青春"偏向已经落地的公司，能否拿到好名次与项目的立意核心、成熟度、可行性有着密切的联系；而"互联网+"创新创业大赛划分为不同赛道，是个参与更广的全国性比赛，比赛项目的质量都非常高，能在"互联网+"比赛中走向全国金奖都是非常优秀的项目，对大学生而言是一个极好的锻炼平台。

对于大学生创业，他认为，在高科技领域的成功创业并不是一件容易的事情，遇到的各种挫折都是要克服的，创业者也需具备较强的适应能力和抗压能力。在中国创业还应尤其注意人脉资源问题，大学生需要依靠时间和各种平台去积累自己的人脉。光靠商业模式创新的创业机会越来越少，未来科技型企业可能是一个比较不错的着力点，大学生可以选择和导师合作进行创业探索。

他还提醒广大同学要把握好自己在创业中的角色，提升相应的能力和素养，并要珍惜好当下的大学生活，为今后的工作和创业打下坚实的基础。

撰稿：李立晖　人文学院 2017 级本科生

赵坤灵　国际学院 2019 级本科生

刘长江：乘风破浪，抱团创业

◎人物名片：

刘长江，厦门烯成石墨烯科技有限公司董事长，1998 级物理系校友。厦门烯成石墨烯科技有限公司是国内较早从事石墨烯制备及石墨烯产品应用开发研究的高科技企业。其创业核心团队是厦门大学特聘教授蔡伟伟、刘长江、连榕几位 1998 级物理系的同班同学。公司入选厦门市第三批“双百计划”A 类企业、福建省“百人计划”创业团队、国家高新技术企业。

刘长江

姐姐们的乘风破浪是从组团唱歌跳舞开始的，而哥哥们在事业上的乘风破浪，则是从抱团创业开始的

团员：“偏科”却全能

2012 年，从厦门大学物理系毕业十周年的刘长江和当年的大学同班同学蔡伟伟、连榕，共同创立了厦门烯成石墨烯科技有限公司。

石墨烯是 2004 年才被发现的新材料，当大多数科学家们还在探索它自身的奥秘时，他们就将关注点放在了石墨烯材料的前后端——制造与应用上。公司研发出 G-CVD 石墨烯化学气相沉积系统制造出石墨烯，提供给相关科研院所和院校使用。同时其生产出的石墨烯超级净化宝等民用商品已走进千万普通家庭中。他们成为最早盈利的石墨烯公司。

公司研发主要由蔡伟伟和王振中负责，而刘长江和连榕更多的是负责公司的管理与运营。四个同样来自物理学科的同学，在此时巧妙地交叉互补。专业单一，出身“偏科”，由于性格和兴趣上的差异，这个团队实际运作起来却样样全能。就这样，这四位同学成功抱团，将原本止步于象牙塔内的科研成果拉入凡间。2014 年 12 月，厦门烯成获浙江赛伯乐基金 A 轮投资 1500 万，投后估值 1 亿元；2016 年 4 月，上市公司德尔未来公告拟估值 3 亿元控股厦门烯成——他们的创业“浪”出了第一片水花。

不仅仅在事业上有着一番作为，他们把在生活中得到的启发与石墨烯技术相结合，研发出了许多有趣又实用的小玩意。

蔡伟伟作为教授，上课前每次都用保温杯接开水。一堂课讲下来口干舌燥，水却还没凉，甚至因此烫伤过下巴。他们受此启发，用石墨烯复合相变材料，研发出 58 度恒温杯，开水只要倒入杯中 3～5 分钟就能变成合适的温度。同学们之间爱喝点威士忌，既不希望冰块影响酒的味道，又想拥有冰凉的口感，他们就以石墨烯为材料研发出威士忌制冷器。只要将倒上酒的杯子放在制冷器上，不一会就可以得到口感极好、温度适合的酒。

团魂：“中国芯”

抱团创业说着简单，但这团也不是看着眼缘或者情分随便乱凑的，选择至关重要。在刘长江眼里，选择甚至大于努力。对他来说，熟悉的领域加上熟悉的人，才是最好的抱团搭配。

“我把展柜的灯打开，给你简单介绍一下。”

刘长江在展柜旁细心介绍公司的石墨烯技术和相关成果，面对任何问题都可以对答如流，可谁能想到创业前，他对石墨烯这个新材料也是一无所知。石墨烯2004年才被发现，而此时刘长江已经毕业了两年。尽管没有经过系统的学习，但以大学的物理知识打底，凭借自己的学习能力，加上专家蔡伟伟时不时地答疑解惑，他对石墨烯以及这个行业有了许多独到的认识。

其实，就算在十分熟悉的领域摸爬滚打许久，相关知识的学习对于刘长江来说还是不可或缺的，“就算具体的知识可能会忘记，但是在学校掌握的学习方法却是不会忘记，并且终身受用的。”

石墨烯的创业让刘长江拥有了更多的资本向别的领域迈进，他和同学们再次抱团成立投资公司，继续在半导体和新材料的领域乘风破浪。而他们重点关注的投资对象，就是物理系的师兄弟们，一场更大规模的“抱团”开始了。

“因为大家都是从厦大出来的，都是受着校主陈嘉庚先生‘止于至善、自强不息’的校训熏陶，同门师兄弟肯定不会坑人的。”

他们总打趣说自己把一些同校的科学家们“坑”进商界，走上创业之路，“坏了他们的名节”。反过来，正是因为对母校、对母校学生的信任与认可，他们也并不害怕被“坑”。“因为有着校友的情意在，我们相信大家的能力与为人”，刘长江对此十分笃定。

秉持着这样的投资理念，恰巧同班同学的徐小林找到他们表达了创业的意向，双方一拍即合，新的航程开始了。

“他从读书到现在就做过一件事情，就是声音相关的事情。”刘长江记得徐小林在学生时期就特别喜欢做声音相关的事情，甚至还会自己搭功放和音箱。毕业后，徐小林进入全球十大半导体企业恩智浦。工作十余年，他在公司取得了一定成就，也在上海安了家，日子过得不错。本可以就此安逸生活的他，心里却有着一股不能停的劲儿，他想继续乘风破浪，想做一个属于中国的“中国芯”。

刘长江本想劝他留在上海，听了他的想法以后，内心却颇有同感。他在创业之前，就职于一家通信设备制造企业，原本只是技术员的他，因为务实肯干、头脑灵活得到老板的赏识，在研发、生产、销售、采购等各个岗位上都做了一遍。工作中他发现，一旦外国芯片供应不上，整个公司的生产就会停滞——芯片至关重要。可这样的芯片只能从国外进口，相当于把公司，甚至这类行业的主动权交了出去。刘长江意识到，做出一款国产芯片对企业、对行业、对国家都是十分有益的。于是他们决定投资徐小林，以数学家傅立叶的名字为名，创办了厦门傅立叶电子有限公司。这家公司专注于手机音频功放芯片，配合当下手机趋于薄、轻的特点，制造出小巧但效果极好的国产芯片，华为、小米、三星、LG 等众多知名手机品牌都是他们的客户。

现在，身处中美贸易战的当口下，形势虽然严峻，对于他们来说，却也是千载难逢的机遇。刘长江一行人，正努力将团队的科研成果落地转化，为振兴“中国芯”而奋斗。

团路：行稳致远

转眼即将迎来毕业二十周年，刘长江也将进入不惑之年。

刻板印象中，大多数中老年企业家都皈依佛门，向佛祖许愿保佑自己的事业。而刘长江作为科技工作者，一来秉持着无神的理念，二来他们坚信取得现阶段的成绩，更要感谢改革开放的大环境。“我们从来不赌博，不做超过自己能力的事情，所有事都是一步一步踏踏实实地做。”他们的创业之路正如刘长江为人一般稳健，不做自己不熟悉、没把握的事情，一路上不断学习提高，并且用力所能及的力量帮助着周围的人。

有朋友或是校友想要创业，只要是底子行、人不坏，他们在资金上能帮就帮，却不在具体业务上指手画脚；系里号召捐奖助学金，他们慷慨出手，为系里成绩优秀的学生带去鼓励，一捐就捐出几十年的钱；他们大多数走过了世界不少国家，来来往往，却最心系祖国在自己的专业领域深入耕耘，希望可以成就中国制造芯片，同时，他们结合自己的阅历与知识，写出一篇篇提案向政府建言献策。

刘长江和他的同学们，在人生这条大江中乘风破浪数十载，可以说是顺风顺水，但其中又暗藏了只有过来人才知晓的血汗泪。抱团创业这一路上，他们感谢彼此的支持、学校与国家大环境的营造，更感谢风浪中踏实前进的自己。

撰稿：陈熙　新闻传播学院 2018 级本科生

林俊：点滴终筑机械梦，兢业方铺实业路

◎人物名片：

林俊，厦门大学 1981 级企业管理专业本科、2003 级 EMBA 硕士，1998 年创办厦门美驰实业有限公司，2005 年创办香港宝驰投资有限公司、厦门美驰汽配工业有限公司，任董事长。厦门大学厦门企业家分会荣誉会长、首届监事长，厦门市海沧区政协常委、工商联副主席，厦门理工学院客座教授。

高起点亦不忘勤勉于学堂

谈起当年到厦大上学的情景，林俊仍然十分兴奋："我是在 1981 年考取厦大的，在我高考的那一年，我的成绩是非常出色的，是当年福建省文科总分的第二名，与第一名仅有一分的差距。得知高考成绩以后，中学校领导老师为我选择的第一志愿是北大经济法专业，第二志愿是复旦世界经济专业，但我最终填报的志愿是厦大工业企业管理专业。主要原因：一是景仰华侨领袖、厦大校主陈嘉庚先生的伟大情怀；二是 1980 年代初正是改革开放初期，百废待兴，全民兴起生产热潮，大力宣传企业科学管理重要性，国家急需企业管理人才，而当时北大、复旦面向福建的招生都没有这一专业。因此我欣然选择了厦大企业管理专业，希望将来成为一名出色的厂长经理，报效国家。就这样，像所有初入厦园的莘莘学子一样，我满怀期待地开始了我人生中新的旅程。"

初入厦园的林俊，与许多学子一般，惊羡于它独特的美丽。卷卷书生气拂过茵茵绿枝，飘飘浓墨香漫过芙蓉湖水。开学初，班主任老师就让林俊担任学习委员。企业管理这个专业，汇聚了当年福建省最优秀的考生，好多市县的状元都在这个班，在林俊的印象中至少有七八个，因此这也是当

年厦大文科录取分数最高的专业。身处这样一个群英荟萃的班级，学习就有了更多的压力和动力，而厦大不仅风景优美，更有着非常浓厚的学习氛围，以及良好的学术环境和资源。除了本专业的课程，林俊还安排了许多经济类的课程，如工业会计、管理会计、数理统计等，因此有幸聆听了常勋教授、黄良文教授等大师教诲。其他有关工业企业管理的基础课程，如机械制图、机械制造与设计、电子电工等，都是以后面对社会，在工作中非常实用的，毕竟机械与电子是工业化国家的支柱产业。回忆起当年老师的教导，林俊深情地说："曾重庆老师教的量本利分析法，我毕业后多年在做市场分析、投资决策时一直在使用。"

厦门大学的学风非常开放，具有包容性，学校常常举办各种讲座，也有许多外校甚至国外的学者前来开设讲座，进行学术交流，这对于好学的学生来说就有了广泛涉猎、增长知识的便利条件。同时，校图书馆的各类藏书就像知识的海洋。当时的教学方法，基本上是一本书讲一学期，考试也就是书本里的，很少需要大量阅读写分析报告，因此阅读基本上是自己的事。林俊在上课之余，阅读了大量西方经济学、管理学著作，对于各个管理流派大师的著作也看了不少，例如泰罗的《科学管理原理》、马斯洛的《动机和人格》等。

林俊一直认为，人家所拥有的时间都是相同的，·天都是 24 小时，但是每个人对时间的利用和重视程度不同，其得到的结果可能就完全不同。大学四年，是人生非常宝贵的四年，有些人看了几百本书，听了几十场讲座，学会了几项运动，强健了体魄，结识了志同道合的朋友；而有的人可能只是应付了课堂及考试，那么，知识的积累是不同的，走向社会的基础也不一样，机会永远只留给有准备的人。

初入社会舞台夯实社会基础

1985 年林俊大学毕业，国家统配，分配到北京邮电部管理干部学院任教，第一次试讲就得到了老师及教务处的广泛好评。正式讲课也得到了学生们的欢迎和赞誉。另外，凭着大学练就的一点本事，他在教职工运动会上取得了多项田径运动前三名的好成绩，同时又是各项球类运动的主力。因此，林俊很快成为学院重点培养的青年教师骨干。他先是参加了国家各部委联合举办，由来自国外学者授课的经济管理培训班，脱产学习了三个月，收获颇丰。后又作为学院唯一代表，参加了邮电部朱高峰副部长的基层企业管理考察团，跟随朱部长在二十余天内考察了河北八个县的邮电企业。这些都从理论与实践上丰富了林俊对邮电行业企业管理的认知，他由此撰写了《邮电企业人事劳动管理》一书，作为任职学院的教材。由于管理干部学院主要负责行业内各级领导干部的培训工作，因此，三年的任教时期，林俊教过七百个邮电局长。从县邮电局长到省邮电管理局长，他也有幸结识了这么多具有丰富管理经验的管理者，从他们身上学到了许多企业管理的理论与实践经验以及处世为人的道理。

职场经历丰富人生历练

在北京工作的三年，是林俊工作经历的开始。但是，作为土生土长的南方人，他还是更加想念大学四年所在的厦门，像当年报考厦大企业管理专业的初衷那样，他也期盼在企业中从事管理工作，将来成为一名出色的厂长经理。因此，1988 年，林俊调动回到厦门，到当年厦门市第一大合资企业——厦华电子工作，在生产部任物料控制经济师，负责厦华收录机厂及自制件厂的物料控制工作，这是他第一份真正意义上的企业管理工作，经过努力，林俊成功地从一位管理学教师转变为企业管理工作者。此后，林俊也获得了越来越多的机会，职位不断得到升迁。他曾在当时厦门的大型房地产及百货企业华辉经济发展联合公司担任管理部经理，后升任总办主任，主管公司的行政管理。1995 年，他在厦门的第一家港资企业，也是当时中国最大的生产电话机及电话应答机的企业——宏泰电子担任中国市场总经理，主管销售部、经营行政部、售后服务部等三个业务部门。他作为该企业第一个大陆高层管理人员，任职三年不仅为该公司设计制订了中国市场的开拓计划、销售政策、销售策略及销售人员的薪酬制度，建立广泛的销售网络打开了中国市场，提高了产品的知名度，还主导了与央企中国电子器材总公司的战略合作，借此进入中电器材总公司的营销渠道。

创业创新编织人生新篇章

1998年，林俊婉拒了公司老板的多次挽留，决定自己创业，并且立志不与原来的同行接触，不利用原有的资源，林俊认为这是做人的本分。因此，他选择了一个对他而言全新的行业——机械行业，一来这是国家及厦门市的支柱产业，有着广阔的市场前景；二来他大学时学过许多机械方面的基础知识，对这一行有兴趣。

由于是全新的行业，没有什么可利用的基础，林俊凭着一股闯劲及坚定的毅力与不懈的努力，自己当业务员跑业务，从零碎的小业务开始，有什么做什么，维持着一个小工厂的运行。真正的转机来源于一次他为同学公司解决技术难题的偶然。1995年，林俊利用业余时间，回到母校的企业管理研究生课程班学习，1998年底，在一次同班同学的聚会上，一位在金龙联合公司任职的同学，知道林俊创办了一家机械制造企业，过去又在大型电子企业工作过，便提出让他帮助设计生产一款机电产品，以解决客车在行驶时速达到50公里时产生的一种电磁波干扰的问题，这种电磁波干扰会引发客车的所有电器如喇叭、电视等产生噪音。接到这一课题，林俊意识到这是一次重大的机遇，尽管当时公司缺少专业人才，但他立即利用之前在职场积累的人脉关系，寻找到合适的技术人才，利用业余时间开发这一产品。经过反复的试验，他们开发了模具，生产出第一台汽车电源净化器，完美解决了客车行驶中产生的电磁波干扰问题。凭着这一产品，林俊的公司成功成为当时中国客车市场新星——大金龙的供应商。随后，第二款产品的开发需求来了。当时，中国的客车都还在使用手动后视镜，大金龙设计的一款客车，因为使用了进口的电动后视镜，获得了市场的青睐，从而接获了大量订单。然而，由于进口电动后视镜十分昂贵，国产只有无锡的一家供应商，但质量又极其不稳定，林俊的美驰公司因此得到并抓住了这一机会。开发的过程非常艰难，林俊曾经为了后视镜机芯的材料问题，找了厦大相关实验室分析注塑材料的成分及配比，又寻找了一位厦大校友的注塑厂试制。虽然经历了一次又一次的失败，但他们始终坚持不懈，终于设计生产出合格的产品，成为全国第一家通过国家汽车质量标准中心检测认证的电动后视镜。林俊笑称，人生的很多经历都是与厦大紧密联系的，母校就是自己的亲人。凭着这一产品，美驰实业不仅加强了与大金龙的配套联系，而且其产品还销售到了全国大多数知名的客车企业，林俊的事业翻开了新的篇章。

1999 年，公司出现了质的飞跃。金龙公司设计开发出了第一款流线型车身的客车，它一改过去车身造型方方正正的模式，受到了市场的追捧，但随之而来的是制造难题：如何将车身骨架的主要材料矩形管弯制成各种曲度？在当时，这可谓是一大难题，各种弯管机只有弯圆管的，没有现成的设备，而使用各种办法弯制不是开裂就是变形。金龙的自制车间只好将矩形管切开弯制到位后焊接成型，这样，一根顶盖弧杆件切十几道口子，再焊接回去，不仅费工费力，又改变了材料的物理性质，降低了刚性，还容易生锈。美驰实业抓住机会，主动介入产品的技术开发。林俊寻找召集了包括教授、高工、博士、技术工人和模具工等各方面的人才组成了开发团队，历时 4 个多月，试验上百次，最后通过自制矩形管弯管设备，成功开发出全国第一套无切口无焊接的客车车身弧杆骨架，由此成功承接了大金龙所有车型的车身骨架、弧杆件的制造。他们进而又成功成为金龙旅行车(小金龙)的车身骨架配套企业，以及上海申龙客车的车身骨架供应商，一举成为当时中国乃至世界最大的客车弧杆件制造商，美驰实业由此在中国的客车界打响了名声。

2005 年，林俊的公司又迈上了一个新的台阶。他相继成立了香港宝驰投资有限公司和厦门美驰汽配工业有限公司。连同原来的美驰实业，其公司的业务分类发展，既有工业制造，又涉足投资、金融等多个领域，并且，凭借湖里区纳税大户的业绩，由海沧区引进、供给土地自建厂房，公司的业务由此快速发展。随后，林俊又相继进入工程机械领域，为厦工重工制造供应矿用车车斗及驾驶区平台；造船领域，为厦船重工生产制造船用管子及各种非标舾装件，达到年产十几万根管子的规模；卡车领域，为中国重汽福建海西汽车公司开发生产三款底盘全套结构件。

如今，林俊创办的美驰工业已成为中国交通运输装备领域机械结构件的设计与制造专家，在厦门深青工业区、东孚工业区、绍兴柯桥柯东工业区以及南京江宁区谷里分别建有工业生产基地，其中，厦门生产基地拥有自建厂房 10 万平方米。

林俊的公司在 2005 年前是湖里区的纳税大户，2005 年起，已连续十几年成为海沧区的纳税大户。美驰商标成为福建省著名商标，美驰产品是福建省名牌产品，美驰企业是国家级高新技术企业，国家首批两化融合认证企业，中国五金工业百强企业，还是福建省劳动关系和谐企业，厦门市诚信示范企业，纳税信用等级 A 级企业。在事业发展的同时，林俊同样热心公益事业，各类捐款达上千万元。毕业三十多年，林俊对母校厦门大学仍满怀感恩之情，尤其看重校友之间的情谊。他是厦门大学厦门校友会企业家分会的首任监事长，企业家分会广泛联络在厦企业家校友，与母校互动频繁、关系密切，还主办了厦大人献礼陈嘉庚——马来西亚分校商务艺术之旅，委派企业家校友管理厦门爱乐乐团，在新冠疫情期间捐助抗疫物资给母校等。

又见一年芙蓉花开

多少年，可以遇到如今这样一个伟大的时代？
多少年，可以遇到如今这样一个优异的体制？
多少年，可以遇到如今这样一个创新的社会？
步入厦园，便潜心求学，增长见闻，多多沟通；
踏出厦园，亦把握机遇，勇于挑战，筑梦小我，成就母校。

撰稿：曲艺　经济学院 2019 级本科生

吴国健：两次创业拥抱互联网浪潮

◎人物名片：

吴国健，1990级航空航天学院本科生，1994年毕业于系统科学系控制科学专业，1994—1996年就职于义乌市人民检察院，1996年辞职后创办浙江宏远智能科技有限公司、义乌绿禾电子商务有限公司和浙江安远检测技术有限公司等企业，现旗下企业年销售收入3亿元，有员工300余名。现任义乌市政协委员、义乌中国小商品城总商会数码商会会长、义乌市电子竞技协会会长。

吴国健

规划清晰，脚踏实地——吾将上下而求索

1990 年，我考入厦门大学计算机科学系。每当有人问起报考计算机系的初衷，我总会忆起高中对编程充满兴趣的日子。“兴趣是最好的老师”，受益于高中时期的计算机课程，在填报志愿时，因为看到了信息革命的趋势，所以我选择了计算机科学这一条充满未知和机遇的道路。

关于创业，我并非突发奇想，而是早有规划。大学期间，特别是看到 IT 行业巨大的发展前景后，我不仅明确了未来将要从事的职业，更萌生了自己创业的想法。所以从那时起，我就已经有意识地在外面的 IT 公司兼职，了解企业运作的一些基本规则。

毕业分配工作后，我曾到义乌检察院任职。其实在当时，我内心的想法就非常清晰：不管第一份工作是什么，都要为自己创业做准备。所以在义乌检察院工作的两年，我一边做好本职工作，一边尝试着在外面做创业投资。非常幸运的是，当年我第一次投资，就赚到了人生的第一桶金，这使我对自己未来的创业雏形有了更清晰的认知。

20 世纪 90 年代末，“改革春风吹满地”，义乌掀起了全民皆商的浪潮，检察院也乘着这股春风投资创办了一家实体企业——义乌宏远工贸发展有限公司。后来中央宏观政策有变，政法系统创办实体企业被叫停。由于我负责的业务渐有起色，再加上之前个人对外投资的业务完成了一定的原始积累，所以我就顺势把宏远公司改制买下来了，也正式辞职离开了体制，开启了我真正意义上的创业之路。

顺势而为，逐梦新起航——创办宏远智能科技公司

虽然我在政企改制时买下了检察院创办的宏远公司，但是由于原先公司的业务领域和我的规划方向不甚相同，所以我将其重新改名为“浙江宏远科技智能公司”，这也是我创业的第一家正式企业。创业伊始，由于互联网在全民领域的兴起，我的事业起步很顺利。鼎盛时，宏远电脑在零售端占据

了义乌电脑数码市场 30%～40%的市场份额，在客户端则包揽了义乌近八成企事业单位的办公电脑及基础网络建设。

但是止步不前是没有发展前景的，所以从 20 世纪末至今，我们的业务逐渐从初期的销售电脑及配件，扩展到提供电子化办公服务，再到中期提供的企业信息智能化管理、网络安全防护，直至如今的产品触网，线上线下同步销售。如今，公司的规模达到了一个更新的高度，这样的发展离不开“创新”二字。我始终认为，唯有创新，才能跟上移动互联时代的变革。

但每当有人和我谈论起宏远的成就，我还是愧不敢受。回望过往，我觉得任何个人或者企业的能力都是有限的，顺势而为，就能事半功倍。趋势看准，只要踏踏实实把自己每一步的工作做好，就能得到合理的回报。而我创业的第一步——宏远智能科技公司也是如此，信息产业在过去的二十年间得到了飞速发展，我身处其中，取得了一点成绩，不过算是搭上了行业的顺风车而已。

敢于突破，挑战全新领域——创办绿禾生鲜平台

有人曾问我，在 IT 行业做得风生水起，为什么还要介入农产品领域？我介入农产品这一全新的领域，是源于当时的食品安全问题。2013 年的时候，食品安全法还未出台，媒体上每天都充斥着各种有关毒食品的新闻。那时候我在想，如果让我来做食品，我一定不会为了经济利益去干那么缺德的事情，我会让身边信任我的人，吃上放心的食物。

这个想法形成后，我便开始寻找办法付诸行动。但在当时，“宏远”的主营业务是计算机和网络信息技术服务，然而，想要介入一个全新的领域，拓展食品生鲜业务，谈何容易！一方面，电商领域竞争激烈，国内大型电商平台已经占领了一定市场份额；另一方面，由于农产品电商的一些特性，比如非标化、全冷链以及高损耗，决定了创业的风险很大。虽然当时的农产品生鲜电商领域方兴未艾，但是我相信，“创新就是创业的生命力”，而且有“宏远”创业时期积累的经验和资源在前，我还是决定放手一试。于

是，在 2013 年我们就和义乌农村经济发展有限公司合作，组建了义乌绿禾电子商务有限公司，打造了“绿禾网”这一土生鲜电子商务平台。

虽然农产品和 IT 看上去是风马牛不相及的两个行业，但是我始终相信“服务赢得口碑”的理念。所以在“绿禾”刚建立之初，我常常做的事情就是跑各地的果园、农田，观察农户如何种植，为的就是寻找当季新鲜的果蔬、肉类，保障平台上消费者对食品质量的要求，同时也是为了熟悉生产过程和把控采购流程。在严控生产源头的同时，我们也积极寻找改善销售过程的方法。由于农产品的特殊性，如何在运输过程中保持新鲜成了一个问题。后来，我们采取了定量销售的“巧办法”，减少了产品损耗，也降低了成本。

通过几年的发展，“绿禾网”在 2017 年销售额已破亿元，注册用户已经达到二十多万户。后期我们仍然会努力发展，但我认为只要在本地做好口碑，做好服务，不断创新完善，不让我们的用户失望，在这个领域就会有自己的一席之地。

承担责任，稳中求进——厦大人的情怀

“自强不息，止于至善”，母校的校训我一直铭记在心，且犹如佳酿，时间越久，越让我感受到校训里蕴含的文化内涵。创业途中，我时常会想，“自强不息”如果指的是企业本身的发展过程，那么“止于至善”又意味着什么？是指企业臻于完美的经营成果吗？对于这个问题，我终于在今年年初找到了答案。

今年爆发的新冠疫情，给社会各界都带来了惨痛的损失，居民的生活受到巨大影响，形成了这样的局面：一方面，出于防控需要，市民居家不出，蔬菜等食品储蓄量的问题急需解决；而另一方面，农民销售货物的渠道无法正常实现，大量蔬菜、鸡鸭等农产品滞留在种养殖基地。此时作为运营生鲜的线上平台的我们在这次疫情中就发挥了巨大的桥梁作用，即把供求两端的群体联系起来，一边收购滞销的农产品，一边竭尽全力地保障市民的日常

供应。虽然那段时间我们几乎每天都忙到深夜，但是却真正感受到了自己的价值。在此之前，“绿禾”于我只是一桩业务、一个公司，但是在此之后，我深深意识到了企业所要有的特质——社会责任感。在人民需要的时刻，“独善其身”以至于只谋求自身利益的企业，远不如能够在黑暗中发光发热的企业有社会价值。至此我才理解，“止于至善”不单指的是某所公司市值资产的估量，更指的是一种兼济四方的情怀和力量。

小心谨慎，敢于创新——两次创业，拥抱互联网浪潮

无论是以网络信息服务为主营业务的宏远智能科技公司，还是销售农产品的绿禾网，我们选择了这两个行业，就意味着选择了创新。

尤其是2013年创建的绿禾网，这一商业模式是前所未有的，比如我们的技术团队开发了现有的平台，有什么新的想法，就能立刻在客户端体现出来。也正因如此，“绿禾”有一些功能和理念，甚至在全国范围内，都算是独一无二的。我们坚持用创新引领创业，避免陷入残酷的价格战，这样才能够在一片红海中保持自己的盈利能力和可持续发展的可能性。

若要谈到两次创业的共同之处，我认为企业的技术创新是一方面，另一方面在于创业者的品质和态度：每天战战兢兢，如履薄冰。“风口易踩，贵在坚持”，能看到机遇的人很多，但是为什么有的人能够有所成就，有的人却竹篮打水一场空呢？我想，区别之一就在于坚持。特别是在如今的互联网时代，这一点体现得更加明显——自己专业知识的积累、用户习惯的养成、有效客户规模的沉淀，这些都需要时间，所谓从量变到质变，我们要耐心等待。创业不是儿戏，创新至关重要，能做其助力器，这道理固然不假，但“谋事在人”，创业者的态度也决定着企业开始、发展和结束的生命周期！

撰稿：韦新夏　经济学院2019级本科生

王苗庆：心有猛虎，细嗅蔷薇

◎人物名片：

王苗庆，厦门大学物理与机电学院物理系 1998 级本科生、2003 级硕士生。2013 年他创立绍兴中科通信科技有限公司，入驻绍兴袍江经济技术开发区。他所创立的公司面向 5G 市场，坚持“以质量求生存，以创新求发展，以技术求进步，以人才为基础”的经营理念，为客户提供创新型的高端光芯片、光器件及光模块。目前，公司已有员工 300 余人，在杭州和新加坡、欧洲等地都建有研发中心，每年研发投入占比达 10%。

王苗庆

相遇厦大：偶然镌刻永恒

王苗庆和厦大的相遇纯属偶然。高中毕业之前的他对厦门一无所知。只因为看到一张建南大礼堂和上弦场的海报，只因为惊艳于这红色建筑物的气势蓬勃，他便选择从浙江出发，穿越山河，来到厦门。他没想到来厦门这一待就是五年时间！读完本科后，他先是去西藏做了一年志愿者，之后读了厦大和中科院联合培养的硕士——在厦门上完一年的基础课程之后去了北京中科院半导体所，做实验和论文。这次偶然的相遇给他搭起向上的跳板，让他在五年时光的沉淀之下看到更多的机遇和更广阔的世界。

大学时期照片

厦大的生活状态给王苗庆带来了很深远的影响。理工科的学习很苦很累，每天都有上不完的课。大一大二的时候，他偶尔会去白城海边那不记得叫什么名字的树下面的石凳上学习，在那里写写作业，吹吹海风，听听音乐，看看风景，“真是一种享受，觉得人生也不过如此”。他回忆道，在物理学院做实验的时候，打开窗户就能看到湛蓝的海，吹着海风，格外凉爽，看着远处的海面有船只徐徐移动，做实验的压力一下子就被释放了。这也是为什么王苗庆走过很多国内外的高校，还是觉得厦大是最美丽的——美丽的海景启蒙年轻的他去享受生活，放平心态；“自强不息，止于至善”的校训教会年轻的他虚怀若谷，求知若愚，向上探索，永不停息；985 大学的平台给予年轻的他追逐梦想的底气，支持他登高望远，又提醒他潜心修行。厦门大学，是他的母校，是他留下成长足迹的地方，是他贮存青葱岁月的地方，是他心中永远的白月光。

心系创业：初心点亮道路

王苗庆经常说的一句话是“中科通信，在路上”。虽然创业维艰，道路漫长，但他一直相信，走着走着就会到了。

其实很早之前创业的想法就在他心里萌芽了。虽然毕业之后他先去了深圳的外资企业做工程师，从最开始的技术类职员做到了职业经理人，甚至到公司的总经理，但是他心里一直有个声音在呼唤：“自己搞搞看”。那时，通信行业整体发展很快，在深圳工作的过程中，刚好技术、团队都有了，契机突然出现，所以王苗庆就顺理成章自己创业，创办了中科通信。

很多路都是走着走着就走出来的。从职业经理人到创业 CEO，是不一样的过程，不一样的经历。

早期阶段最为困难，所有事都得自己扛。这是一个从无到有的过程，要设备没设备，要场地没场地，要资金没资金，很是痛苦。王苗庆说最困难的地方在于，公司成立初期不仅面临着人员、资金的匮乏，而且很难找到供应商或者大客户。供应商不理解，认为小公司的订单无所谓，要账期根本不会给予支持；大客户不情愿，人家觉得这公司太小了，不想建立合作。企业的生死往往命悬一线。

但是只要迈出第一步，就完成了马拉松最重要的一步。后来经过慢慢接触，供应商和客户逐渐发现中科通信的潜力，肯定了整个团队，也就逐渐给予了他们机会。随着市场的逐步开拓，技术的不断积累，中科通信的客户体系越来越完善，供应商支持力度也越来越大，正向循环就形成了，越来越多的人才也愿意加入其团队。

谈到现在的状态，王苗庆有些许自豪和更多的期待，“要知道早期招人十分困难，一听到是小公司，很多优秀人才都不愿意加入，毕竟我们当时给不了他们想要的待遇。 但这几年，我们的团队已经开始引进硕士、博士，包括海外人才。 我自己目前也在海外读博士，学习永远在路上。 毕竟光通信行业主要是做芯片模块，面向 5G 市场，行业内部人才济济，学历层次都很高，所以我自己去海外进修加强技术，这样再去海外进行技术交流对接就更为轻松，对公司也更有帮助。”

走了这么多年，他颇为感慨。 这次新冠疫情对中科通信来说也是一大考验，其他很多企业纷纷破产，但是王苗庆的公司还在前进。“这条路，相信我们会走很长很远。”

超越个体：格局开启未来

当创业到一定程度，考虑的就不能只是自己了。

“对我个人而言，我想和马云一样，以后当个教师。”其实王苗庆原来也做过老师，现在也想等到自己真正退休了，回到教室去，要么在大学的教室，要么在乡村的课堂。 育人育己，这才是他将来最想做的事情。

“但是，当下这么做是不可能的，你的心里得装着整个公司和团队”。王苗庆对笔者说，在他目前的位置上，不能只顾自己，更多的目标是要坚持把这个企业做好，坚持回馈员工。“每天脑海里都萦绕着一个想法，要为公司创造更多的价值，要为员工的生活考虑”。 王苗庆很看重员工，他的朋友圈里有很多张为员工庆生的照片，大家都笑得很开心。“毕竟每个人在这里努力打拼都是想分享一些利益，他们有家庭，有生活需求，也想在这里实现人生价值，而回馈员工就是回馈整个企业”。 走着走着，发现身后跟了一堆人，便再也停不下来。

除了公司，还有国家。 光通信是前沿技术，承载了国家科技战略的核

王苗庆和公司团队

心，身在这个行业，王苗庆免不了考虑到国际环境和国家政策。目前国家5G的芯片领域，尤其是5G的核心器件亟须发力。2019年的中美贸易战时期，国家每年从国外买芯片就要花费三千亿美金，数额巨大。直到现在，尤其是疫情期间，中国经济想要发展，阻力巨大。

“我不敢说自己有多大的野心，但我们确实是在间接或直接地在为国家做贡献”。公司的整个团队都期待趁着还有拼劲，努力站到5G领域的制高点。他们想要聚焦光芯片，做好光模块，真正地研发创新，服务更多的企业，真正地为客户带来一些价值。他坚信真正的企业家是要有社会责任感的，需要为社会创造价值，而不是小富即安，还要有大志、大愿。虽然回到家乡绍兴创业，但是王苗庆一直在向前看，向远看，期待有一天，能开拓新的世界。

寄语：在理想与现实之间穿行

虽然已经带领三百多人的公司，但是王苗庆仍然认为创业是一条“不归路”，需要谨慎。

现实和理想往往相去甚远，对大学生而言更是如此，没有真正走进过社会，怎么会理解创业的苦痛。

当然尝试是有益的，在经验方面，王苗庆说了三个要点。

首先要有心理准备。失败了从头再来，但一定要屡败屡战，不要轻易放弃自己，尤其是不要放弃生命。大学生年轻气傲，遭遇到重大挫折可能一时冲动把自己的生命搭进去，这种做法最不可取。

其次要实现真正的创新。大学校园的创业很多时候是把一些美好的想法假想为一种需求，进而想去把它变成一种产品或者一种服务来推广，但其实这种想法最难变现。大学生最重要的还是要有创新能力，一个简单的商业模式是很容易被模仿的，但简单的模仿往往难以成功。很少有人能够大学刚毕业就创业成功，这样的成功者不仅仅是万里挑一，更可能是百万里挑一的。王苗庆认为所谓的创业并不是开个小卖铺，做个小生意，那只是糊口谋生，真正的企业家是要有宏观的愿景的。

最重要的是要有情怀，心怀社会。当下互联网的导向对年轻人心态影响很大，直播平台迅速发展，卖笑卖萌都能赚钱，谁通过营销吸引的客户更多，谁就能把产品卖得更多，但这些对社会的价值和意义其实不大。因为相关制度还没有完全成型，所以现在网络上的很多赚钱手段其实就是“钻了个空子”。在王苗庆看来这样不算创业，只是短期的收益，就像一阵风，握不住，留不下。他认为这个时代的一些人一些事离情怀差得很远，所以他更想看到大学生去做一些实际的创新，一步一个脚印，之后再寻求仰望天空。

王苗庆强烈建议毕业生先去企业学习，再自己创业。“马云都失败过好几次，雷军更不用讲，刘强东也是摸爬滚打才创立了京东。创业需要人脉和资源，否则很多想法都是海市蜃楼，很容易一脚踏空，摔跟头”。他认为磨刀不误砍柴工，人生比拼的是长度，不在乎早期三五年的学习时间，所以打牢基础是必要的。大学生需要把企业现代化的管理模式搞清楚，需要在社会上积累足够的人脉和资源，再去创业。

从学生到社会人，从职业经理人到企业家，回忆岁月，王苗庆总是感慨万分。王苗庆最想分享给后辈的可能只有两句话：

“永远记得，你将来想做多大的事情，取决于你之前的积累。”

“学生时代我再也回不去了，希望你们好好珍惜在厦大的美好时光。”

撰稿：陆一丹　新闻传播学院 2017 级硕士生

吴燕菲　电子科学与技术学院 2019 级本科生

王炜：健康环境和健康生活的倡导者与启蒙者

◎人物名片：

王炜，博士，全国劳动模范、上海市质量个人金奖、中共上海市第十次党代会代表、厦门市人民政府铜质奖章获得者，1991 年毕业于厦门大学化学系，水文水资源高级工程师，环境保护与资源综合利用高级工程师。被聘为长江生态保护科学技术委员会委员、中国化工学会工业水处理专业委员会常委、《工业水处理》杂志理事专家、上海高新技术人才协会副理事长，上海水资源保护基金会理事、《集中空调循环水系统水质标准》主要起草人、《中国低碳城市发展研究报告 2012》编者、《水处理理论与技术》专著作者、《实用供热空调设计手册第二版》编者；先后被聘为中科院客座研究员、上海交大高级研究员、华东理工客座教授、厦门大学化学化工学院客座教授、复旦大学客座教授、同济大学专家、上海市党建研究会高级研究员。现任上海洗霸科技股份有限公司董事长、总经理、总工程师。

王炜

源于热爱，用于大爱

20 世纪 80 年代，时任厦门大学副校长、化学系一级教授的蔡启瑞学部委员(今天称为院士)是中国催化科学专业的奠基人，在当时具有极高的社会地位和影响力。出于对化学的热爱，我追随蔡启瑞院士的脚步报考了厦门大学物理化学专业，并有幸师从蔡启瑞院士。厦大学风务实严谨，厦大的老师，例如蔡启瑞院士和我的第二导师张潘贤教授，对待工作一丝不苟，对学问的求真和学生的教导非常严谨，当年在厦大的求学经历对于我后来工作事业的发展都产生了决定性的影响，它将化学这枚火种深深地种在了我的心里。

毕业后，我考取了公务员，本以为会顺着这条外人眼里顺畅平稳的道路走下去，但我的人生却在一次不经意的北上途中有了转折。当时，我从厦门乘海船北上旅行，中间经停上海。一路碧海蓝天风光旖旎，海船进入了上海海域，借着灯光我忽然发现海水变成了浑浊的黄色，并且随着海船继续往上海方向航行，海水变得愈发浑浊，甚至翻涌起污浊的泡沫。这一次与上海的初见，给我带来了不小的震撼，上海在我心目中应该是科技最先进、环境最优美的地方，可这里的水环境为什么会这样呢？我当时就在思考，也许我该留下，做点与水处理技术相关的工作。当时化学专业研究生毕业的我，恰好获得了一项国家发明专利。于是，我毅然决定不再北上，当即下船留在上海，这一留就留到了现在。

要想在上海留下来，如果要做企业，那我就需要对标。我发现全世界在相关领域第一名的公司是 GE WATER，其前身是一家美国公司贝迪 BTZ，后来被 GE 韦尔奇收购。于是，我就研究这家公司，它到底做什么，它的客户群是什么，为了能向它学习，就要有技术，有产品，而我想到我拥有专利，因此我就开始了水处理解决方案以及闭室空间环境消毒解决方案的研究和开发。在 20 世纪 90 年代的上海，“水环境污染治理”在国人眼中还是个陌生的概念，上海本地从事相关业务的企业也寥寥无几。但在那时，我心中的火种已悄然被点燃，1992 年 7 月，我在上海开始创建上海洗霸公司。

上海洗霸总部

国难当前，一往无前

上海洗霸科技有限公司的名称源于我 1989 年所写的一首词，这首词的每一个首句分别为“上善若水”“海纳百川”“洗濯尘源”“霸业共襄”，因此“上海洗霸”就取其各句首字，而因为我是读书人，就加上了“科技”二字。因此，“上海洗霸”四个字不仅表达了我的人生态度和坚持，也蕴含了我对公司的定位和期许。

相较于外界对公司的“水环境污染治理”的定位，我更认为上海洗霸是一家“化学品技术整体解决方案”公司。公司成立之初，就专注于水处理化学品技术整体解决方案及闭室空间环境消毒化学品整体解决方案。自今年疫情发生以来，闭式空间环境消杀的问题成为大众最关心的焦点之一，事实上，早在 2003 年“非典”时期，“上海洗霸”就经历过这样的重大考验。因此，当今年 1 月初听闻有不明病毒的消息之后，我就凭借此前的经验，迅速做出反应，在 1 月中旬就做好了准备。在疫情期间，“上海洗霸”要做的

水处理设备调试中

第一步在于：让人们健康出门，让产业正常复工，而当境外疫情很严重的时候，我们要做的则是健康地守护我们的国门。

国难当前，“上海洗霸”一往无前。在积极响应的背后，作为一家上市公司，我们没有选择“坐地起价”，而是决定一律按照 2003 年的标准收取相关服务费用。因为在 2003 年“非典”期间，我就已经注意到相关消毒产品会出现价格暴涨的情况，这将加剧民众的恐慌情绪，并给防疫工作带来困难。在这种危急时刻，价格的管控是非常重要的。因此，从“非典”到“新冠”，秉承一样的坚守和一样的担当，时隔十七年，我们的价格仍然维持不变。

无问西东，步履不停

“忆起步维艰，栉风沐雨，群贤毕至，共争夕朝。二十八载，弹指一瞬，经多少骇浪惊涛。”如今回首，当年年少的一腔热血与心潮澎湃的样子仍依稀显现，来到上海创立上海洗霸的人生之路于我虽是偶然，但创业创新这条路我却是在学生期间就早已踏上。在厦大读书的时候我就已经有了不成熟的创业思考。每年假期，我都会探讨如何把假期的空闲时间转化为有

查看水处理产品品质

价值的生产力，如将同学的待用品有偿地转给需要的同学，或是给同学们介绍假期短期零工，或是给落榜的高考生进行定向精准辅导等。因实行有偿技术服务的提供，20 世纪 80 年代，还在求学的我就已经是一个万元户了。直至今天我仍然认为，对学生们而言，努力读书与假期实践或者求学期间创业是不冲突的。

2016 年 6 月，我有幸受邀参加厦大应届毕业生的典礼，在几千名应届本硕博毕业生的毕业典礼上，以学长代表的身份发言。我希望学子们毕业后能做一个有韧性的长跑者，也就是，我们不管做什么东西，只要坚持再坚持，把复杂的问题分解为简单的多个问题，把简单的问题重复做，重复的事情创新做，最终就有可能做到极致。如今，创新创业的热潮激励着许多有志青年学生发挥才智"勇闯天涯"。而对于这样的学子和热血青年，我仍然是提出同样的建议：只要我们能在摸索中前行，在实践中试错，在试错中总结，在总结中找准方向，付出的努力就会有回报，执着地做到极致，就一定会在这个奋斗的领域中有所成就。

厦门大学的百年校庆要到了，百年这样一个节点对于学校而言是弥足珍贵的，对于我们这些学子来说，能够见证母校的百年校庆对我们来说是一种

在研发中心前静思

幸福，也是一种幸运。在百年到来之际，我们要做的就是感谢、感恩母校对我们的培育，也要感谢、感恩老师对我们的培养。在离开学校以后，我们能做的就只有继续努力，不要给厦门大学丢脸。

扎根环保，引领创新

能来到厦门大学并有幸入蔡启瑞院士师门学习化学专业，铺陈了我未来人生的底色，让化学既成为我的热爱，也成为我的依傍。一次北上的旅行转变了我人生的轨道，让我能利用所学，为祖国的环保事业贡献一份力量。

公司成立之初，很多企业还认为环保是花冤枉钱，当时环境保护主要靠我们环保人来游说。而2000年之后，随着经济高速发展，生产中造成的污染对企业发展有一定阻碍作用，企业的环保意识逐渐觉醒。到了2015年，最严《环保法》的出台，让环境治理有法可依，原来企业的被动环保慢慢变为主动。预计到2025年前后，全民对于环境保护的意识可能会非常强烈，由原来的不知不觉，变为先知先觉。而环保真正的风口也将在5年后到来。

环境如水，发展似舟。水能载舟，亦能覆舟。“绿水青山就是金山银

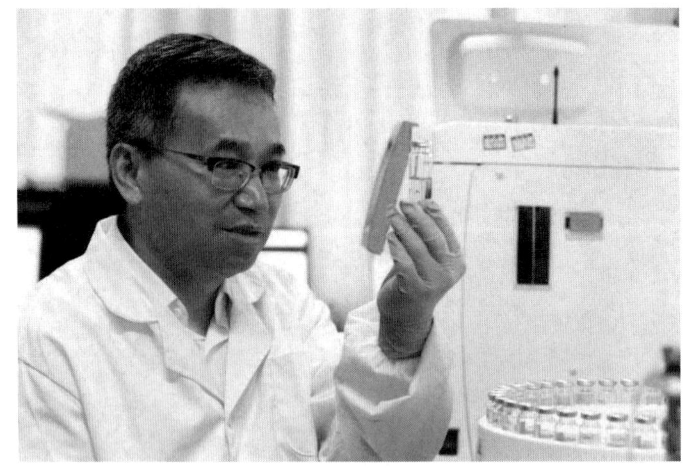

产品研发中

山”的科学论断阐述了经济发展与环境保护的“舟水关系”。而“上海洗霸”希望在成为中国环保技术服务的引领者后，更能在健康环境和健康生活的倡导与启蒙方面成为世界的引领者，扎根环保引领水处理技术创新，为秀美中国勾勒绿水青山，更为世界环境保护贡献中国力量。

撰稿：林翊颉　新闻传播学院 2019 级研究生

肖磊：让中国高端激光技术走向世界

◎人物名片：

肖磊，厦门大学电子工程系无线电物理专业 2002 级硕士研究生，2005—2006 年在厦门大学嘉庚学院任教，2006 级厦门大学通信工程系通信与信息系统专业博士研究生。曾获 2016 年东莞市创新领军人才、2017 年东莞市特色人才、2018 年广东省科技进步奖、2019 年东莞市创业领军人才。于 2019 年 3 月在东莞市创立广东镭泰激光智能装备有限公司，任董事长及总经理。公司秉承“树镭泰品牌，创百年企业”的企业愿景，追求“精于技术、工于品质、诚于服务”的企业核心价值观，通过持续的技术创新，不断突破激光应用核心技术瓶颈，实现替代进口，促进粤港澳大湾区和中国激光智能制造行业的创新发展。

坚持梦想，科研学者的诞生

出身农村，家境普通的肖磊，从小在艰苦生活的劳作体验中养成了不畏艰辛、独立自强的优秀品质，并且在父辈的影响下他坚定信念：一定要走出大山，看看外面的世界！经历过第一次高考落榜，南下打工的肖磊切身体会到没有知识是走不远的，这段打工经历不仅激发了他的求学欲望，也为他和广东埋下深深的羁绊。第二年复读后，他在赣南师范学院物理教育学专业完成了专科学习，但这与他的学习梦想仍然相去甚远。在之后三年的乡村教学中，他内心燃烧的信念击退了身边人的冷言冷语，使他能毫不动摇地坚持追逐着自己的梦想，在完成繁重的教学任务之余仍然挤出时间来学习专业知识，顺利完成了专升本的学习。

可惜的是，2001 年，肖磊第一次考研落榜了，巨大的打击和压力让他有些迷茫。坚持还是放弃？在肖磊人生的低谷中，是父亲的鼓励让他重整旗鼓，再次向梦想的学校发起冲击。次年，他终于成功考取厦门大学电子工程系的研究生，从此便走上了科研的漫漫长路！ 在攻读硕士期间，肖磊刻苦学习，努力吸收最新的专业知识，不断地让自己在长时间里保持高强度高精度的学习状态。 并且不断地自我挑战，四年后，他又考取厦大通信工程系博士研究生，继续在科研的道路中上下求索。 十几年的求学路上，有他无数个日夜的挑灯夜战，有他无论身在何处心中都不灭的希望之光。 正是他的坚韧与热爱，让他一步一个脚印，向一名科研工作者的新身份转变。

改变方向，从实验室到市场

2008—2010 年的两年时间，肖磊在法国雷恩第一大学攻读博士学位，从事微腔激光器相关的前沿技术研究。 学成归国后，他进入中国科学院上海光学精密机械研究所光学工程专业博士后工作站工作，与他在法国的研究方向略有不同，这里开展的是面向工业应用的新型光纤和固体激光器技术研究。

在两年的博士后工作生涯中，他积累了丰富而深厚的激光技术知识，这为他加入大族激光奠定了坚实的基础。 作为亚洲最大的激光上市公司，大族激光在中科院寻求高研人才，他们对肖磊在激光应用技术方面的见解十分赞赏，并向他抛出了橄榄枝。 加入大族激光后，肖磊的研究方向正式从激光器技术的研发转向激光加工系统的研究。 他面对的不再只是理论成果的产出，还有更大的市场检验，包括他后来在哈工大企业博士后与上市企业正业科技的工作，都是以对激光加工装备的研究为主。

从激光器技术研究转入激光加工应用技术研究，其中的原因有很多。“研究工作要面向市场，解决生产实际问题，技术要转化为生产力，不仅仅是论文的发表与结题”，肖磊说，“当时的工业激光器大部分是需要进口的，如继续开展激光器的研究，短时间内很难给企业带来效益，而中国是世界加工工厂，很多工厂需要用到激光加工装备，利用国外稳定的工业激光器，开发它们的激光应用，快速满足巨大的市场需求，恰恰就是企业要做的事情，此时我的转型也是市场驱动的。”正是秉持着“科学技术是第一生产力”的理念，肖磊从科研院所的一隅天地转向充满挑战的上市企业。

与在学术研究上发表了 20 多篇期刊论文、出版了 1 部激光应用专著的喜人成绩一样，他在企业工作中也是成果斐然：在激光工艺技术及激光加工装备制造技术等领域向美国专利局、国家知识产权局申请专利超过 200 件，公开专利 185 件，授权专利 108 件；带领激光创新团队在 3C、PCB\FPC 等行业成功开发激光精密加工及自动化装备超 60 款，推动激光应用市场超 10 亿元。

他入职大族激光后，一直致力于为美国苹果、微软等国际巨头提供工业激光精密加工成套解决方案，他带领团队开发的“PVD 不锈钢 LOGO 光纤激光精密切割技术”在残酷的技术竞争中 PK 掉欧美日韩的一线激光装备厂商，为苹果、微软产品的 LOGO 生产提供成熟、稳定的解决方案。 而肖磊及其团队所提供的此项激光工艺技术，至今仍为苹果所用。 他加盟正业科技之后，单枪匹马地创立了激光事业部和先进激光技术研究院，并带领激光创新团队克服重重困难，在一年半内陆续研发出了 17 款具有自主知识产权的高端激光加工设备，其中激光精密打标在 PCB 领域的解决方案成为华为供应商指定的设备。

在“2020 年大湾区激光企业家峰会暨《红光奖》颁奖盛典”中，镭泰激光在该年度“红光奖”众多优秀企业的“角逐”中脱颖而出，斩获中国激光行业的“奥斯卡”——红光奖中的“激光加工系统创新贡献奖”。 肖磊带领团队在激光精密加工系统领域中展现的技术创新和进步，得到了中国激光行业专家们和同行的一致认可。

把握机遇，踏上自主创业之路

2019 年初，国务院印发的《粤港澳大湾区发展规划纲要》提出了以“深圳，东莞为核心，在珠江东岸打造具有全球影响力和竞争力的电子信息等世界级先进制造产业群”以及“支持东莞推动传统产业转型升级”等重要战略目标。 肖磊认为机会来了，他带领团队在东莞松山湖创立了广东镭泰激光

肖磊检查激光加工柔性线路板工作留影

智能装备有限公司，从此踏上了自主创业的道路。谈到创立镭泰激光的初心，他说这是天时、地利、人和的结果。国家的政策表明了对高端激光智能装备市场的大力支持和降低进口依赖的迫切需求；东莞地处珠三角，位于粤港澳大湾区，有着世界占比最大的激光应用市场；再加上最重要的团队凝聚——他和他的同事从大族激光到正业科技一路走来，八年共同工作的时间既锻造了一支实力雄厚的团队，也孕育了他们共同的激光梦想：建设国内先进、世界一流的民族激光装备企业。民族情怀的激励、丰富的供应链体系、广大的客户市场以及长达十几年的技术沉淀推动着他们义无反顾地向梦想前进。

在他看来，2018—2019 年经济发展的疲软和 2020 年疫情的冲击并不是完全消极的，市场的重新洗牌反而给了他们创业的好时机。正所谓“沉舟侧畔千帆过，病树前头万木春”，积极的视角总能为创业者提供克服困境的动力。

筚路蓝缕，初创中的破与立

尽管经过了多年的企业历练和市场打磨，“自立门户”的创业之路同样充满荆棘。创业是一个系统工程，肖磊和他的团队不仅要专注于镭泰的自主研发，更要从企业盈利出发，在团队建设和股权设置、公司的主要市场方向和技术路线以及知识产权等方面做出正确的决策。具体来说，科研技术工作者出身的他们虽然可以解决小型订单，但应付起大量批单却有些吃力，因此在企业组织方面设置合理结构是必要的。创业合伙人们身担数职，既领导着相应部门的建设，又要参与一线的研发生产，同时也不能忘记做好老师的角色，培养人才。在股权安排上，他们通过有限合伙的方式，把一些股权分配到创业合伙人，以稳定创业团队，同时签署一致行动人来实现对公司的最大控制。与其他初创企业一样，资金问题是个大拦路虎。为了缓解资金压力，融资方除了合伙人之外还引进了创业投资基金、财政拨款和人才贷款等。

2019 肖磊领衔创业团队合影(一排右三)

镭泰企业在去年创立初期面对着重重困难，业绩不尽人意，然而经过一系列摸索和实践，公司慢慢走上正轨，即使在今年疫情的背景下，2020 年上半年的业绩也已超过去年全年业绩的两倍。“创新创业工作很不容易，一路走来，我学到很多东西”，他说，“创业的过程和学习一样，也是需要沉淀和积累的。”一年多的时间，镭泰从最初的稚嫩逐渐走向成熟，这离不开肖磊和团队夜以继日的设计生产与深谋远虑，“痛并快乐着”是他对自己创业之路的最深感受。接下来，相信镭泰一定能经受市场的考验，在众人的期待中成为民族高端激光企业的领头羊。

难忘厦园，扬帆再起航

厦大的学习生活经历对肖磊有着非凡的意义，这是他人生继高考之后的又一次转折点。八年的厦园生活不仅让他开始接触激光技术，为今后走上激光科研道路开启新的大门，更让他与厦大建立了深厚的感情。提到在厦大最难忘的时刻，他说“当然是拿到厦大公费读博的录取通知书和拿到国家留学基金委的公派法国博士联合培养通知书的时候。”正是这次机会让他可以走出国门看到世界，在自己所热爱的领域继续发光发热。

“自强不息，止于至善”的校训，即使在离开厦园后，他也始终铭记于心，并亲身践行着，开拓着当代创业者的新风采。对于公司未来的发展，他同样充满信心，坚持把“创造性转化，创新性发展”作为今后研究尤其是对实用科学领域研究的重要导向，为市场提供新产品、新技术，尤其是那种能够对中国传统加工业的转型发挥巨大作用、为中国的经济发展所强调的“提质增效”产生有益影响、为向“智能制造”转变的中国提供符合时代潮流的“新兴技术”。放眼世界，中国激光技术要想跻身前列，就需要有像肖磊一样的创新创业人才勇立潮头，乘风破浪，开创绚烂的未来。

撰稿：肖其贞　经济学院 2017 级本科生

郭永靖　外文学院 2019 级本科生

杨再祥：绿色梦想点亮二次创业的征途

◎人物名片：

杨再祥，厦门大学 2013 级管理学院 EMSA 硕士，2006 年注册成立贵州蓝图新材料股份有限公司，现任贵州蓝图新材料股份有限公司董事长兼总经理、贵州正和岛秘书长、厦门大学贵州校友会副会长和厦大 EMBA 贵州校友会秘书长。贵州蓝图新材料股份有限公司是国家高新技术企业，贵州省十大千亿级产业企业，贵州省重点扶持 IPO 拟上市企业，新三板挂牌企业，致力于将磷石膏资源综合利用与装配式建筑相结合，打造一个集研发、生产、销售、应用于一体的绿色产业，以核心科研技术成为绿色新型装配式建筑产业的领跑者。

杨再祥

近期，贵州蓝图新材料股份有限公司作为贵州省重点扶持 IPO 拟上市企业、新三板挂牌企业，荣获“创客中国”中小企业创新创业大赛贵阳决赛企业组一等奖，贵州省“创客中国”复赛企业组第一名，有望进入国家级

"创客中国"赛事，已入选为贵州省 IPO 上市后备 110 家企业资源库中第 18 位，列入贵州省重点支持的十大千亿级工业企业。面对政府、市场、同行等各界的肯定和支持，公司创始人、董事长兼总经理杨再祥表示，做企业就是一场马拉松，朝着正确的方向坚持下去就一定会有所建树。循环经济是构建高质量发展的必然趋势，坚持把磷石膏变渣为宝、"智造"生态宜居就是为绿色高质量发展和国家乡村振兴战略助力!

主动与被动：从做生意到做企业

创业者的道路从来都不是一帆风顺的。对杨再祥而言，最初的创业是一种被动加主动的选择。早期，杨再祥在广东工作了六年，直到 2006 年经由贵阳市人才引进计划才回到贵州，进入国有企业工作。对贵州产业前景的预判而产生的隐隐不安，改善家庭生活水平，为孩子成长和学习创造良好条件的责任，实现自己的人生价值的希望……杨再祥在权衡考量之后，选择了创业这条路。

白手起家，一切都要从零出发。杨再祥总结在广东工作的经验，通过深入调研贵州的市场情况，他敏锐地关注到当时还较为落后的贵州尚未大规模修建高速公路。杨再祥认为，一个地区的经济发展趋势是不可逆的，要发展经济必须要发展交通。只有解决贵州山多路少、车路不通这个大问题，实现公路的内联外通，才能实现贵州与外省的资源互通互补，促进经济发展。于是，他便选择了高速公路高分子材料行业作为创业方向，从 2006 年开始在该领域摸索坚持到 2016 年，一干便是整整十年。

这十年里，杨再祥的创业从"买来卖"的贸易开始，从做"买卖"阶段出发。他通过贸易的方式积累了客户和经验，获得了收益和价值并成立实体，逐步拥有了团队和品牌。2008 年金融危机，国家全面推行对基础设施建设的投资政策，这也让企业赶上了一波红利期。通过几年的准备和努力，公司发展渐渐步入正轨。但在这个初期阶段，公司并没有确立自己的定位、使命和愿景。因此，杨再祥将创业的此阶段定位为"做生意"。

直到 2016 年 5 月 30 日贵州蓝图新材料股份公司成立十周年当天，公司确定正式转型，从高分子材料行业正式踏入“循环经济＋装配式建筑”领域，从“做生意”正式转型为“做企业”。这次企业转型，是杨再祥的二次创业，是带着团队的共同创业，也是一次主动加被动的选择。公司选择走上了可持续发展的战略转型之路。

杨再祥表示，延续老业务继续走还可以赚几年的钱，但道路总会修完，竞争也会加大，依照“做生意”的方法去适应市场是个痛苦的过程。而在买方市场下，还会出现企业利润下降等情况，企业难以长远发展。因此，要把企业做下去，转型就成了企业发展的必须选项。

杨再祥(中)以特邀嘉宾身份参与贵州广播电视台经济广播《贵商论道》

早在 2012 年公司效益最好的时候，杨再祥便告诉团队，企业未来转型的方向就是环境治理。他认为，企业未来要持续发展，就得有一个既可以持续发展，又顺应经济和社会发展规律的产业作为企业的发展方向。企业通过大量的调研和分析发现，“大工业时代制造污染，后工业时代治理污染”是经济发展的必然规律。因此，企业确立了环境治理的大方向，并开

始投入磷石膏变废为宝的技术研究。

2014 年，杨再祥在国外考察的时候发现，包括欧美、日本在内的发达国家的建筑材料都十分节能环保且舒适健康，而我们国家建材普遍落后，人们的居住环境差。杨再祥便想：我们中国人为什么不能有这么好的房子？这也成为确立企业转型方向的初衷之一。因此，杨再祥及团队多次考察国外的绿色建材建筑，查阅大量国内外文献资料，并咨询前辈，最终决定将建材作为转型切入点，在国内推广利用石膏这一节能环保材料，并运用在建筑上去改变我们房屋不节能的现状。

同时，国内工业迅速发展，磷化工产品作为国民经济各个领域必不可少的基础原材料，其副产磷石膏被大量生产，而这一固体废渣容易造成严重的水体、土壤、空气污染和溃堤等生态问题。贵州省位于长江上游，累计堆积约 1.2 亿吨磷石膏，倘若治理不好这一问题，磷石膏对长江中下游的污染将无法控制。结合市场情况、企业现状和责任担当，综合利用磷石膏资源、实现磷石膏变渣为宝便成为了企业的转型方向。这个目标，一能解决环保问题，二能变废为宝，顺应后工业时代潮流，有利于社会发展。可以说，保护长江生态，造福子孙后代，这便是蓝图转型的初心。

确立企业转型目标后，杨再祥“做企业”的步伐从未停止。短短的一段时间内，蓝图集中全力自主设计开发出集“磁浮选、超声洁净、固液分离、酸碱调节、低温焙烧”等为一体的磷石膏深度净化改性工艺体系，研发出磷石膏深度净化改性智能设备、磷石膏轻钢结构绿色智能集成装配式房屋、磷石膏模块化箱式智能房屋等产品，以领先的科学技术水平，获得多项专利和好评。同时，公司升级三大业务模式，建立市场合伙人机制，以实际成就和突出实力不断向转型目标奋进。

困难与坚持：牢记使命、练好内功

二次创业，意味着企业的重新出发。这是一条艰难的道路，也是一次凤凰涅槃的旅程。

杨再祥在企业转型时首先考虑的是人才队伍建设。企业的跨领域发展需要整个团队进行知识和技术的更新，而为了全面解决行业装备及工艺技术落后的现状，杨再祥团队在尝试过程中走了不少的弯路。企业转型就意味着企业要面临人才流失的问题，团队成员的不同选择让整个蓝图团队重新洗牌。在转型起步时，团队便发现做产业化和做材料研究的差距是特别大的，一切都要从头开始，而整个产业从技术端到应用端等，都要自主研发，难题接踵而至。同时，磷石膏的变废为宝是一个世界难题，对于新探索的团队而言是件棘手的事情。

杨再祥回忆道，这是一个非常痛苦的过程。企业原计划用三千万的资金来实现产业转型升级。蓝图在 2016 年下半年正式确定转型，2017 年 6 月份基本完成筹备工作，并正式进行成果转化，开始修建示范性工厂，到 2019 年 6 月示范项目建成投产。从正式转型到现在，企业已投资固定资产超六千万。整个转型过程不仅代价大，风险也极高，这是一趟困难重重的旅程。

但这一路也有着盼头和希望。杨再祥表示，在企业转型过程中，新产业要发展，只有得到政府和社会各界的支持，才能提高转型的成功率。2017 年 11 月，杨再祥在巴基斯坦考察“一带一路”时，接到了贵州省发改委的电话，发改委通知说省委书记、省长要到蓝图参观调研。省委省政府对新产业的关心和高度重视，加上许多支持政策的相继出台实施，让杨再祥更加看好这个行业。

面对难题，蓝图计划分三步走：第一步是解决材料问题，第二步是解决材料的装备问题，第三步是解决材料的运用问题。蓝图踏踏实实地一步步前进，如今已完成了三步走计划。在政策的推动下，以及省委省政府的重视下，产业已经逐步形成，今年进入大规模推广的阶段。

杨再祥回顾二次创业的经历，感慨道：“创新的过程是一个坚持的过程，在这个过程中，只有不断地解决问题，不断地试错纠错，才能把产业真正地做起来。”同时，在企业转型取得阶段性进展的时候，杨再祥表示，仅靠蓝图一家企业是无法解决大量的环境污染问题的，只有把综合解决方案和技术给更多的企业使用，让更多企业都有更好的工艺和技术来一起从事这个产业，才能真正解决磷石膏污染环境的问题。

但是，取得阶段性胜利并不意味着困难不复存在。即便蓝图在这个行业已经拥有了较为领先的技术水平，获得的各界肯定和市场认可也给予了蓝图一往无前的信心，但蓝图依然面临着较大的困难。杨再祥表示，在目前疫情和经济下行的双重压力下，总体经济形势不好，资金流动性较差，融资难、融资贵，而蓝图也不能独善其身。同时，企业转型前期都靠自有资金投入，而自有资金是有限度的，当技术点达到一定程度时，企业如何进一步发展也成为了急需解决的问题。再加上新冠疫情的爆发，产业情况或多或少受到了影响。目前蓝图的处境并算不上乐观，还需要通过其他方式来解决融资问题。

对此，杨再祥认为，现阶段最需要做的事情便是坚持。经济发展有经济发展的规律，企业成长也有企业成长的规律，当一件事情到达最低点的时候，其实是在往好的方向发展的开始。其次，企业还要趁此机会“练好内功”，把团队做扎实，让技术研发向前进，并计划以三年的时间完成上市工作，引领产业发展，引导更多人来关注这个产业，关注磷石膏这一“放错地方的资源”，关注环境可持续发展。

而让企业一路坚持的动力是蓝图的企业梦想和情怀。杨再祥觉得，如果能够把这个行业做成上市公司，就证明了石膏这一困扰着我们环境治理几十年的污染物能够变成一个优质的绿色建筑材料，能够改善我们的人居环境，解决我们的环境问题，这是一件非常有意义的事情。

“我们蓝图人，第一做人要有品德，第二做事要有品质，把这两个做好了，生活才能有品位。”杨再祥这样看待企业的价值理念。在他看来，做企业是一种责任担当，要对员工负责，对股东负责，更要对社会负责。而解决环境问题，为社会为子孙留下绿水青山，便是蓝图的责任和初心。蓝图坚持“让环境更好，让生活更美”的愿景，坚持“以人为本，厚德载物”的

杨再祥在 2020 年“创客中国”贵州省中小企业创新创业大赛现场进行项目路演

价值观，坚持扛在肩上记在心里的使命和梦想，只有这样，才能不畏艰难，迎难而上。

缘分与体悟：一份厦大情，一生厦大人

杨再祥认为，在厦门大学 EMBA 贵州班学习是一种缘分。

杨再祥 2012 年有机会来到厦大学习，深深感受到了厦大的精神和文化，感受到陈嘉庚先生的伟大和为民族国家奉献的家国情怀。他暗下决心：这才是我想要就读的大学。

回到贵州后，杨再祥了解到厦大 EMBA 有贵州教学点，便报名参加了考试。2012 年，杨再祥通过 EMBA 面试。但由于招生人数不够，贵州班迟迟没有开学。杨再祥由于急迫地想进入厦大学习，便有了去往厦门班、广东班等其他 EMBA 班上课的想法，但由于工作繁忙，他的想法始终无法实现。

2013 年底，国内某知名财经大学贵州招生点的工作人员劝说杨再祥报考该校。出于对知识的渴求，杨再祥在权衡考虑之后参加了该校的笔试、

面试。顺利通过考核后，杨再祥便买了机票。但就在飞往学校学习的前一天，他收到了厦大贵州班即将开班的通知。于是杨再祥又再一次选择来到厦大 EMBA 贵州班学习。

在杨再祥看来，厦大有自己独特的一脉相承的文化。他喜欢厦大的文化氛围，喜欢厦大的精神和凝聚力，喜欢学校对校友的关怀和校友对母校的爱。杨再祥表示，他现在最紧密的圈子依然与厦大有着密切的关联。他说："这几年的创新创业路上，依旧离不开母校老师和广大校友的支持和帮助。"

通过在厦大的学习，杨再祥把握了经济发展规律，认识了资本的运作过程等，这些相关知识都开阔了他的视野，让企业的发展规划有了更多的可能性。而 EMBA 贵州班老师最常强调的冒险、创新、责任和坚持这四种企业家精神，更是一直影响着杨再祥的创新创业选择，影响着蓝图企业的持续发展。

在学习过程中，老师强调，真正做企业是要承担社会责任，是要有愿景和使命的。学而思，思而通。通过学习，杨再祥转变了企业发展的思路，从做生意真正走向做企业的道路，确立了企业使命和价值——积极解决社会问题，推动社会的发展和进步，承担起更大的社会责任。这段厦大学习经历，更是他推进企业转型发展、进行二次创业的重要助力。

这些年来，杨再祥一直关心母校的发展，积极参与母校的活动，组织贵州校友会的各种活动，热心帮助年轻校友。2017 年，杨再祥更是鼓励孩子报考厦大。他女儿目前在厦门大学马来西亚分校新闻专业就读，现在正在准备报考厦门大学研究生。他解释道："因为热爱，所以愿意付出，一份厦大情，一生都是厦大人"。

总结十几年的创新创业经验，杨再祥有着自己独特见解。

在他看来，一个企业要长久发展，必须要做差异化的竞争，而这种差异化的竞争就是创新。企业在创新过程中要研究社会发展的需要，再通过技术的改善和研究的深入找到企业经济的增长点，找到属于自己的企业竞争

杨再祥（左二）在厦门大学百年校庆 500 天倒计时牌前与校领导合影

力。当然，只拥有这一点依然远远不够，企业要创新最重要的就是创新方向要符合社会发展的趋势，推动社会的发展进步才是企业创新的意义所在。

而从初次创业到二次创业，杨再祥将“创业”从个人创业的定位转向了共同创业。他表示，一个人的力量是有限的，而团队的力量是无穷的，一群人相互支持鼓励、相互取长补短，才能使一个企业走得长远。在转型中，杨再祥再次强调企业的社会属性，企业应该属于大家，能解决团队需要，承担团队责任。

在国家提倡创新创业的形势下，杨再祥表示，创新创业能够创造价值和社会财富，是一件非常有意义的事情，但并非每一个个体都适合创业。在创业之前，首先要做好三个准备：第一要清楚底层的商业逻辑，有较为清晰的商业模式；第二要做好失败的准备，可以做最好的梦想，但要做最坏的打算；第三，要做好咨询工作，不能凭借一腔热血便盲目创业。

基于此，杨再祥建议有创新创业想法的厦大年轻校友，在创业前要明白创业的初心，明白项目的发展和定位，做好未来的充分打算，并且可以合理运用厦大的资源，可借助厦大校友、校友会的帮助，提高创业成功率。

“创业虽然很难，但是我觉得创业是一种挑战，也是一种勇气。”杨再祥这样认为。他说，厦大人从来不缺乏挑战困难的态度和勇气，希望年轻校友的创业之路能够顺利！

2020年7月7日，李克强总理来到贵州省政务中心，了解和考察当地民营企业的经营和发展状况。杨再祥在现场得到了李克强总理对公司的亲切关怀，同时他向总理汇报了磷石膏循环经济产业的项目和现阶段民营企业生存发展的困难。无论未来如何，杨再祥和他的团队一直在路上，他们翻山越岭，脚步不停。越过高山陡路，绿色的梦想正点亮这片大地，点燃美好生活的希望。

撰稿：李婉玘　社会与人类学院2019级本科生

赵浣淳：一路向南，为民服务

◎人物名片：

赵浣淳，厦门大学英语专业 1993 级本科毕业生，平坝鼎立村镇银行法人代表，厦门大学贵州校友会会长。贵州平坝鼎立村镇银行是以贵州银行作为发起行，经中国银行保险监督管理委员会批准成立，具有独立法人资格的新型股份制商业银行。该银行实行自主经营、独立核算、自负盈亏，经营已批准的银行业务，是贵州省第四家、安顺市第一家村镇银行。

西南一隅，微风过境。我们面前出现了一片模糊的背影，似乎可以看见有一个人影带着整个队伍向前走去。他们一步一个脚印，卷起烁石，掀起尘埃。在风沙迷眼间，我们心中不禁浮起了好奇：这是怎样的一群人？在这里发生了什么？

……这是十几年前的贵州平坝鼎立村，一段传奇故事的开端。

匆匆十一年一晃而过，故事的主人翁和他的职员们在那里奉献了自己的青春年华，倾注了自己的心血。厦园毕业数十载，他在此地回望，既往的光辉岁月与奋斗历程从眼前掠过，诉说着一代厦大人的珍贵品质与卓越能力。

他，就是贵州省平坝鼎立村镇银行的所有人赵浣淳。

敢于挑战，突出重围

凤凰花开，少年初露锋芒。忆起厦园，那个凤凰花开的路口还火红依旧。1997 年，刚从厦门大学外文学院毕业的赵浣淳留在了母校的所在地厦门。在这片熟悉的土地上，他选择了在相对安稳的国企——中国工商银行工作。此间，他兢兢业业，业绩显著，也积累了许多行业知识。

学海无涯，学无止境。时光飞逝，一晃八年。在辛勤工作之余，他从未停止前进的步伐，不断地充实自己。在时代变化和社会变化的大环境中，他积极改变自身，努力更新自己的知识储备，在实践中积累经验。为了更好地应对工作和生活，提升自己的水平，已过而立之年的他再次回到厦门大学攻读管理学硕士，进行跨专业学习。其间，他曾代表厦门大学管理学院 MBA 参加加拿大特利尔举行的全球历史最久、规模最大、水平卓越的 John Molson 全球 MBA 案例竞赛，这是厦门大学管理学院第二次组队参加竞赛，派出的都是院内的优秀学子。步入社会十余年，重返校园的他仍旧能在学业上有所建树，展示出了厦大人的魄力和才学。

机会总是留给有准备的人，他在时机到达之前沉淀自身，积累了必须的学识和经验。而在攻读研究生一年后，那份属于他的机会到来了。著名的外资银行——渣打银行入驻厦门，需要招聘社会优秀人才。赵浣淳在英语专业的基础上又选择了进修，既熟悉金融管理知识，又能够熟练运作银行业务，还掌握对外交往能力，能与国际客户对答如流。对于这样的复合人才，渣打银行自然向他抛出了橄榄枝。

处于命运选择的十字路口，赵浣淳不免陷入两难的境地。选择留在国企，生活一如往常，稳步前行。选择前往国际银行，则将要面临完全不一样的人事，经受不可预料的考验。如何抉择才是正确的呢？最终，赵浣淳选择了接受挑战，也由此获得了非同一般的体验。他敢于突出重围，离开国企，挑战全新的工作，担任了渣打银行厦门支行行长一职。毋庸置疑，这份银行行长的工作经验为他日后的事业发展打下了坚实的基础。

事不避难，知难不难

作为一家国际银行的行长，赵浣淳的生活安稳而优渥，但他却在四年后再次选择走出舒适圈，迎难而上。

2008 年全球金融风暴，零售业受到重创，金融领域也受到巨大冲击。2009 年是银行业的大变革之年，香港金融管理局向国家开发银行股份有限公司授予银行牌照，中央一号文件发布，农村金融改革全面展开，这个消息如一石激起千层波，引起社会各界人士的关注。当时的村镇发展缓慢，基层缺少银行等基础设施的支撑，人民生活水平有待提高。乡镇银行此时是一个全新的领域，等待着具有勇气的开创者去开启新的篇章。

而赵浣淳就是那个人，他带着满腔的热情与梦想，只身前往一个未知的地方——平坝。2009 年 9 月 13 日，他来到了这个当时只有 20 万人的县城，以贵州银行作为发起行，经中国银行保险监督管理委员会批准成立，创立了安顺市第一家村镇银行平坝鼎立村镇银行。相对于高速发展的城镇，平坝似乎没有优越的卫生和经济条件，也没有足够多的优秀人才。但是，它就如璞玉一般，未经开采，却透出了点点微光。正是那点点的微光吸引了采玉者前来，为而后的万丈光芒作下了铺垫。

万事开头难。此时的平坝在银行业务方面是一张白纸，第一笔怎么书写迫在眉睫，而后续的发展更加重要。孤身一人的赵浣淳牟足了干劲创事业。从招人上课到扫街揽业务，他凡事都亲历亲为，一一落实，力求做到完满。

自强不息，止于至善

每天清晨，天刚刚亮的时候，他就开始准备培训职员要用到的资料，他毫无保留地将自己的金融管理知识和多年的银行从业经验教给这里的青年人，并认真为他们答疑解惑，由此培养了一批优秀人才，为基层乡镇银行事业提供了关键性资源，可谓在一片荒芜之中种下了希望的种子。他不忘以萨本栋校长为代表的艰苦办学的自强精神自勉，在尘土飞扬的乡镇培养人才，为基层的明天增光添彩。

在鼎立村的小路上，他领着自己的队员们在上面奔跑，不知疲倦地开拓业务。村镇的每一家村民都是银行未来的服务对象，为了争取更多的客户，他们每天从日出到日落，都踏在这砂石路上，凭借自己的口才和知识开疆辟土。最终，赵浣淳和他的职员们敲开了乡镇银行的水源，引入了活泉之水。他们一步一个脚印的付出使银行知识在平坝日渐普及，落地生根。

翻越山丘后即见高峰。现在，平坝鼎立村镇银行已经拥有十几个亿的市值、九个下设机构。赵浣淳付出了自己的心血和努力，成功在这里推行了银行业务，为基层人民的生活质量水平的提高奉献了自己的力量。

前事不忘，后事之师

作为一名优秀的银行人，赵浣淳认为事物总是相通的，创业者们应该有同样的可贵品质，它们就像是一颗颗种子，为最终枝繁叶茂的花园奠定了根基。

第一颗种子，是勇气。创业需要勇气，来面对一切艰难险阻。作为创业者，应当敢作敢为，具有无所畏惧的气魄。他们需要有敢于面对挑战的信心，哪怕面前是一座高山，也要敢于翻越；哪怕遇到急流，也要勇于跨越。创业要在困难艰险中不放弃、不退缩，做到迎难而上。同时，也要敢于抓住机遇，相信自己，才能将才华和经验发挥到最大化。

第二颗种子，是坚持。意志坚强，具有持久的耐心和耐力对于创业者来说十分重要。才华可以决定人的资质，但是坚持却可以将人推向更远处。“宝剑锋从磨砺出”，长久地用心打磨才可以让宝藏亮出光泽和锋芒。只有日复一日、年复一年地提升能力，才可以让那些努力和汗水在时间的考验下熠熠生辉。

第三颗种子，是实践。作为一名创业者，运筹帷幄万分重要，但实践是检验真理的唯一标准。经验和知识是闪闪发光的财宝，但它们会随着时代的发展而变化，所以需要我们与时俱进，深入基层了解。只有通过亲身实践才能体会与感悟其中智慧。

这些都是一名优秀的创业者所应具备的条件，做到这些的人不论在生活中或者工作中都是卓越的。赵浣淳学长的创业之路仍在继续，他依旧在为基层银行的未来而奋斗，为提升乡镇人民的基础设施质量而努力。他的这份精神和毅力值得我们学习。

寄　语

在厦园毕业20年后，赵浣淳学长仍饮水思源，感恩厦门大学赋予他的一切。不论是学习的方式方法，还是学校的人文关怀精神，都是他不能忘却的回忆。在这里，有他的青葱年华，也有他奋斗的历程。他现担任厦门大学贵州校友会会长，既为扎根贵州的厦大人提供母校的温暖，也作为联结贵州和厦门大学的桥梁，加深两地的情谊和联系。

他希望学弟学妹们可以在大学四年做到全面发展。首先，在学业方面做到优异，认真倾听老师的教导并在课后自觉钻研。其次，在心态上也要健康发展，不因小事而退缩或放弃希望。最后，校园生活并不是唯一，学生们也需要在学习之余了解社会发展的动向，熟悉国内外大小事。积极参与社会实践，在实践中检验和发展知识，为日后的工作生活打好基础。

撰稿：吴智玲　外文学院2017级本科生

赵立平：原创创新的产学研先锋

◎人物名片：

赵立平，男，1963 年 5 月出生于福建省厦门市鼓浪屿，1984 年毕业于厦门大学化学系。先后从事制药、石化、生物制药、新材料等行业，是福建凯立生物制品股份有限公司、厦门凯纳石墨烯技术股份有限公司创始人，现任董事长职务。福建凯立生物制品股份有限公司拥有的“中生菌素”技术获得 2006 年国家科技进步二等奖。厦门凯纳石墨烯技术股份有限公司是国内最早从事石墨烯产业化的企业，原创的石墨烯物理剥离法现已成为量产高品质石墨烯的最主要方法之一。

赵立平

我的大学和专业

1980年，我考入厦门大学化学系。那是一个崭新的年代，每一个走进大学校园的年轻人都像打开了一扇通往新世界的大门，无穷的书籍和充满活力的同学冲击着来自封闭环境人们的内心。百家争鸣、百花齐放，厦大校园文化氛围非常活跃，学子们自由奔放。在厦大，我爱上了诗歌、哲学和足球，读了许多诗，尤其是同时代舒婷、顾城、北岛等诗人的作品。厦大的四年给了我参与社会分工以及独立思考的基本能力。感谢厦大！

1984年，我毕业了，被分配到厦门第二制药厂。在这样当时体面而且稳定的“铁饭碗”岗位上，我工作了六年。这六年，我一直在思考“我想要什么？我能要什么？”前者是价值观的建立，后者是自我认识的定位。我明白当时的生活并非我想要的，于是我选择了扔掉“铁饭碗”，开始了自己的创业之路。

我的创业之路

1992年，我创立了自己的第一家公司——厦门凯立贸易有限公司，代理新加坡的白乳胶和英国ICI公司的二氯甲烷。90年代初期的中国经济发展水平还比较低，国家的改革开放政策为我们这些早期下海经营的人提供了快速发展的机会，很快福建省内70％～80％的鞋厂都成为我们的客户。随着贸易业务的壮大，我开始思考如何转型，让企业拥有自主知识产权和核心竞争力。

我的创新之路

在厦大化院的学习，让我有幸较早地接触到科学技术，并对它有了一定的认识。我觉得科技含量高的产品才能够有更广阔的发展潜力和空间。于是，当我决定转型二次创业之时，将重点放在了生物和新材料方向上。

第一次原创创新：生物农药

1999年，中国农业科学院在研究一种将对农作物的细菌性病害及部分真菌性病害具有很高活性的微生物源农用抗生素作为生物农药的课题，作为国家的攻关计划，这是一种由淡紫灰链霉菌海南变种产生的抗生素，有很好的环境相容性。我接触到这个课题后很是兴奋，决定与中国农科院的科学家们进行深入的合作，希望进一步将此农用抗生素进行产业化，将它开发成为环保、高效、低残留的生物农药。这是一个大胆的设想，也是非常有意义的开发原创药品的创新之路。

原创创新产品商业化的成功，必须要经历从技术到产品、从产品到商品的阶段。开发原创药品是一个艰难漫长而且风险极高的过程，前期需要大量的资金投入和时间消耗。这款生物农药被命名为“中生菌素”，2004 年中生菌素获得国家发明专利，2006 年中生菌素技术获颁国家科技进步二等奖。原创创新的第一个六年，我们完成了中生菌素技术开发阶段的工作。我很欣慰，中生菌素从研发到生产都是 100％的原创，我们掌握了核心技术和知识产权。

2007 年，中生菌素的产业化公司福建凯立生物制品有限公司(后称“凯立生物”)注册成立。药品的产业化是一个漫长的过程，需要原药登记、试剂注册等过程。原药登记证获取时间长，否定风险大，一旦中间某个环节不能通过评估，都会前功尽弃。2010 年，中生菌素成为国家绿色农用生物产品高新技术产业化专项示范项目，2011 年，凯立生物终于获得中生菌素正式原药登记证。原创创新的第二个六年，我们完成了中生菌素从技术向产品转化的第一步，凯立生物也成为中生菌素技术发明专利及唯一批准登记的企业，专注于解决植物细菌、真菌细菌混发病害。

2011 年，中生菌素原药转化为凯立生物公司的产品，但产品不具有商业价值。生物农药的产品与商品转化具有很高的门槛，须进行毒理、急慢性毒性、环境、大田等第三方实验评估，须验证对人、环境有无危害并经国家农药检定所组织的专家评定取得药品登记证，还须相关部门对标准生产工艺进行环保评估取得环评报告、对生产能力进行评估取得生产许可证。只有证件齐全的产品方有资格进入市场成为真正的农药商品。原创创新的第三个六年，我们实现了中生菌素从产品到商品的转化。

赵立平接受央视《实业精神》节目专题采访

经过艰难困苦的近二十年时间，中生菌素这一原创创新的产品现已成为应对作物病害尤其是细菌性病害的最主要的生物农药之一，凯立生物也正在成为中国生物农药的领先企业。

中生菌素的成长之路，是一条艰辛且漫长的创新之路，支持我走下来的是凯立生物公司的宗旨：创新，责任，感恩。“创新”是企业发展之动力，要拥有一颗不断追求创新、追求卓越的事业心，才能为公司提供源源不断发展的动力；“责任”是企业发展之根本，企业责任包括对员工、对社会、对子孙后代的责任，正是有这份沉甸甸的责任，让凯立生物创立以来，不忘初心，这份责任促使凯立生物做到了中国农药原药厂极少做到的工业废水废渣零排放，为中国原创农药的历史添上浓墨重彩的一笔；“感恩”是企业发展之核心文化，一个人懂感恩，方能长久，企业亦复如是。

第二次原创创新：石墨烯新材料

2004 年，英国的科学家安德烈·盖姆和康斯坦丁·诺沃肖洛夫发表了关于他们在石墨烯研究领域重大发现的论文，提出石墨烯是当前已知最薄的二维材料，具有许多极其优异的性能。了解到这个消息后，我隐隐地觉得这是国内和国外企业在新材料方面能够站在同一起跑线的重要机遇。于是，我联系到大学时期同宿舍的同学、正在华侨大学任职的陈国华教授(陈国华教授自 1997 年开始进行石墨分子级剥离课题研究)，一起探讨是否能够在石墨烯新材料方面开展合作，同样具备厦大基因的陈教授和我一拍即合。2006 年，我与陈国华教授团队正式启动了石墨烯研发项目，成为国内最早启动石墨烯产学研合作的团队之一。当时距离石墨烯首次被英国科学家发现仅仅 2 年时间，离技术成熟与产业化都非常遥远，但石墨烯所具有的独特优异的性能让我相信这是一个正确的决定。

厦门凯纳石墨烯技术股份有限公司海沧商务大厦运营中心

2009 年，我们项目的石墨烯制备技术在实验室取得了突破，于是决定以公司化运营这个项目。2010 年 5 月 13 日，厦门凯纳石墨烯技术有限公司(后称“凯纳”或“凯纳石墨烯”)注册成立(后经中国石墨烯产业技术创新战略联盟确认系中国第一家石墨烯企业)，公司成立后我们开始小试生产石墨烯粉体，但当时的石墨烯并未形成一个行业，作为石墨烯产业化的先锋，我们需要界定清楚石墨烯“是什么”“怎么用”“怎么卖”的问题，但我们没有产业同行，行业内没有关于石墨烯的商业化信息可以借鉴，于是我们从制定石墨烯产品质量标准、包装标准、检验标准做起，划定“10 层以内的石墨薄片为石墨烯”“10 层以上 100 纳米以下的石墨薄片为石墨烯微片”，并将石墨烯的价格确定为每克 5000 元。这些开创性的标准制定和定义在未来对整个石墨烯行业的发展具有重要意义。

2010 年 10 月 5 日，发现石墨烯的两名科学家获得了诺贝尔物理学奖，石墨烯这一词才进入到大众视野，资本市场开始对石墨烯给予极高的关注，石墨烯逐渐成为热词。当时只有凯纳能够提供石墨烯产品，因此凯纳石墨烯产品每克 5000 元的售价在当时被证券时报称为“价格贵过黄金十五倍”，石墨烯也因此被称为“黑金”。

石墨烯产业化的道路是一条典型的原创创新之路，从实验室研发—小试—中试—产品—商品—产业化，创新的成功与否最终体现在价值化的商品和资本化的实体上，这两者缺一不可。中国的石墨烯产业在不断创新中前行，并取得了喜人的成就。当前，中国的石墨烯产业化进度已居全球首位，中国正成为全球石墨烯产业化的中心。我将凯纳的企业精神确立为“创新无限、止于至善”，这是在为凯纳发展确定创新之路，也是对厦大校训精神进行传承。今年凯纳石墨烯公司成立十周年，凯纳的十年是中国石墨烯产业化的一个典型缩影。凯纳通过坚持自主创新，牢牢掌握了石墨烯生产和应用的核心技术，凯纳开发的第六代生产技术实现了环保、低成本、大规模量产高品质石墨烯的突破，并在新能源、散热等领域被大批量使用，凯纳在物理法生产石墨烯粉体的企业中已居领军位置。

我也期望公司继续秉持创新精神，在以科技发展企业的路上走得更高更远。

创新路上的感悟

有人问我做中国原创创新的感想，我打了个比方：“原创创新，就像骑行，刚开始骑时，它是一只老黄牛，不知道何年何月才能走到尽头；骑到中间发现是一只大老虎，骑虎难下；只有骑到最后将它驯服成一匹马驹而且是快马时，才能阔步向前，快速奔跑。”

我走的这条原创创新办企业的路子，实则是在一条布满荆棘的道路上打持久战。我深感作为一个创新团队的领头人，一方面，须具备英雄主义和理想主义，在过程中必须要忍受得住寂寞，要有信心、耐力、理解和包容

心；另一方面，还要敢于承担失败的风险并具备承担风险的能力，同时建立风险解决机制。在凯立生物和凯纳石墨烯这两个项目的前期，我都投入了大量资金和资源，承担了巨大的风险。原创创新的成功，各种品质和条件，缺一不可。

撰稿：杨璐明　化学化工学院 2018 级本科生

张秋龙：勇立潮头，与时代同频共振

◎人物名片：

张秋龙，1989 年毕业于厦门大学经济系，是山天大蓄知识产权顾问股份有限公司董事长，中华商标协会副会长，厦门大学北京企业家校友会秘书长，鞍山、铜陵政府知识产权顾问，中央民族大学法学院兼职教授、硕士生导师。北京山天大蓄知识产权顾问股份有限公司于 2011 年成立，是一家股份制知识产权代理公司，2017 年于新三板成功上市，在天津、青岛、上海、广州、深圳、泉州、厦门均设有隶属机构，并在苏州、杭州、宁波、绍兴、贵州、台北、东京、洛杉矶等设有办事处，服务于大型企业集团、跨国公司、上市公司。

张秋龙

求知若渴——放弃“铁饭碗”，重返校园热情高

1989 年，我从厦门大学经济系毕业，随后进入泉州市外经贸委工作。或许是受到厦门大学“自强不息，止于至善”校训的激励，在机关单位工作了几

年之后，我放弃了“铁饭碗”，下海从商，寻找自我实现的平台。1996 年，我重回校园，赴澳大利亚 Flinders University 留学，取得国际商务硕士学位。

我认为，时代在不断进步，我们都要通过不断学习来提升自己的专业技能和职业素养。如果不能在行业当领头羊和专业的引领者，又如何去帮助其他企业做顾问？因此，2006 年，我前往中国人民大学继续攻读法律硕士，赴日本大阪进修中日知识产权法律对比，随后选择到北京大学资本市场高级研修班继续进修。这些经历使我接触到了更多的新知识，也在知识产权法律研究与代理实务方面有了进一步的探索和前进。

在不断学习的过程中，我意识到，在国际化浪潮下，知识产权发展前景良好。未来中国企业升级、转型的大部分都是轻资产型企业，很多企业在全球跨境和跨界的情况下，通过知识产权的整合，对企业商业模式进行重塑，未来这个领域的发展前景是非常好的，加之我自身的经济学和国际商务与法律的多重学科背景，我决定选择将知识产权领域作为我的创业方向。

矢志不渝——热爱与专注助力创新创业

明确方向后，我开始着手创业。2001 年元月，我的创业之路迎来了重要一刻——我创办的福建天驰知识产权代理有限公司开始营业。随后，我们的业务范围不断扩大，相继在 2004 年创办了北京中美天鹭知识产权代理有限责任公司，于 2008 年开设北京市天理律师事务所。2010 年开始，我将原北京中美天鹭、福建天驰、厦门天骋等多家隶属旗下的公司整合，成立了中国大陆第一家股份制知识产权代理机构——北京山天大蓄知识产权顾问股份有限公司。截至目前，山天大蓄已在北京、天津、青岛、上海、宁波、绍兴、苏州、泉州、龙岩、莆田、泉州、厦门、深圳、广州、台北设立了分公司、子公司或办事处，业务范围遍及全球 90 多个国家或地区，海内外合作机构 90 余家，专职律师与代理人 100 余人，是国内知识产权代理公司中力量最为雄厚的团队之一。

回顾过往的经历，我认为热爱是支撑我在知识产权代理领域不断前行的重要动力。我在厦大本来是学经济学专业的，后来在国外又学了国际商务和法律。知识产权是个综合的、跨学科的专业，包括自然科学专利技术、品牌商标法律，经营方面又包括专利商标的授权、许可、转让、评估、产业化、并购等，这些都属于经济学，整个知识产权行业是属于产业化性质的，我利用产业化的思维进行经营，在发挥学科优势之余也收获了满足感。

当然，创业的过程并非一帆风顺，机遇和挑战总是并存的。在事业发展过程中，我也曾面临人才成本较高、国内行业同质化竞争严重以及国家在知识产权保护和侵权赔偿方面保护力度欠缺等问题。但是办法总比困难多，面对困难，战胜困难，方不负“自强不息”校训的谆谆教诲。面对这些问题，我们首先把山天大蓄整合成为一个公众公司，在全球范围内整合资源，转化合伙人，实现国际化、合伙化的商业模式；其次在商业模式上进行重塑，利用品牌输出的业务模式在全球范围整合一部分合伙人；同时，通过资本并购整合来扩大我们的影响力和市场规模。

我一直认为，每个人来到社会都是来修行的，我们向社会索取的同时也需要为社会留下有价值的东西，这是每个人应有的职责。幸运的是，经过20年的发展，我也做出了一些成绩。目前，山天大蓄已培养了一批稳定且专业的核心业务人员，打造了一支专业专家顾问团队，拥有了一个完整高效的、国际化的高端知识产权服务平台，为相当部分的存量客户提供持续的优质服务。2009年至今，我每年都会带领团队参加在美国举行的国际商标年会INTA，在年会期间布置特有展位，并举办鸡尾酒会等活动；2012年，山天大蓄律师与代理人团队赴台湾，成功举行第一届山天大蓄海峡两岸商标研讨会；2013年，我们力邀国内知名知识产权专家，赴日本东京和大阪，举行两场研讨会，获得热烈反响。

自强不息，止于至善——将信念付诸行动

回首我的创业之路，首先我要感谢母校厦门大学的培养之恩。同时，在创业的道路上，有很多厦大的校友分享了很多很好的思路、建议、管理方

法，对我们的发展大有裨益。各级政府部门和厦门商会的大力支持也为公司的发展提供了很大的帮助。这些良师益友的帮助，我们永远铭记于心，并通过精进业务、从事公益等方式回馈社会。公司现在每年都会帮助一些穷困山区的学校，向他们捐助图书。同时，我们也愿意为一些贫困地区的知识产权，特别是贫困地区的农特产品，免费提供区域性的品牌注册和保护，以此尽我们的绵薄之力，帮助更多的人。

张秋龙在厦门大学国家科技园留影

人的一生中会面临许多的选择，其中，大学毕业走出校门选择创业方向，是几个最为重要的选择之一。为了更好地应对这一选择，大学生需要不断汲取知识，努力丰富自身学识，提升能力。同时，要倾听时代声音，顺应时代潮流，敢闯会创，走出属于自己的创业之路。此外，对事业的执着与专注是一个成功创业者不可缺少的品质。在不断学习和提升自己的过程中，我们勇担时代使命，自强不息，止于至善，实现个人价值。

撰稿：张益　法学院 2018 级本科生

张为民：海阔凭鱼跃，前进的脚步不停歇

◎人物名片：

张为民，1988年毕业于厦门大学海洋与地球学院，现任顺德南祥饲料有限公司董事长，厦门大学佛山校友会会长。

创立于2000年的顺德南祥饲料有限公司位于水陆交通极为便利的广东省佛山市顺德区勒流江义工业区，经过近十年的开拓发展，目前公司已拥有水产粉料饲料厂、甲鱼鳗鱼养殖试验场、鳗鱼培苗场等多个下属企业。目前公司已初步形成以水产饲料为主，兼营相关产业的综合性发展公司。整个集团的营业额达到6亿多元。公司现有广州市南劲海饲料有限公司和广东台山市南祥商贸投资有限公司两家子公司，前者主要研发生产中高档水产膨化配合饲料：生鱼配合饲料、加州鲈鱼配合饲料、蛙配合饲料及黄颡鱼配合饲料等。目前拥有“劲海”和“南强”两大系列品牌。后者致力发展成为一家大型综合性饲料企业。

张为民

抓住机遇，化解危机

“如果不是 1997 年那场突如其来的金融危机，也许我现在还是佛山市顺德区一家普通公司的白领。”

毕业后，我回到家乡，带着初生牛犊不怕虎的热情步入职场，先后工作于汕头当地的一家台资企业和顺德一家乡镇企业，从事与特种养殖饲料相关的工作。我从公司的化验室开始干起，到参与饲料生产，鱼类养殖，再到产品的调研实验和研发等，因为这些工作与我的专业相关，做起来可以说是得心应手。就这样，我在自己的岗位上充当一枚小小螺丝钉，好像这样简单安逸的生活也不错，直到，那一年。

我永远也不会忘记 1997 年的那个夏天。金融危机好像一张巨大的网，随时就要网住哪一家企业。当时我所在的乡镇企业主要从事鳗鱼养殖饲料，客户养出来的鳗鱼加工后出口到日本等地。由于金融危机的影响，日元汇率大跌，鳗鱼的出口价格一度跌至不到人民币两万元每吨，而这个数字在 1997 年前曾是人民币十三万元。可以说，这场金融危机对整个行业都是莫大的伤害，业内许多养殖公司因此纷纷倒闭，勉强存活下来的同行也对行业的前景失去希望，不抱信心。

这时候我就想，能不能办一家加工厂，弥补养殖户在金融危机中的亏损。这个模式可以类比为：顾客到海边集市批发水产，在当地附近进行加工，而我们只收取加工费。通过减少养殖户的养殖成本达到吸引客户的目的，同时也是与客户共渡难关。慢慢地，加工厂渐渐走上正轨，规模越来越大，就这样，我们成立了第一家自己的公司。没有想到，当时萌发的要与行业共渡难关的念头，就此引导我走向创业这条路。

熬过黑夜，终见曙光

“那些杀不死你的，终将使你更强大。”

创业这条路并不好走，尤其是像我这样一个白手起家的大学生。最开始的时候，连寻求合适的场地都是一个不小的问题，我只好将目光投向一些闲置的厂房。由于我们只收取加工费，利润低，前期投资大都花在场地和设施上，收入一度仅够养家糊口，跟从前做白领自然不能相比。好在刚开始竞争小，倒也不算太吃力。但慢慢地，同行业嗅到一丝商机，纷纷效仿，也想从中分得一杯羹。从第二年开始，越来越多的同行公司开始模仿我们这种给客户加工饲料的模式。与此同时，不同于我们采取现金交易，一手交钱一手交货的方式，他们允许欠款，赊账，很快占据了不少市场份额，挤压我们这种小工厂的生存空间。一时之间，难题又摆在眼前，那触手可及的光亮仿佛又要悄然熄灭。

初到顺德，张为民与当地村民合影

可是如果就此放弃，我又有点不甘心。一方面，是我对这个行业的热爱与信心，如果说 1999 年我们已经到了谷底，那之后的每一步何尝不是在向上走？ 我相信我们与这个行业，会有重见光明的那一天。 另一方面，也是我对我们自身技术的信心。 虽然我们不像其他的大公司那样有足够的资金，没有办法效仿他们“欠款—赊账”的形式，但我对我们的技术很有信心。 其他厂只是纯粹的加工，而我们在传统的加工技术上有独特的创新和突破，这样生产出的饵料具有更优良的品质，无形中为我们的产品增添了附加价值。 就这样，我们将丢失的客户慢慢拉了些回来，加工厂慢慢走上正轨，一步步发展壮大。

还好，我们熬过慢慢长夜，终得见黎明曙光。

求学南强，不解之缘

“用几年的时间来爱上一个地方，用一生的光阴去铭记一段过往。”

我是 1984 年来的厦门大学，在这里度过了难忘的四年本科生活和此后的研究生时光。 厦门大学承载了我很多美好的回忆。 让我印象深刻的就是现在的海洋楼（当年的“工学馆”），记得当时教化学的老师在这里开设了一个饲料厂，我常常利用课余时间到那里勤工俭学，现在想来算是我最早接触饲料的时候了。 自此，我便与饲料结缘，同时也接触到了一些相关的技术，慢慢地我发现了自己的兴趣所在。 后来我常常在想，我此后从事与饲料有关的行业工作与这段经历是有很大关系的。

建南晨钟，上弦晚风，时隔经年，好像依然近在眼前。 记得本科时候，我和系里同学喜欢三三两两结伴到芙蓉湖划船，吹着微风，看鱼儿跃出水面，好不惬意。 当年芙蓉湖还是承包给附近的农民，不曾想我们几次被误以为抓鱼偷鱼，芙蓉湖边上住在芙蓉一化学系的同学，以为我们被欺负，还来为我们抱不平，现在想来仍然是一段温馨回忆。 研究生的生活不像本科时期那样轻松，却也让我获益良多。 我最想感谢的，就是我的研究生导师黄奕普教授。 导师对我们要求严格，工作严谨。 虽然同学们都叫苦不迭，但严师出高徒，我们在老师的指导下养成了良好的学习、生活习惯。这些习惯甚至延续到我工作后很多年。

如果说选择这个专业只是决定了我日后的工作方向，那么这几年的学习时光就是在打下坚实的基础。研究生时期往往需要针对一个课题查阅大量资料，进行创新性的研究。1980 年代我们国家的饲料行业其实也处在一个刚刚起步的阶段，那一段时间心无旁骛的学习，与师兄师姐共同探讨的问题，对后来在这个行业里摸索的我有很大的启发。

我和“南强”的故事在毕业后仍在继续。目前我们的两大系列品牌之一就是以“南强”命名。《中庸》里记载：“宽柔以教，不报无道，南方之强也。君子居之。”孔子认为，以柔克刚的南方之强，是君子的特质。当年，校主陈嘉庚先生创办“南方之强”，对莘莘学子寄予厚望。当时的鳗鱼养殖多集中在南方，我们的市场主要在珠三角，以“南强”命名，一方面是希望能做到行业里的顶尖，另一方面，也觉得这样与厦大的渊源就没有断。这些年不断有校友到公司参观，一看到“南强”大家总是不约而同地想起母校。

厦门大学海洋系院楼

温故知新，与时俱进

“向下弯腰，向上攀登。”

如果说有什么能概括我这几年心路历程的话，那就是：温故知新，与时俱进。总结过往的经验教训，并从中汲取新的收获，这是老祖宗给我们的教诲，我想也是每一个创业者不可缺少的品质。时代的列车呼啸而过，不会为谁而停留。任何时刻都不要停止学习，这是我的经验，也是我想告诉大家的。

拥抱变化，才能在变化中成长。农业虽然比其他行业相对稳定，但还是不可有半分松懈，我们公司一直致力于对终端市场的改进，在技术的突破上下功夫。随着公司业务的不断开拓，我也聘请了相关领域的职业经理人帮忙打理公司事务，并时常向他们请教企业管理等问题。我更愿意相信，工作中遇到的不如意，其实是老天给的学习机会，是成长的历练。

与时俱进，才不会被市场抛弃。我当时建立第一家加工厂的初衷就是为了应对金融危机，早期我们做的以粉状饲料为主，像鳗鱼饲料、甲鱼饲料等等，这些都是粉状饲料或沉水喂养。而到了 2007 年，浮水膨化饲料慢慢显示出它的优越性，这种浮水饲料更加方便养殖户了解食用情况，更好反映鱼的健康问题。当年我隐隐感到这种饲料会是将来发展的趋势，于是成立了南劲海饲料有限公司，并专注于这方面的研究。2010 年恰逢亚运会在广州举行，响应环保的号召，我们当年又做了一系列调整。到 2015 年才算慢慢走上正轨，在职业经理人的参与下，我们也对未来做了一些规划。当然，并不是说制订了一个计划就要一丝不苟地严格执行，而是要适应市场的变化，进行相应调整。

莘莘学子，未来可期

近几年大学生创业这个话题热度居高不下，也受到社会多方关注。我本人对大学生创业肯定是支持的，但我不大建议大学生一毕业或者还在学校就去创业。社会，毕竟不同于象牙塔里舒适的生活，还是需要一定的人脉和资本积累。而对于初出茅庐的大学生，一时的失败可能会是不小的打击，会严重影响信心。我的建议还是视个人情况而定，不要盲目跟风。创业开始之前不妨先想想自己的兴趣是什么，能不能坚持下来。这些年也有人问过我会不会累，可是做自己喜欢做的事情怎么会累呢？所以在校期间除了巩固学业，同学们还可以利用假期把握实践机会，既能锻炼自己，也可以进一步发现自己的兴趣所在。类似创新创业大赛这些活动也是一个很好的机会，可以提前感受创业的氛围。或者大家可以先去工作，接触社会，一段时间后再做下一步打算。我很幸运，在汕头和顺德的那几年的沉淀给了我很多收获。

作为一个创业者，我觉得很重要的一点还有格局。早些年我在汕头时，鳗鱼饲料的原材料、添加剂等大多靠进口，核心技术也依赖国外。手握技术的他们待遇高，口气大，让当时的我很不服气，更加下定决心要加紧技术研发，做出一番成绩。我开始调研资料，收集信息，摸索添加剂的相关技术，自己配置鳗鱼饲料。半年后我找到饶平(现在归属潮州)的一家养鳗公司做实验，当然我做这些的时候也遭受了不少冷嘲热讽，但经过半年多的对比实验，我们发现用我们自己的饲料养出来的鳗鱼不仅皮肤光泽好，健康，有肥满度，而且饵料系数更低(成本更低)。所以我想说，作为一个中国人，我们一定要有骨气，有格局观，永远记住陈嘉庚先生寄予我们厦大学子的厚望：自强不息，止于至善！

撰稿：胡怡璇　经济学院 2019 级本科生

后　记

“惟改革者进，惟创新者强，惟改革创新者胜。”创新是新时代的强劲引擎，新一轮科技革命和产业变革孕育兴起，正在重塑世界竞争格局和中国发展新蓝图。明确提出实施科教兴国战略、人才强国战略、创新驱动发展战略，坚持创新在我国现代化建设全局中的核心地位，把科技自立自强作为国家发展的战略支撑。厦门大学始终坚守教育报国初心，立德树人使命，创新创业学校发展。

在厦门大学即将迎来百年华诞，回眸发展历程，检阅办学成就，传承精神，学校编辑出版了厦门大学百年校庆系列出版物，本书为其一同时本书也是创新创业厦大人系列的第二辑。由于篇幅有限，书中所呈现只是部分厦大人的创新创业事迹，但也足以窥见学校创新创业的教育思考和实践探索，以及百年厦园“自强不息、止于至善”的精神脉络；书中所呈现的虽只是一部厦大人的创业史，但却折射了一个风起云涌的时代变革，以及中国创新驱动从量到质的飞跃历史进程。他们的故事也将影响着更多的厦大青年不忘初心、奋发有为、创新创业。

策划过程中师生的关心支持。多地校友积极推荐人选，并在采访、供稿、改稿过程中通力配合、精益求精，给予参编写的师生极大帮助，让人深受感动。校领导赖虹凯、徐进功、周大旺对本书的编写给予悉心指导，宣传部、学生工作部(处)、研究生院、教务处、科学技术处、社会科学研究处、校团委、校友总会秘书处、资产经营公司、嘉庚学院等单位通力合作。本书编写期间，占群丽、钟杰、郑辉、杨颖、姚东明、蔡海萍、马舜、杨爽等老师付出了大量心血；72 名学生记者负责采访和编写大部分的创新创业故事；学生记者负责人齐萌、肖薇、徐宇琦、谢梦瑶、李思琪、杨可怡等承担大量的联系沟通工作。在此，我们对为本书付出辛勤努力的所有单位和人士表示感谢。

由于水平有限，本书的内容难免不足之处，广大读者提出宝贵意见建议。

编委会

2021 年 3 月